"十三五"江苏省高等学校重点教材 （2019-2-237）

科技大讲堂丛书

电子数据取证实训

倪雪莉 王 群 梁广俊 ◎ 编著

清华大学出版社
北京

内容简介

本书立足互联网应用环境，主要针对电子数据的产生、存储、传输、处理、应用和删除等环节所具有的属性特征，紧密结合当前取证工作重点和学习要点，安排电子数据取证工具、电子数据取证基础实训、Windows操作系统取证实训、智能终端取证实训和网络取证实训共5章内容，精心设计了29个完整的实训场景，每个实训都提供预备知识、实验目的与条件、实验过程和实验小结等完整的内容，在确保设计科学性和知识系统性的同时，便于实训工作的开展。

本书是《电子数据取证技术》的配套教材。

本书适合作为高等院校信息安全、网络空间安全、网络安全与执法相关专业本科生和研究生的教材，也适合作为网络与系统管理相关方向技术人员及理工科学生学习电子数据取证技术的参考用书。

本书封面贴有清华大学出版社防伪标签，无标签者不得销售。
版权所有，侵权必究。举报：010-62782989，beiqinquan@tup.tsinghua.edu.cn。

图书在版编目(CIP)数据

电子数据取证实训/倪雪莉，王群，梁广俊编著．—北京：清华大学出版社，2023.6(2025.3重印)
(清华科技大讲堂丛书)
ISBN 978-7-302-63070-8

Ⅰ．①电… Ⅱ．①倪… ②王… ③梁… Ⅲ．①计算机犯罪－证据－数据收集 Ⅳ．①D918.4

中国国家版本馆CIP数据核字(2023)第045027号

责任编辑：赵 凯
封面设计：刘 键
责任校对：徐俊伟
责任印制：曹婉颖

出版发行：清华大学出版社
    网　　址：https://www.tup.com.cn，https://www.wqxuetang.com
    地　　址：北京清华大学学研大厦A座　　邮　　编：100084
    社　总　机：010-83470000　　邮　　购：010-62786544
    投稿与读者服务：010-62776969，c-service@tup.tsinghua.edu.cn
    质量反馈：010-62772015，zhiliang@tup.tsinghua.edu.cn
    课件下载：https://www.tup.com.cn，010-83470236
印 装 者：天津鑫丰华印务有限公司
经　　销：全国新华书店
开　　本：185mm×260mm　　印　张：13.75　　字　数：337千字
版　　次：2023年6月第1版　　印　次：2025年3月第4次印刷
印　　数：3501～4700
定　　价：49.00元

产品编号：094459-01

前 言

在计算机应用领域,数据是指所有输入到计算机并被计算机程序处理的符号的介质和总称,是用于输入计算机进行处理并具有一定意义的数字、字母、符号和模拟量等的通称。为此,可以将"数据"(data)定义为任何以电子或其他方式对"信息"(information)的记录,即数据指专门在计算机中存储和处理的信息。通常情况下,在计算机领域所讲的数据就是电子数据,即电子化的数据。而专门提到的"电子数据"(electronic data)多具有法律语境,具有法律上的证据属性,即电子数据是一类独立的证据种类。

数据是一种非常重要的资产,既然是资产就具有相应的价值,就需要进行保护,就需要考虑其机密性、完整性和可用性。一方面,需要考虑主体对这些数据客体进行操作时的责任,也就是需要对数据客体的操作进行审计,是谁从哪里在什么时间采用什么方式访问了特定的数据;另一方面,需要考虑主体对数据的操作能力,即哪些用户在什么权限范围内能够操作数据,即用户对数据的可操控性;还有,当存在两个以上的用户需要对同一个数据进行操作(如"交易")时,需要保证操作的可确认性,即不可否认性或抗抵赖性。如此等等,都需要用证据来说话,这就是电子数据取证的价值。

作为一门课程或一个学科研究方向,电子数据取证的对象和内容非常宽泛,其知识图谱在随着技术的发展同步迭代。为了便于教学,也便于读者对电子数据取证有一个较为整体的认识,本书结合《电子数据取证技术》一书中所设置的电子数据取证技术概述、电子数据取证的基本规则、电子数据取证基础知识、Windows 操作系统取证技术、macOS 取证技术、UNIX/Linux 操作系统取证技术、移动终端取证技术和网络取证技术 8 章内容,重新设计了实验实训的章节安排。本书共分为电子数据取证工具、电子数据取证基础实训、Windows 操作系统取证实训、智能终端取证实训和网络取证实训共 5 章内容,并精心设计了 29 个完整的实训场景。这 29 个实训场景不但基本涵盖了《电子数据取证技术》8 章内容的知识点,而且紧密联系实际,坚持问题导向和能力、兴趣培养,起到引导和举一反三的作用。对于精心设计的 29 个实训场景,每个场景都具有代表性和具体应用中的指导性,发挥了知识点和操作手册的双重作用。为便于实验实训的开展,每个实训都提供了预备知识、实验目的与条件、实验过程和实验小结等完整的内容。

在本书的编写过程中得到了许多同事和同行的无私帮助和支持。本书为"十三五"江苏省高等学校重点立项教材,在项目申请和出版过程中得到了清华大学出版社编辑老师的关心和帮助,在此深表感谢。

本书的编写参考了大量的文献资料,尤其是国内外技术专家、著名安全企业的技术手册,在此一并表示衷心的感谢!

由于作者水平有限,书中难免有不足之处,敬请读者提出宝贵意见。

作 者

2022 年于南京

目 录

实验素材

教学课件

第1章 电子数据取证工具 ·· 1

1.1 写保护工具 ·· 1
1.2 镜像工具 ·· 5
    1.2.1 硬件工具 ·· 6
    1.2.2 软件工具 ·· 7
1.3 现场勘验工具 ·· 10
1.4 数据恢复工具 ·· 11
    1.4.1 硬件工具 ·· 12
    1.4.2 软件工具 ·· 14
1.5 密码破解工具 ·· 17
1.6 系统仿真工具 ·· 19
1.7 内存取证工具 ·· 20
1.8 综合性取证工具 ·· 21
    1.8.1 商业性综合取证工具 ·· 21
    1.8.2 开源性综合取证工具 ·· 24
1.9 移动终端取证工具 ·· 26
    1.9.1 硬件工具 ·· 29
    1.9.2 软件工具 ·· 31

第2章 电子数据取证基础实训 ·· 34

2.1 只读锁的使用 ·· 34
    2.1.1 预备知识：写保护技术 ·· 34
    2.1.2 实验目的与条件 ·· 35
    2.1.3 实验过程 ·· 35
    2.1.4 实验小结 ·· 40
2.2 镜像的制作 ·· 40
    2.2.1 预备知识：镜像的意义 ·· 40
    2.2.2 实验目的与条件 ·· 41
    2.2.3 实验过程 ·· 41
    2.2.4 实验小结 ·· 47

2.3 哈希校验 ·· 47
    2.3.1 预备知识：哈希算法在电子数据取证中的应用 ····································· 47
    2.3.2 实验目的与条件 ·· 48
    2.3.3 实验过程 ·· 48
    2.3.4 实验小结 ·· 51
2.4 文件过滤 ·· 52
    2.4.1 预备知识：文件属性 ··· 52
    2.4.2 实验目的与条件 ·· 52
    2.4.3 实验过程 ·· 53
    2.4.4 实验小结 ·· 58
2.5 数据搜索 ·· 59
    2.5.1 预备知识：字节顺序、编码与解码、正则表达式 ································ 59
    2.5.2 实验目的与条件 ·· 61
    2.5.3 实验过程 ·· 61
    2.5.4 实验小结 ·· 64

第 3 章 Windows 操作系统取证实训 ·· 65

3.1 易失性数据提取 ··· 65
    3.1.1 预备知识：易失性数据 ··· 65
    3.1.2 实验目的与条件 ·· 66
    3.1.3 实验过程 ·· 66
    3.1.4 实验小结 ·· 70
3.2 内存的获取与分析 ··· 71
    3.2.1 预备知识：内存取证、DumpIt 工具、Volatility 工具 ······················· 71
    3.2.2 实验目的与条件 ·· 73
    3.2.3 实验过程 ·· 73
    3.2.4 实验小结 ·· 77
3.3 注册表分析取证 ··· 77
    3.3.1 预备知识：注册表 ·· 77
    3.3.2 实验目的与条件 ·· 80
    3.3.3 实验过程 ·· 80
    3.3.4 实验小结 ·· 87
3.4 Windows 事件日志取证 ··· 88
    3.4.1 预备知识：Windows 事件日志 ··· 88
    3.4.2 实验目的与条件 ·· 91
    3.4.3 实验过程 ·· 91
    3.4.4 实验小结 ·· 95
3.5 回收站取证 ··· 95
    3.5.1 预备知识：回收站运行机制 ··· 95

3.5.2　实验目的与条件 ………………………………………………………… 96
　　3.5.3　实验过程 ………………………………………………………………… 96
　　3.5.4　实验小结 ………………………………………………………………… 102
3.6　分区恢复 …………………………………………………………………………… 102
　　3.6.1　预备知识：磁盘分区原理 ……………………………………………… 102
　　3.6.2　实验目的与条件 ………………………………………………………… 103
　　3.6.3　实验过程 ………………………………………………………………… 103
　　3.6.4　实验小结 ………………………………………………………………… 109
3.7　FAT 文件系统数据恢复 …………………………………………………………… 109
　　3.7.1　预备知识：FAT 文件系统原理 ………………………………………… 109
　　3.7.2　实验目的与条件 ………………………………………………………… 112
　　3.7.3　实验过程 ………………………………………………………………… 112
　　3.7.4　实验小结 ………………………………………………………………… 122
3.8　NTFS 文件系统数据恢复 ………………………………………………………… 122
　　3.8.1　预备知识：NTFS 文件系统原理 ……………………………………… 122
　　3.8.2　实验目的与条件 ………………………………………………………… 129
　　3.8.3　实验过程 ………………………………………………………………… 129
　　3.8.4　实验小结 ………………………………………………………………… 136

第 4 章　智能终端取证实训 ……………………………………………………………… 137

4.1　SQLite 数据库解密及分析 ………………………………………………………… 137
　　4.1.1　预备知识：SQLite 数据库、微信数据库 ……………………………… 137
　　4.1.2　实验目的与条件 ………………………………………………………… 139
　　4.1.3　实验过程 ………………………………………………………………… 139
　　4.1.4　实验小结 ………………………………………………………………… 145
4.2　APK 分析 …………………………………………………………………………… 145
　　4.2.1　预备知识：APK 文件、APK 分析、APK 分析工具 …………………… 145
　　4.2.2　实验目的与条件 ………………………………………………………… 150
　　4.2.3　实验过程 ………………………………………………………………… 150
　　4.2.4　实验小结 ………………………………………………………………… 164
4.3　智能手表取证 ……………………………………………………………………… 166
　　4.3.1　预备知识：Apple Watch、Apple Watch 取证、Apple Watch 取证工具 …… 166
　　4.3.2　实验目的与条件 ………………………………………………………… 171
　　4.3.3　实验过程 ………………………………………………………………… 171
　　4.3.4　实验小结 ………………………………………………………………… 184
4.4　无人机取证 ………………………………………………………………………… 185
　　4.4.1　预备知识：无人机取证 ………………………………………………… 185
　　4.4.2　实验目的与条件 ………………………………………………………… 186
　　4.4.3　实验过程 ………………………………………………………………… 186

4.4.4 实验小结 …… 192

第 5 章 网络取证实训 …… 193

5.1 网站远程证据固定 …… 193
5.1.1 预备知识：Hosts 文件 …… 193
5.1.2 实验目的与条件 …… 193
5.1.3 实验过程 …… 194
5.1.4 实验小结 …… 198

5.2 网络数据流分析 …… 198
5.2.1 预备知识：流量分析 …… 198
5.2.2 实验目的与条件 …… 199
5.2.3 实验过程 …… 200
5.2.4 实验小结 …… 204

5.3 Wireshark 解密 HTTPS 流量 …… 205
5.3.1 预备知识：HTTP 与 HTTPS …… 205
5.3.2 实验目的与条件 …… 206
5.3.3 实验过程 …… 206
5.3.4 实验小结 …… 211

第1章

电子数据取证工具

电子数据取证过程的涉及面十分庞杂,如果没有可靠、精确、高速、智能化、适应于不同场合的专业取证工具,单靠人工提取将大大降低取证的效率和效果。多年来,国内外科研机构、院校、军警部门、安全企业一直致力于电子数据取证技术的研究,研制开发了各种各样的软硬件产品。电子数据取证成功与否在很大程度上也取决于侦查人员是否掌握了足够的、合适的、高效的取证工具的使用。本章按照取证的一般流程及不同的应用场景来介绍业内常用的电子数据取证工具。

1.1 写保护工具

"无损性原则"是电子数据取证过程中首要和核心的基本原则,即不得影响和篡改原始证据数据。写保护可以使数据单向传输而不必担心改变原存储介质中的数据。在电子数据取证领域,介质写保护设备已经是一种成熟的介质数据保护专用设备,它能有效地保证取证人员在读取介质时,不篡改电子介质中的数据。通常此类的写保护设备被称为"只读锁"(write blocker)。

只读锁分为软件只读锁和硬件只读锁。最初的软件只读锁是通过修改注册表的键值来实现 USB 接口的只读,在 Linux 系统中也可以通过命令来只读挂载设备。除此之外,一些综合性取证软件如 EnCase 等都提供了有效、易用、快速的写保护功能,如图 1-1 所示。但是软件只读锁是通过软件来实现对存储介质的保护,系统环境的不可靠可能造成无法安全保护数据。因此在取证实践中,为了确保可靠性,通常建议采用硬件只读锁。

硬件只读锁是按照硬盘接口生产的,包括 IDE、SATA、SAS、SCSI、火线、USB 等设备。目前能够生产制造硬件只读锁的主要厂家及设备有 Guidance Software 公司的 Tableau(中文名:泰博)系列、CRU 公司的 WiebeTech 系列、美亚柏科公司的 DC-8700 系列、弘连网络公司的 MC100 系列。

硬件只读锁设备的性能主要体现在两个方面:一是对于目标存储介质的支持,包括接口和传输速度。硬件只读锁设备应当能够尽可能多地支持不同类型的接口,同时能够发挥出目标存储介质的性能。二是对于取证分析主机的支持,包括接口和传输速度。硬件只读锁与取证分析主机结合使用以尽可能地发挥出最高性能。目前大多数设备支持 USB 3.0,WiebeTech 最新设备已经更新到支持 USB 3.1,是目前最快的硬件只读锁设备。

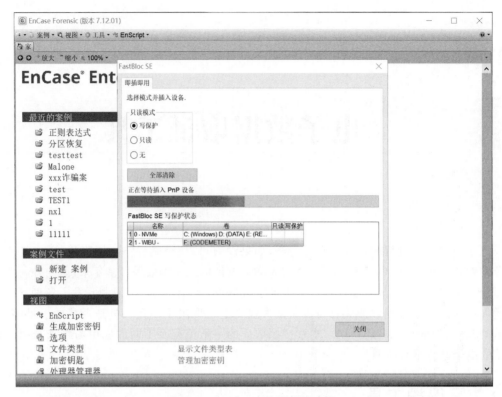

图 1-1 EnCase 中的写保护功能

1. Tableau 系列

Tableau 是美国 Guidance Software 公司在电子数据存储介质写保护及硬盘复制方面的知名品牌,已在全球畅销十多年,符合司法规范及国际写保护设备的标准。Tableau 写保护只读锁是电子数据取证、信息安全、数据恢复等行业的常用设备,用于保护各种接口的硬盘(IDE、SATA、SAS、SCSI、火线、USB)的数据不被篡改,原始数据不被破坏。

Tableau 系列产品有 SATA/IDE 只读锁(T35u)、SAS 只读锁(T6u)、PCI-E 只读锁(T7u)、USB 只读锁(T8u)、FireWire 只读锁(TK9)、T35689iu 只读锁等。

图 1-2 Tableau T35u 只读锁

(1) T35u(图 1-2)

① 支持接口种类:SATA、IDE;

② 主机连接方式:单通道 USB 3.0 极速传输,是目前 Tableau 家族中速度最快的只读接口;

③ 支持 HPA 及 DCO 识别,实现完全只读;

④ 通过选配件可支持 1.8、2.5 英寸笔记本硬盘,ZIF 接口硬盘,microSATA 接口硬盘、Blade-style 固态硬盘的只读;

⑤ 定位于大容量、高转速的硬盘,秉承一贯的稳定、坚固、紧凑、易用等特性。

(2) T6u(图 1-3)

① 支持接口种类:SAS,全球首个便携式 SAS 专用只读接口;

② 主机连接方式：单通道 USB 3.0 极速传输；
③ 数据传输速度可高达 200MB/s（12GB/min）；
④ 支持对带有 HPA、DCO 的硬盘识别；
⑤ 支持切换读写模式，在必要的情况下，可用于格式化或擦除 SAS 硬盘数据。

(3) T7u(图 1-4)

① 支持接口种类：PCI-E，全球首个 PCI-E 接口写保护只读锁，配合 Tableau PCI-e SSD 适配器使用，支持 PCI-E 接口的 SSD 固态硬盘、M.2 SSD 固态硬盘；
② 主机连接方式：单通道 USB 3.0 极速传输；
③ 数据读取和传输速度可高达 330MB/s（19GB/min）；
④ 支持读写模式切换控制。

图 1-3　Tableau T6u 只读锁

图 1-4　Tableau T7u 只读锁

(4) T8u(图 1-5)

① 支持 USB 2.0/USB 3.0 接口的 U 盘、移动硬盘及外置移动存储介质，兼容性强；
② 主机连接方式：单通道 USB 3.0 极速传输；
③ 数据读取和传输速度可高达 300MB/s（18GB/min）；
④ LCD 屏幕可查看设备信息、设备状态及 LUN 选择。

T8u只读锁(正面)

T8u只读锁(侧面)

支持U盘、移动硬盘数据获取

支持大容量外置存储数据获取

图 1-5　Tableau T8u 只读锁

(5) TK9(图1-6)

① 支持火线硬盘、RAID、早期苹果 iPod 及其他火线接口设备；

② 兼容 SBP-2 格式的 1394A、1394B 存储介质；

③ 支持 Target Disk Mode 下苹果笔记本计算机、台式机硬盘免拆机读取；

④ 提供与主机的 USB、1394B 两种连接方式。

(6) T35689iu(图1-7)

① 一体式只读接口，性能稳定，安全性高，可全面支持各类接口，包括最新高速接口 SAS，传统主流接口 IDE、SATA、Firewire800/400、高速 USB 3.0/2.0/1.1、PCIe 等；

② 与主机连接采用 USB 3.0 及火线(可选)接口两种连接方式；

③ 采用 5 英寸标准模块设计，可直接嵌入工作站使用，所有功能一体化集成，简单易用。

图1-6　Tableau TK9 只读锁　　　　图1-7　Tableau T35689iu 只读锁

2. WiebeTech 系列

WiebeTech 系列提供便携式只读锁，有支持 IDE 和 SATA 硬盘接口读写/写保护双重功能的 Forensic ComboDock v5.5，支持 IDE 和 SATA 硬盘接口写保护功能的 Forensic UltraDock FUD v5.5，支持 USB 3.0 写保护功能的 CRU USB 3.0 Write Blocker，支持 SD 卡、CF 卡、记忆棒写保护的介质写保护接口。

其中，USB 写保护只读锁目前已升级到最新版本 WiebeTech CRU USB 3.1 Write Blocker，如图 1-8 所示。它的特点如下：

① 具备 2 个 USB 3.1 第二代 Type-C 接口，1 个 USB 3.0 Type-A 接口；

② 支持三个设备同时实现写保护；

③ 与主机连接采用 USB 3.0，速率最高 5Gb/s；

④ 操作系统兼容性：Windows 8.1 或 10(注意：不支持虚拟机)。

3. DC-8700 系列

DC-8700 系列是美亚柏科公司自主研发的存储介质写保护系列设备，代表了国内写保护硬件设备的较高水平，符合司法规范及国际写保护设备的标准。该系列产品主要有 DC-8700 SAS/SATA 只读锁、DC-8702 USB 3.0 只读锁、DC-8700 kit 只读锁套件等。

其中，DC-8700 kit 只读锁套件包含了 SATA 只读锁、SAS 只读锁、USB 3.0 只读锁、Flash 只读锁，如图 1-9 所示。设备使用方便，即插即用，无须单独安装驱动程序。它从硬件层阻止写入通道，有效保护存储介质中的数据在获取和分析过程中的安全，从而保证取证工作的司法有效性与数据完整性。

图 1-8　WiebeTech CRU USB 3.1 只读锁　　　图 1-9　DC-8700 kit 只读锁套件

4. MC100 系列

MC100 是弘连网络公司自主研发的只读接口套件，是一款存储介质写保护设备，符合司法规范及国际写保护设备的标准，如图 1-10 所示。

该设备可支持多种接口的硬盘存储介质（M2、IDE、SATA、SAS、SCSI、火线、USB 等）。设备使用方便，无须单独安装驱动程序就能实现即插即用的效果，能够极大地提高现场取证的工作效率。

该设备包含 IDE/SATA/USB/SAS/闪存/1394 火线存储介质只读，数据传输接口包含 USB 3.0、火线、IDE、ZIF、mini SATA、TF、SD。

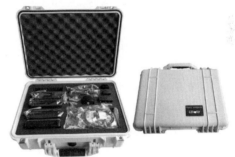

图 1-10　MC100 只读接口套件

1.2　镜像工具

为了保证证据的无损性和完整性，应当尽量避免在原始证据上进行操作（在特殊情况下，如确需访问在原始计算机或存储介质中的数据，操作人员必须有能力胜任此操作，并能给出相关解释，说明要访问原始证据的理由）。在电子数据取证实践中，一般首先会对原始检材进行克隆或镜像，然后对镜像文件或克隆的副盘进行分析。

克隆就是通过专门的硬盘复制机或硬盘克隆机将源盘中的数据逐位、逐扇区复制到目标盘中，要求目标盘容量不小于源盘，最好选用与源盘同品牌、同型号、同容量的目标盘。

镜像就是将源盘中的数据逐位复制，生成 1 个或 1 组文件，从该文件或文件组中存储的数据可以重建源存储介质的电子数据比特流，常见的镜像文件格式有 DD、E01、Smart、AFF 等。

需要注意的是，在电子数据取证领域，一般对克隆和镜像不作区分。

克隆和镜像可以通过取证专用的工具实现，包括硬件工具和软件工具。

1.2.1 硬件工具

最常见的硬件镜像工具是硬盘复制机,又称克隆机,它基于位对位方式对硬盘进行物理级复制,同时,复制过程中严格对源盘数据进行写保护。

目前,最先进的主要是针对 TB 级硬盘打造的高速新一代的硬盘复制设备,具备硬盘复制、检测、删除等功能,复制速度根据硬盘状况不同而有所不同。在具体操作过程中,要注意接口匹配问题,一般支持 IDE、SATA、SAS、SCSI、USB 等接口。如果计算机硬件接口与复制机接口不匹配,可使用特定的接口转换卡,将接口转换为标准接口后方可进行复制操作。一般可同时连接多个硬盘,实现复制功能并行化。

国内外较为先进、有代表性的硬盘复制机制造厂商及产品主要有 Guidance Software 公司的 Tableau TD3、Logicube 公司的 Forensic Falcon、美亚柏科公司的 DC-8103、弘连网络公司的 MC110 等。

1. Tableau TD3

Tableau TD3 是 Guidance Software 公司最新一代 TD 系列产品,性能高,稳定性好,便于使用,如图 1-11 所示,性能特点如下:

① 支持 IDE、SATA、SAS 和 USB 3.0、火线设备数据的高速克隆,支持 2.5 英寸 IDE、2.5/1.8 英寸 SATA 及 MicroSATA、ZIF 硬盘转换连接,确保支持各类介质存储数据的获取;

② 采用 MD5、SHA-1 双哈希校验,确保电子数据提取的可靠性;

③ 自动检测 HPA、DCO 隐藏区数据,并对其进行解锁;

④ 支持全盘镜像、DD 镜像以及 E01 镜像三种复制模式;

⑤ 复制速度高达 9GB/min;

⑥ 千兆网络数据传输端口,支持 iSCSI、CIFS 网络硬盘存储,也可通过网络访问 TD3,只读访问并获取与 TD3 相连的嫌疑硬盘。

2. Forensic Falcon

Forensic Falcon 硬盘复制机是美国 Logicube 公司生产的一款高科技司法取证设备,体积小、功能集成度高、性能强、可扩展性强,如图 1-12 所示,性能特点如下:

① 支持高速 SAS/SATA-3 接口标准,速度高达 37GB/min;

② 多接口:只读的源端口包含 2 个 SAS/SATA 接口、1 个 USB 3.0 接口、1 个火线接口。目标端口包含 2 个 SAS/SATA 接口、2 个 USB 3.0 接口、1 个火线接口、网络接口;

③ 采用多方式获取和多种校验格式:源盘复制、DD、E01、EX01 和文件复制,支持 MD5、SHA256、SHA1 算法;

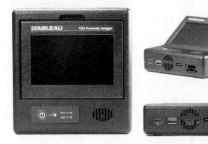

图 1-11　Tableau TD3

图 1-12　Forensic Falcon

④ 支持多任务同时处理：同时镜像和校验，目标端比源端速度快时，大大节省时间；

⑤ 支持并行复制，复制同一源盘到多个目标盘，并执行不同的复制模式；

⑥ 支持使用 CIFS 协议复制到一个网络位置，使用 ISCSI 协议从一个网络位置复制。

3．DC-8103

DC-8103 是美亚柏科公司自主研发的便携式多功能高速硬盘复制机，体积小巧、一键复制，适合现场取证。复制速度最高可达 18GB/min。除具备硬盘复制、硬盘镜像等功能外，还可实现对硬盘进行哈希值校验、硬盘擦除等操作，如图 1-13 所示。

图 1-13　DC-8103

4．MC110

弘连网探现场高速复制机（MC110）是一款适用于现场快速取证的便携式高速硬盘复制设备，集复制、镜像、还原、哈希校验、数据粉碎等功能于一体，如图 1-14 所示，性能特点如下：

① 具备多线程并行工作能力，同时支持本地模式、联机模式、远程模式操作；

② 内置 SATA/IDE/SAS/USB/存储卡等各类只读接口，最高可达 30GB/min 的复制速度；

③ 采用位对位（逐比特）精确复制，支持的镜像类型包括 DD、E01、EX01、AFF 等；

图 1-14　MC110

④ 支持同步哈希校验，支持单独计算存储介质的哈希值，算法类型包括 MD5、SHA1、SHA256；

⑤ 支持 HPA/DCO 隐藏分区的识别和还原；

⑥ 支持任务中断/恢复（断点续拷），允许中断当前的复制任务，自动保存任务进度，并支持任务继续。

1.2.2　软件工具

除了硬盘复制机等硬件镜像工具，镜像软件也是取证人员经常用于获取硬盘镜像的工具。一般来说，镜像是综合性介质取证软件的基本功能之一，但不少厂商为了使用方便，将镜像软件独立成产品，且大多数为免费产品，以此也起到宣传收费性综合取证软件的效果。

使用较为广泛的镜像专用软件有 EnCase Imager、FTK Imager、MacQuisition（2020 年更新为 Digital Collector）等，除此之外，Linux/UNIX 系统下的 dd 命令也可以用来做磁盘镜像。

1．dd 命令

dd 是 Linux/UNIX 系统下的一个非常有用的命令，作用是用指定大小的块复制一个文件,并且在复制过程中可以进行格式转换。dd 的复制是完全基于二进制的物理级复制,只要是存在于硬盘上的分区,都可以原原本本地复制,包括隐藏或加密的分区。因此除非出现物理问题,dd 命令绝对不会出错。

2. EnCase Imager

EnCase Imager 是 Guidance Software 公司推出的一款免费镜像工具,如图 1-15 所示,可用于制作 EnCase 证据文件格式的镜像,或将其他格式的镜像转换成 EnCase 支持的镜像格式。除此之外,EnCase Imager 还可以加载本地磁盘或镜像浏览其中的数据,可以擦除磁盘、将镜像文件内容还原到磁盘。因为 EnCase 在电子取证等行业具有重要地位,EnCase Imager 也被很多人使用和认可。

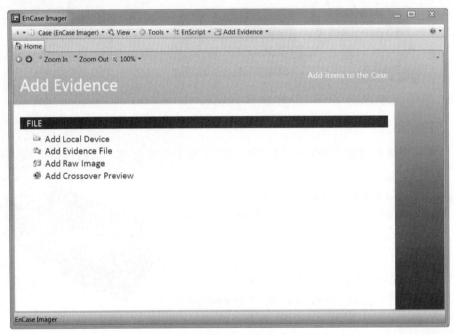

图 1-15 EnCase Imager

EnCase Imager 分为 64 位和 32 位版本,两个版本都是单文件绿色软件,双击即可直接运行。需要注意的是,EnCase Imager 并非设计用来在目标计算机上获取镜像的,EnCase Imager 虽然是绿色软件,但运行的时候会释放文件到临时目录,从而造成对所在计算机文件系统的更改。

EnCase Imager 支持处理常见的各种数据类型:镜像文件(E01、L01、Ex01、Lx01、DD、VMDK、VHD 等格式)、本地连接的各种磁盘、存储卡、内存数据、远程数据(需要配合 LinEn 使用),其中支持的镜像文件,主要用来转换格式,以减小原镜像体积,以及添加证据编号、备注信息等各种元数据。

EnCase Imager 可以生成四种格式的镜像,分别是现行的 EnCase 证据文件(.Ex01)、现行的 EnCase 逻辑证据文件(.Lx01)、传统的 EnCase 证据文件(.E01)及传统的 EnCase 逻辑证据文件(.L01)。如果需要处理的对象是整个存储设备或整个分区,应该保存成 E01 或 Ex01 格式;如果仅仅对源数据中的部分文件制作镜像,应该选择 L01 或 Lx01 格式。Ex01 及 Lx01 格式是 EnCase V7 引进的新格式,该格式最大的变化是支持数据加密,设置密码后若不知道密码,则无法读取镜像中的数据。E01 及 L01 格式文件虽然也支持添加密码,但是密码仅用来限制镜像文件的打开,数据部分并未真正加密,很多取证工具可以直接忽略 E01 及 L01 格式文件的密码。如果工作中要使用其他取证工具进行分析,为了保证兼容性,建议选择 E01 及 L01 格式,否则可以使用 Ex01 及 Lx01 格式。

3. FTK Imager

FTK Imager 是 AccessData 公司出品的一款免费镜像软件,如图 1-16 所示,具有数据预览、证据镜像制作、加载证据镜像等功能,能够支持目前几乎所有主流的文件系统,能够加载和生成包括 DD、E01、Smart、AFF 格式的证据镜像,使用起来十分方便。

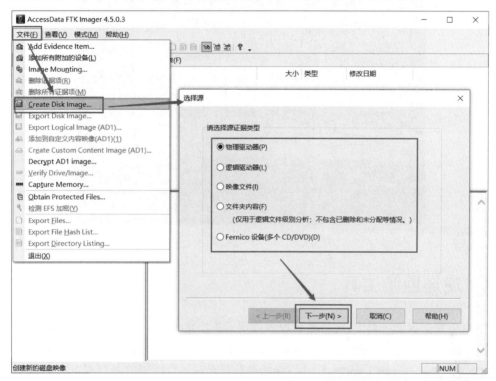

图 1-16　FTK Imager

FTK Imager 有较多版本,支持在 Windows、Linux、macOS X 三种操作系统下运行。支持镜像文件格式包括 E01、DD、L01、Smart、DMG、VMDK、VHD、AD1 等几十种,使用过程中几乎不会遇到挂载不了的镜像格式。FTK Imager 支持生成四种格式的镜像,分别是原始数据格式(Raw/DD)、EnCase 证据文件(E01)、Smart 证据文件、AFF 证据文件。

FTK Imager 和 EnCase Imager 的功能总体上基本类似,但 FTK Imager 与其他厂商的镜像工具相比,强大之处还在于可以获取当前内存镜像和受保护的文件,例如直接获取当前系统的注册表文件,除此之外还具有将镜像文件模拟为物理磁盘及逻辑磁盘的功能。

4. MacQuisition(Digital Collector)

MacQuisition 是美国 BlackBag Technologies 公司推出的一款用于获取苹果系统数据的工具。MacQuisition 使用本机 USB Key 直接启动,免拆机获取物理镜像,可以同时支持定向数据、实时数据及镜像获取,同时支持 USB、雷电、火线等接口的高速数据导出。

MacQuisition 支持对超过 185 种不同的苹果笔记本计算机、台式机计算机和 maxOS 计算机的服务器种类进行镜像,并在镜像过程中对所有操作、磁盘和卷属性以及检材的一致性采用日志记录。

2020 年以色列取证公司 Cellebrite 收购了 BlackBag Technologies 公司,将业务扩展到计算机领域,并于 2020 年 12 月将原 MacQuisition 升级,推出了业内首款用于 Windows 和苹果系统的数据采集和检验的一体化取证解决方案 Digital Collector。该产品于 2021 年第一季度正式发布,为行业中最全面的计算机取证工具,如图 1-17 所示。

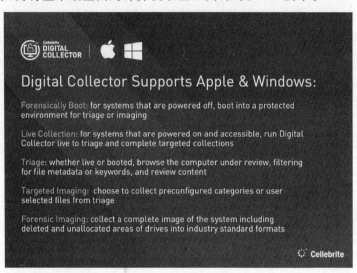

图 1-17 Digital Collector

1.3 现场勘验工具

在电子数据取证流程中,现场勘验的规范性直接决定了电子数据的司法有效性,所以现场勘验尤为重要。不仅如此,与实验室的检验鉴定不同,现场勘验要求在尽可能短的时间对电子数据进行有效的固定提取。显然,这样的态势下,不论是种类繁多的各类小工具,还是实验室的重、大型设备都不能够满足现场勘验需求,因此,电子数据取证现场勘验专用工具应运而生,一般具有体积小、功能强、配件多、响应速度快的特点。

目前,现场勘验的主要设备是一体式现场勘查箱,装在勘查箱里的设备通常有拆机工具、高性能取证便携机、空白硬盘、硬盘复制机、各种转接口、转接线、在线取证工具等。

多数取证公司都生产一体式现场勘查箱,功能大同小异,如美亚柏科公司的 DC-3018 R 电子数据取证勘查箱(图 1-18)、DC-8811 取证魔方 V3 等。

除此之外,部分取证厂商着力于现勘平台的研发,

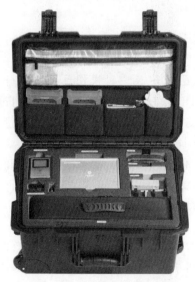

图 1-18 DC-3018 R 电子数据取证勘查箱

如奇安信自主研发的盘古石现场取证系统（简称 SafeImager），如图 1-19 所示。该系统集计算机正在运行的易失数据固定、文件提取、制作镜像、生成勘验报告功能于一体，拥有离线和在线两种取证方式。离线取证（offline）是通过离线的方式启动取证对象计算机，支持 Windows、macOS 和 Linux 三大主流系统计算机的离线取证；在线取证是通过直接在取证对象计算机上运行取证工具，支持 Windows、macOS 系统计算机的在线取证。同时，该系统支持计算获取数据的校验值，辅助取证的截屏、录像取证功能，可完整地记录取证过程，确保获取数据的原始性和勘验过程的可追溯性。

图 1-19　SafeImager

1.4　数据恢复工具

在侦查办案过程中，常常会遇到电子数据被删除、格式化、加密或存储介质遭受蓄意破坏的情况，数据能否被恢复，能在多大程度上被恢复都会直接关系到取证结果的成功与否。因此，数据恢复是电子数据取证中的必要环节。

所谓数据恢复，是指当计算机存储介质损坏，导致部分或全部数据不能访问读出时，通过一定的方法和手段将数据重新找回，使信息得以再生的技术。数据恢复不仅要恢复已丢失的文件，还要恢复物理损伤的磁盘数据，以及不同操作系统的数据，因此相对较难，要求数据获取人员要对不同操作系统下的文件系统、数据存储原理等非常精通。

现今，很多计算机集成商和存储设备生产商都有从事数据恢复的部门，也出现了很多专门的数据恢复公司、专业的数据恢复工具。

数据恢复包括硬件恢复和逻辑恢复。硬件恢复一般通过硬件工具恢复；逻辑恢复则通常在存储介质完好的情况下进行，通过数据恢复软件恢复。

1.4.1 硬件工具

在数据恢复硬件设备领域，国内外较为先进、有代表性的厂商和产品主要有俄罗斯 ACE 实验室的 PC-3000 系列、美国 Atola 公司的 Atola Insight Forensic、中国效率源科技公司的 DRS6800 等。近几年，美亚柏科公司自主研发的 CR-2000 在取证界应用率较高，广受好评。

1. PC-3000 系列

PC-3000 是由俄罗斯著名硬盘实验室 ACE 实验室研究开发的商用专业修复硬盘综合工具，也是全球第一款针对固件的数据恢复工具，在全球硬盘行业享有极大的声誉，也是众多数据恢复公司首选工具，包括希捷数据恢复中心、西部数据第三方数据恢复承包商等权威机构，获得国际同行的一致认同和高度赞誉。

PC-3000 主要用来专业修复各种型号的 IDE 硬盘，支持市面上大部分硬盘厂商：Seagate(希捷)、Western Digital(西部数据)、Fujitsu(富士通)、Quantum(昆腾)、Samsung(三星)、Maxtor(迈拓)、Conner、IBM、HP、Kalok、Teac、Daeyoung、Xebec 等。

PC-3000 主要通过破解各种型号的硬盘专用 CPU 的指令集，解读各种硬盘的 Firmware(固件)，从而控制硬盘的内部工作，实现硬盘内部参数模块的读写和硬盘程序模块的调用，最终达到用软件修复多种硬盘缺陷的目的。可进行的操作有：伺服扫描、物理扫描、lba 地址扫描、屏蔽成工厂坏道(p-list)、屏蔽磁头、屏蔽磁道、屏蔽坏扇区、改 bios 的字(参数)、改 lba 的大小、改 sn 号、查看或者修改负头的信息等。最专业的功能有：重写硬盘固件模块；按工厂方式扫描硬盘内部缺陷并记录在硬盘内部相应参数模块；按工厂方式进行内部低级格式化；更改硬盘参数等。

PC-3000 系列主要包括 PC-3000 Express、PC-3000 UDMA、PC-3000 Portable、PC-3000 Flash、PC-3000 SAS 等。2020 年 7 月 ACE 实验室推出全新的便携式专业工具 PC-3000 Portable Ⅲ，如图 1-20 所示。PC-3000 Portable Ⅲ 的功能有了可观的提升，支持 SATA/PATA/USB 接口硬盘、SATA/M.2 PCIe NVMe 接口固态硬盘和 RAID 磁盘阵列，可以恢复逻辑损坏/和物理损坏存储介质，且可以进行现场电子取证和数据恢复。

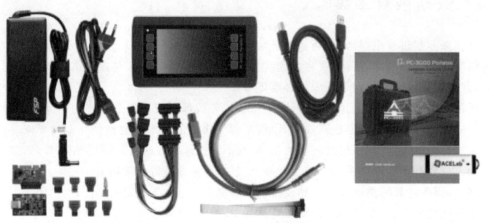

图 1-20 PC-3000 Portable Ⅲ 组件

2. Atola Insight Forensic

Atola Insight Forensic 是由美国 Atola 公司研发的集硬盘预检、密码破解、故障硬盘固件修复、数据恢复及硬盘数据获取于一身的综合电子数据恢复工具,如图 1-21 所示。

图 1-21　Atola Insight Forensic

Atola Insight Forensic 系统支持所有 1.8″、2.5″、3.5″的 SATA、IDE 和 USB 硬盘、USB 闪存介质、SD 卡、CF 卡和记忆棒卡(经过通用的 USB 读卡器连接),也能通过自有的适配器支持苹果 MacBook(2013 及以后的型号)最新的 PCIe SSD。系统的大多数功能支持任何具有 SATA1/2/3、IDE 或 USB 1/2/3 接口的硬盘或闪存卡,但有三项功能只能对一些特定型号的硬盘起作用:自动移除密码、在镜像及介质扫描任务中选择磁头、完整固件访问。

Atola Insight Forensic 可以进行各个方面的数据恢复,同时具有先进的搜索功能,支持通过签名、大小、属性或哈希搜索;且具备强大而又易用的固件修复系统功能,除了一键修复外,对于不支持的硬盘,亦能辨认固件损坏,使技术人员能够直接访问固件文件,人工修复损坏。Atola Insight Forensic 还能正确识别硬盘是否锁定,并允许自动提取或移除未知的 ATA 密码。

3. DRS6800

DRS6800 数据恢复系统是中国效率源科技公司研发的一款集数据固定、数据提取、数据恢复、数据修复、存储介质预检、硬盘故障修复于一体的数据恢复旗舰产品,如图 1-22 所示。它支持各类硬盘、U 盘、阵列、镜像文件的数据恢复,能对无法正确识别的故障硬盘进行诊断、修复和数据提取。同时,该产品设计扁平化,采用了流程化、一键化的操作模式,使用简单。

图 1-22　DRS6800

DRS6800 数据恢复系统符合国家《信息安全技术存储介质数据恢复服务要求》(GB/T 31500—2015),已通过我国公安部安全与警用电子产品质量检测中心认证,通过美国 FCC、欧盟 CE 认证并入选 NIST 美国国家标准与技术研究院下属 CFTT 取证工具名录。目前,已在全国各地各级电子取证实验室中广泛应用。

除了 DRS6800 数据恢复系统,目前中国效率源科技公司研发的数据恢复硬件产品还包括:SRS6900 固态存储恢复系统、DRP6700 数据恢复先锋系统等。

4. CR-2000

CR-2000 恢复大师是一款采用美亚柏科公司多年来积累的数据恢复技术,整合了公司二十余项恢复领域技术专利打造的全能数据恢复专业设备。它高度整合了计算机、视频、手机、数据库、图片碎片、应用程序、文件修复等恢复技术,用于解决各类数据丢失难题,可以有效提高执法人员的工作效率。

目前的最新版本为 CR-2000 恢复大师 V2,如图 1-23 所示。除了支持硬盘、移动存储介质、阵列、镜像文件的数据恢复外,还支持手机的实体文件及应用程序恢复,其中对智能手机的支持率达 98.6%。同时,支持监控视频的数据恢复,支持包括海康、大华、德加拉在内的 27 家主流监控视频厂商(市场占有率 75% 以上),且可以对恢复出的视频文件进行快速检索与分析。该产品还提供了复制机、JPG 碎片恢复以及 SQLite 文件浏览等工具。

图 1-23　CR-2000 恢复大师 V2

1.4.2 软件工具

国内外的数据恢复软件市场较为庞杂,良莠不齐,要么恢复效果很差,要么绑一大堆软件,或者是收取高额的费用。目前应用比较广泛、广受好评的数据恢复软件包括 EasyRecovery、FinalData、Recuva、WinHex 等。

1. EasyRecovery

EasyRecovery(中文名:易恢复)是由全球著名数据厂商 Ontrack 出品的一款数据文件恢复软件。支持恢复不同存储介质中的数据:硬盘、光盘、U 盘/移动硬盘、数码相机、Raid 文件恢复等,能恢复包括文档、表格、图片、音视频等各种文件。

EasyRecovery 使用 Ontrack 公司复杂的模式识别技术找回分布在硬盘上不同地方的文件碎块,并根据统计信息对这些文件碎块进行重整。然后在内存中建立一个虚拟的文件系统并列出所有的文件和目录,即在使用软件扫描后可以看到的所有文件目录。所以能用 EasyRecovery 找回数据的前提就是硬盘中还保留有文件的信息和数据块,哪怕整个分区都不可见,或者硬盘上只有非常少的分区维护信息,EasyRecovery 仍然可以高质量地进行硬盘格式化后数据恢复,如图 1-24 所示。

EasyRecovery 有适用于 Windows 和 Mac 平台的两个版本,分别支持不同的文件系统。目前 EasyRecovery 面向不同需求的用户发布了三种版本:EasyRecovery 个人版、EasyRecovery 专业版、EasyRecovery 企业版,其中,EasyRecovery 企业版功能最为强大。

2. FinalData

FinalData 具有强大的数据恢复功能,当文件被误删除(并从回收站中清除)、FAT 或者磁盘根区被病毒侵蚀造成文件信息全部丢失、物理故障造成 FAT 或者磁盘根区不可读,以及磁盘格式化造成全部文件信息丢失之后,FinalData 都能够通过直接扫描目标磁盘,抽取

图 1-24 EasyRecovery

并恢复出文件信息(包括文件名、文件类型、原始位置、创建日期、删除日期、文件长度等),用户可以根据这些信息方便地查找和恢复自己需要的文件。甚至在数据文件已经被部分覆盖以后,专业版 FinalData 也可以将剩余部分文件恢复出来。

FinalData 完全兼容微软 Windows 操作系统,支持所有 Windows 文件系统(FAT12、FAT16、FAT32、NTFS)的数据恢复,且支持用户将重要文件放在密码保护文件夹中,以消除未来被意外删除的可能性。FinalData 的最大优势在于快速高效,恢复单个文件只需要几秒钟,而对整个硬盘的恢复也可以在几十分钟内完成。

3. Recuva

Recuva 是一个免费的 Windows 平台下的文件恢复工具(非开源),如图 1-25 所示,它可以用来恢复被误删除的任意格式的文件,能直接恢复硬盘、闪盘、存储卡中的文件,只要没有被重复写入数据,无论文件被格式化还是被删除均可直接恢复,支持 FAT12、FAT16、FAT32、NTFS、exFat 文件系统。该软件操作简单,搜索被删除文件的速度极快,选择好要扫描的驱动器后单击扫描按钮即可。

但是因为免费的原因,目前它缺少维护,所以存在一些新系统不兼容,或者很多格式不支持的问题。优点是免费、小巧、方便,缺点就是找出的文件相对较少,支持的格式种类少,界面较为过时。

4. WinHex

在数据恢复软件领域中,前面介绍的几款软件包括 EasyRecovery、FinalData 等都为一键式自动恢复软件,常常被认为是不够专业的,而 WinHex 的使用需要具备一定的计算机基础知识及数据恢复原理,堪称数据恢复从业者的必备工具,功能强大且方便。

WinHex 是由德国 X-Ways 公司开发的一款专业的磁盘编辑工具,如图 1-26 所示。它是在 Windows 下运行的十六进制(hex)编辑软件,是软件破解、BIOS 修改等方面的必备工

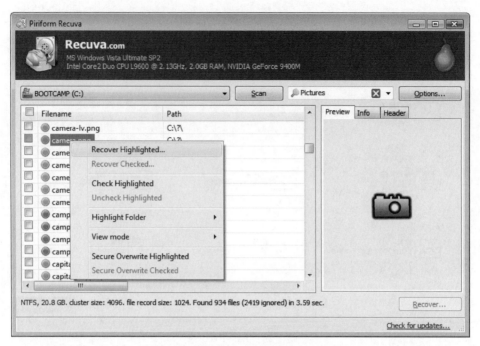

图 1-25 Recuva

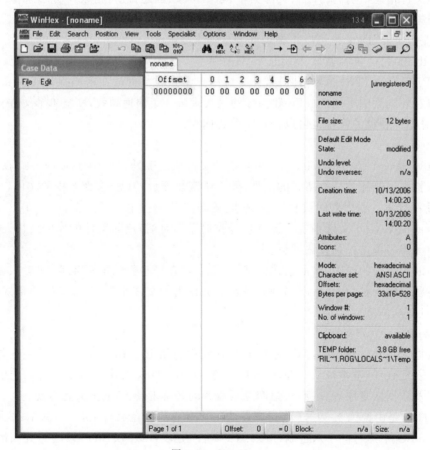

图 1-26 WinHex

具，可以检查和修复各种文件，恢复删除文件、硬盘损坏造成的数据丢失，同时它还可以让你看到其他程序隐藏起来的文件和数据等。

WinHex 中集成了强大的工具，包括磁盘编辑器、Hex 转换器和 RAM 编辑工具，并能够方便地调用系统常用工具，如：计算器、记事本、浏览器等。作为一个十六进制文件编辑与磁盘编辑软件，WinHex 以文件小、速度快、功能强大而著称，它可以胜任 Hex 和 ASCII 码编辑修改，多文件寻找替换，一般运算及逻辑运算，磁盘磁区编辑（支持 FAT16、FAT32 和 NTFS），自动搜寻编辑，文件比对和分析，内存资料编辑等功能。

1.5　密码破解工具

数据加密是计算机系统对信息进行保护的一种最可靠的办法，它利用密码技术对信息进行加密，实现信息隐蔽，保护信息安全。在电子数据取证领域，加密与解密是永恒的对抗，犯罪者为了隐藏信息，通常会采用数据加密实现反取证，而取证技术人员则必须掌握常见的密码破解手段，让罪犯无处遁形。

现代加密技术的发展，使得对加密文件的解密变得越来越难。传统的密码破解软件仅针对特定类型的加密文件，只能单机使用，受限于单机的运算速度，在密码强度逐渐增加的今天，加密文件很难成功解密。在 AccessData 公司推出分布式网络密码破解系统（Distributed Network Attack，DNA）后，利用多台计算机并行计算的分布式密码破解成为趋势。目前主流的分布式密码破解软件有 Passware Kit Forensic 和 ElcomSoft Distributed Password Recovery 等。

1. Passware Kit Forensic

Passware Kit Forensic 是俄罗斯 Passware 公司所开发的系列密码恢复软件中功能最为强大也是最新的一个密码恢复工具合集，如图 1-27 所示。它将所有的密码恢复模块全部集成到一个主程序中。恢复文件密码时，只需启动主程序，凡是它所支持的文件格式，它都可以自动识别并调用内部相应的密码恢复模块。

Passware Kit Forensic 最新版本为 2021.1.3，支持 280 多种文件类型密码和操作系统密码的并行恢复，如 MS Office、PDF、Zip、Windows 7/2008/Vista/2003/XP/2000/NT、Internet Explorer、Firefox、Access、Outlook、Acrobat、QuickBooks、FileMaker、Bitcoin wallets、苹果 iTunes Backup、macOS X Keychain 等。支持对动态内存的分析，提取 APFS、FileVault2、TrueCrypt、VeraCrypt、BitLocker 的加密密钥，并从内存镜像和休眠文件中提取 Windows 和 Mac 账户的登录信息。除此之外，还支持从云服务（苹果 iCloud、MS OneDrive 和 Dropbox）获取备份和数据，从 iCloud 密钥链中提取密码。

Passware Kit Forensic 应用所有可用的计算资源，以达到最大的效率，因此是最快的解密工具。它使用多个 CPU、NVIDIA 和 AMD GPU，与仅使用 CPU 的系统相比，GPU 卡可以将密码恢复速度提高 400 倍，每台主机最多支持 12 个 GPU。

2. ElcomSoft Distributed Password Recovery

ElcomSoft Distributed Password Recovery 是俄罗斯 Elcomsoft 公司推出的一款专业级别的分布式密码破解系统，如图 1-28 所示。它具有硬件加速技术，破解速度提高至 20～250 倍，可以恢复复杂密码及强加密密钥，且支持在连接到单个分布式计算机网络的计算机

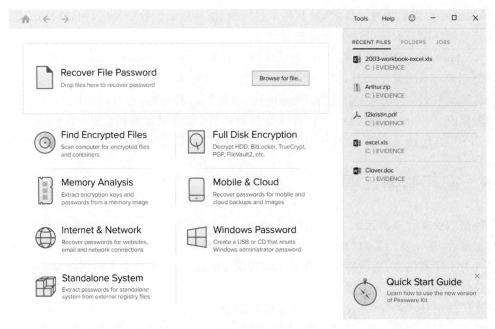

图 1-27　Passware Kit Forensic

图 1-28　ElcomSoft Distributed Password Recovery

集群上解锁文档。此外，该软件还具有可伸缩性和增强性，将使用密码的个人计算机数量加倍，从而减少恢复所需的时间。

ElcomSoft Distributed Password Recovery 支持远程通过网络让 N 多台计算机同时为破解任务提供支持。支持超过 300 种数据类型的密码恢复，如 Office 文档、Adobe PDF 文件、BitLocker、TrueCrypt、MD5 哈希、Oracle 密码、Windows 和 UNIX 登录密码等。最新版本为 v.4.40.1552,增加了对 Jetico BestCrypt 9 加密容器密码恢复及 AMD 和 Intel gpu 的 ZIP 和 RAR 密码恢复。

Elcomsoft 公司的系列产品除了用于文件密码破解外,还涉及系统及网络安全、手机取证等多个领域,包含从移动设备到计算机取证的多种工具集合。

1.6 系统仿真工具

系统仿真取证是指运用仿真技术实现对系统原始环境的再现,在系统写保护状态下实施对目标系统中各类电子数据原有状态的还原、操作轨迹的追踪以及各种数据记录的收集与保全活动。获取传统计算机取证所无法得到的"动态数据",包括目标对象的工作环境、主机操作痕迹、网络操作痕迹、加密数据明文、账户/口令明文等一系列电子证据。

系统仿真取证主要是利用虚拟机技术、Shadow 技术、重新定向技术等对目标系统的操作系统内核、硬件设备、用户环境、各种网络协议、应用程序、数据记录等信息进行动态的仿真运行模拟,以在此基础上构建出安全的、可供动态取证的操作环境。

按照取证对象的不同,可将系统仿真取证分为:基于原机的仿真、基于硬盘的仿真和基于硬盘镜像文件的仿真。基于原机的仿真是在拥有原始主机且系统处于写保护状态下的即时化在线取证,其主要目的是动态获取目标主机中的即时数据、程序运行数据、网络通信信息以及攻击、入侵行为的数据记录。基于硬盘的仿真取证是在借助虚拟机技术的基础上对装有操作系统的硬盘进行硬件的仿真重建,通过仿真加载原有系统设置,重建原有计算机系统运行的软、硬件环境,进行原始电子数据的动态分析获取。基于硬件镜像文件的仿真取证是在甄别镜像文件中的原有系统配置信息的基础上,实现原载系统的仿真启动,以在线直观、准确地判别、收集和保全所需的电子证据。

系统仿真对于电子数据取证具有重要作用,取证人员可以通过对犯罪分子的计算机等系统进行仿真,从而再现原始的运行环境,实现数据的追溯还原,为侦破案件提供有效思路。

目前,系统仿真软件主要有澳大利亚 GetData 公司的 Virtual Forensic Computing、开源软件 Live View。国内美亚柏科、效率源、弘连网络、奇安信等公司都有自己研发的系统环境仿真软件,如使用率较高的美亚柏科公司的 ATT-3100、弘连网络公司的 GE104 等。相较而言,商业版的仿真软件能够支持更多的系统版本,兼容性更高,同时具备一定的登录密码绕过功能。

1. Live View

Live View 是一个基于 java 开发的开源图形化取证工具,支持从原始磁盘镜像(DD 格式)或物理磁盘创建 VMware 虚拟机。由于对磁盘所做的所有更改都被写入一个单独的文件,技术人员可以立即将所有更改恢复到磁盘的原始状态,所以不需要创建额外的磁盘或镜像的副本来创建虚拟机。

Live View 支持引导全磁盘原始镜像、分区原始镜像、物理磁盘(通过 USB 或火线连接)、专用镜像格式(使用第三方镜像挂载软件)。支持 Windows 2008/Vista/XP/NT、Linux(有限的支持)等操作系统。

目前,该软件最新版本为 2018.11.13 更新的 Live View 0.7b,0.7 版本增加了对 Vista 和 Server 2008 的支持,0.7b 是其一个维护版本。

2. ATT-3100

ATT-3100 动态仿真取证系统是美亚柏科公司自主研发的一款专门用于对计算机动态仿真取证的产品。系统采用高性能硬件，可在保证司法有效性的同时对 Mac、Windows 及 Linux 等各种操作系统进行仿真。

ATT-3100 支持对物理磁盘和镜像文件两种介质存储方式的仿真，可快速还原或绕过操作系统登录密码，获取到静态取证分析时无法获得的个人敏感信息以及计算机使用痕迹，并生成动态取证报告，在对计算机取证领域的动态仿真分析能力提升上有重大意义。

3. GE104

弘连火眼仿真取证软件（GE104）是弘连网络公司推出的一款标准化系统仿真系统，如图 1-29 所示，可将现场获取或实验室中提取的硬盘及硬盘镜像等生成为可启动的仿真系统，帮助取证调查人员以交互的方式和用户的视角检查和操作目标系统。

图 1-29　GE104

GE104 支持通过虚拟机技术，无痕启动 32 位、64 位的 Windows、macOS、Linux 等多种操作系统硬盘和镜像文件。支持 QCOW/QCOW2/QCOW3、VHD、VHDX 等云服务器镜像格式的直接仿真，支持 DD、E01 等格式镜像的仿真，支持多仿真历史配置的管理和直接启动。除此之外，还支持 Linux 系统的密码重置和 Windows 登录密码绕过。GE104 通过只读接口连接，取证过程中不会改变物理磁盘与镜像文件状态，可附加多个从盘，从而支持多硬盘系统的仿真运行。

1.7　内存取证工具

网络攻击内存化和网络犯罪隐遁化，使得部分关键性证据只存在于物理内存或暂存于页面交换文件中，这使得传统的基于文件系统的介质取证不能有效应对。内存取证作为传统文件系统取证的重要补充，主要通过对内存数据及其缓存硬盘数据进行分析、查找、提取。

分析那些对案件侦破有重要意义的易失性数据,是计算机取证科学的重要组成部分。近年来,内存取证已赢得取证界的持续关注,获得了长足的发展与广泛应用,在网络应急响应和网络犯罪调查中发挥着不可替代的作用。

目前 EnCase、FTK、X-ways、取证大师等主流的综合性取证工具都支持对内存数据的提取和分析,但是开源软件 Volatility Framework 最负盛名。

Volatility Framework(以下简称 Volatility)是一款基于 GNU 协议的开源框架,是使用 Python 语言编写而成的内存取证工具集,可以分析内存中的各种数据。Volatility 支持对 32 位或 64 位 Windows、Linux、Mac、安卓操作系统的 RAM 数据进行提取与分析。它可以识别大多数内存镜像格式,如 DD、Dump 文件、VMware 快照、LiME 格式等。

当前 Volatility 的最高版本为发布于 2016 年 12 月的 Volatility 2.6,这个版本改进了对 Windows 10 的支持,并增加了对 Windows Server 2016、macOS Sierra 10.12 和带有 KASLR 内核的 Linux 的支持。在这个版本中修复了大量的错误,并增强了性能。

Volatility 拥有一个强大的插件库,由取证领域的众多技术爱好者和学者共同编写和维护,可以根据需要将其扩展到现有的 Volatility 安装中,同时取证人员可以根据需要编写自己的插件,以满足不同类型的内存取证研究需要。

1.8 综合性取证工具

电子数据的种类纷繁复杂,有价值的线索通常分散隐藏在庞大的看似无关的数据中,除了掌握常见的如数据恢复、密码破解、系统仿真等各模块工具之外,对整个证据源进行全局的关联和分析是核心和关键。这就要使用综合性的取证分析软件,只有借助综合性取证分析软件进行数据搜索、过滤、挖掘、分析,才能快速定位与案件相关的电子数据。

1.8.1 商业性综合取证工具

目前,使用率较高的仍然是商业性综合取证工具,如美国 Guidance Software 公司的 EnCase、AccessData 公司的 FTK 占据了全球市场的主要份额。近几年德国 X-Ways 公司的 X-Ways Forensics,国内美亚柏科公司的取证大师、上海弘连网络公司的火眼证据分析系列软件等也颇受用户喜爱,应用较为广泛。

1. EnCase

EnCase 是 Guidance Software 公司研发的专业的国际上主流的计算机犯罪数据分析取证软件,如图 1-30 所示,主要应用于执法部门、政府部门、军队和司法部门。它的使用排名位居第一,是行业的标准。EnCase 在我国的使用率达到 99% 以上,北美超过 500 家、世界至少超过 2000 家的执法机关和鉴定部门在使用它,可见其使用的广泛性及市场占有率。EnCase 作为一款专业化的计算机取证软件在我国网安部门的取证工作中发挥了较大的作用,是当前最富有调查能力的软件。

EnCase 具有的特色功能就是脚本开发功能,支持二次开发。

图 1-30　EnCase V8

通过脚本的开发能够扩充 EnCase 的功能,增强取证分析的针对性,将网安民警在具体实践中总结出来的取证技术应用到 EnCase 中,使个人技能得到较大程度的发挥。

概括地说,EnCase 具有三大功能:

① 证据获取功能。

预览和获取是 EnCase 的功能之一,主要特点是在获取目标盘时可以避免对目标盘的擦写,保持原数据盘的完整性,遵循电子取证的最基本原则。获取的数据是逐个字节的物理获取,而非逻辑上的获取,为了保证数据的完整性,还提供了 MD5 的哈希值校验,确保复制的数据与原数据的一致性。

EnCase 的证据获取方式灵活多样,包括 DOS 下的获取、网络交叉电缆获取、并口电缆获取、FASTBLOC 获取、驱动器对驱动器获取及对掌上电脑和各种移动存储介质的获取等。可以应对各种复杂的取证环境。但是操作起来需要遵循一定的原则,讲究一定的操作方法。所以有着很强的原则性和技术性。

② 分析功能。

分析证据是 EnCase 的核心功能,主要由恢复删除文件、文件签名验证、解析复合文件、强劲的搜索引擎、残留区的搜索和内置的脚本开发平台等部分构成。

在分析证据前,EnCase 前期对一些全局设置做了必要的设置,如时区设置、恢复文件、签名分析、哈希分析、创建和导入哈希集等工作,这些工作不仅不会浪费调查时间,反而有利案件分析效率的提高。

③ 生成报告功能。

法庭检查的最后阶段是提交裁决,应该用一种易于理解的可读形式来组织、展示。EnCase 的设计可帮助检查人员以一定的组织方式加注标签和输出裁决,以便报告在检查完成以后迅速产生。EnCase 提供了几种方法产生最终报告。一些调查者在字处理程序内部将最终的报告分成几个子报告,用一个总结性的目录指示读者来看内容。另外一些调查者将这些报告刻录到光盘中,使用超链接方式链接子报告和支持报告的证据文档及文件。EnCase 给调查者定制和组织最终报告的内容提供了很大的灵活性。

由于 EnCase 的广泛使用,它专有的 E01 证据文件格式也成为默认的证据文件标准格式。目前发布的最新版本为 EnCase V8,采用全新的操作界面和取证分析的工作流,更加简单易用。此外 EnCase V8 将原有 EnCase V7 所有模块(VFS/PDE/EDS/FastBloc SE/CD-DVD)及 Neutrino 手机取证功能全部集成,成为业界首款将计算机取证、手机取证综合一体的电子数据取证分析软件。

EnCase 的局限性在于其超强的数据分析功能需要依靠相关专业知识及操作技能才能实现,技术门槛较高。

2. FTK

FTK(Forensic Toolkit)是 AccessData 公司研发的世界上公认的计算机取证调查的必备工具,如图 1-31 所示,可帮助法律执行机构和公司、企业安全专业人员,执行完整、彻底的计算机取证检查。FTK 作为世界知名电子数据检验软件包,不但包含了所有电子数据检验工具的基本功能,如哈希分析、后缀分析、复合文件分析、删除文件恢复、分类分析浏览等,同时也具有以下特点(下

图 1-31 FTK

述仅为部分特点）。

① 专业镜像工具。

具有单独的镜像工具 FTK Imager，能够让用户简便快速地加载多种镜像类型。支持多达 31 种不同的镜像类型，包含了所有常见类型镜像。支持挂载目前市面上所有计算机系统的文件系统（硬盘）和单独文件。同时允许用户自主地对加载的数据（镜像、硬盘、文件）进行镜像制作、格式转换等操作。同时具有绿色版软件，能够实时抓取检材机内存及注册表。

② 专业注册表分析工具。

具有单独的注册表分析工具 Register Viewer，是世界上功能最强大的注册表分析器之一，能够完美地对注册表文件进行分析操作，并自带对比库，可以自动标识潜在有用的注册表文件。完美地对注册表文件进行翻译，以便用户直观地进行判断分析，并且可自由定制创建报告。

③ 人性化数据过滤器。

不同于其他世界上主流的电子数据检验工具，FTK 不但自带大量基本过滤器，同时提供方便快捷的过滤器配置器。其过滤器可根据用户需求应用于全界面（全局过滤器），也可以应用于当前界面，方便用户对比浏览。

④ 小型云处理功能。

FTK 可单机使用，也可配置不超过 3 个的分布式运算器，达到小范围云处理功能。FTK 可以根据检查及处理选项要求自主配置进行分布式处理操作。此举不但大大增强 FTK 的工作效率，同时能够保证所有资源的重复利用。

⑤ 完美的搜索功能。

FTK 内置了 2 种不同的搜索模式：索引搜索和实时搜索。当用户进行 dtSearch 索引操作处理后，FTK 会自动将所有完整文件进行索引排序并写入数据库，用户可以快速进行搜索处理，且无需等待。且内置的条件搭配功能可由用户自主搭配调整，快速完成复杂条件的搜索。为了保证数据的全面性，FTK 还内置了实时搜索功能，支持用户搜索包括删除损坏文件片段在内的所有数据，并使用正则表达式模式和内置通用代码库/手动便捷功能保证了其实用性、快速性和灵活性。

除此之外，FTK 还具有深度数据挖掘功能、视频抽帧功能、内存分析功能、手机联动功能等。

与 EnCase 相比，FTK 的使用更为简单，分析结果也更为直观。其文件查看、加密数据查找、已知文件过滤功能更强于 EnCase。因此，FTK 更受警方的青睐，是全球警方使用量排名第一的取证软件。

3. X-Ways Forensics

X-Ways Forensics 是由德国 X-Ways 公司出品的一款综合性取证分析软件，X-Ways Forensics 基于 WinHex 开发，是 WinHex 的一个法证授权版，与 WinHex 界面完全一样。WinHex 是 X-Ways 公司 CEO Stefan 在学生时代编写的一个十六进制编辑器，广泛运用于数据恢复和软件调试领域。尽管 X-Ways Forensics 与 WinHex 基于相同的代码，但 X-Ways Forensics 功能更加强大。在 X-Ways Forensics 中，出于对原始证据的严格保护，限制了对磁盘的写入操作，提供了更强的磁盘和文件的分析功能以及增加了文件预览功能，如图 1-32 所示。

X-Ways Forensics 可在 Windows XP/2003/Vista/2008/7/8/8.1/2012/10 操作系统下运行，支持 32/64 位、Standard/PE/FE 等版本。与其他竞争产品相比，由于它在运行时占用的资源更少，因此它在工作时更高效，运行更快速，并且能恢复已删除的文件，搜索到其他

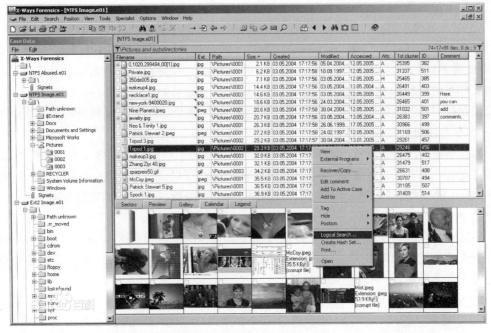

图 1-32　X-Ways Forensics

软件搜索不到的结果,还包含许多特有的功能,最重要的是售价更低廉。X-Ways Forensics 可随身携带,能够通过 U 盘在任意 Windows 操作系统下使用,无需安装。不像其他一些取证分析工具那样,X-Ways Forensics 不需要使用者设置数据库等烦琐的操作,并且超小化的安装包可以在数秒内下载并安装。

4．取证大师

图 1-33　取证大师

取证大师是美亚柏科公司自主研发的计算机取证拳头产品,如图 1-33 所示,也是国内第一个具有自主知识产权的综合性取证软件。该产品是主要面向基层执法人员开发的"智能化"电子数据取证分析软件,将自动取证、实时搜索等功能集成于一体,专门针对国内实际情况进行了专项优化开发,操作简单、分析全面,把取证工作智能化,对调查者的技术要求低,是电子数据取证分析人员必备的分析系统。

最新版取证大师 V6 是对 V5 版的全面升级版本,具有全新设计的扁平化界面、新增多种统计和分析功能、高度自定义的脚本功能和更丰富的文件系统及插件应用支持。在取证大师 V6 附带的示例中,包括常见的 xml 文件解析、SQLite 数据库解析、二进制文件解析等。用户可在此示例基础上,扩展自己的需求编写脚本插件代码。与传统方式相比,脚本插件的最大优点是扩展性强,当发现无法解析的计算机软件时,一线取证人员不用更新到新版本软件,通过手动编写脚本插件,即可完成取证工作,快速提高取证效率。

1.8.2　开源性综合取证工具

开源软件(open source software),也称开放源码软件,是指源码可以被公众使用的软件,并且此软件的使用、修改和分发也不受许可证的限制。开源软件通常采用公开和合作的方式开发，但是开源软件仍然有版权，受法律保护。

常常会有人把开源软件和免费软件这两个概念混淆，其实两者并不相同。开源软件是指在软件发行的时候，附上软件的源代码，并授权允许用户更改/自由再散布/衍生著作，开源并不抵制商业收费。免费软件就是免费提供给用户使用的软件，但是免费的同时，通常都会有其他的限制，比如功能可能会受限，比如其源码不一定会公开，而且使用者也并没有使用、复制、研究、修改和再散布的权利。

由于商业性的电子数据取证工具一般价格较为昂贵，开源和免费的取证工具无疑对初学者和学生具有重要的学习意义。

1. TSK 与 Autopsy

The Sleuth Kit(TSK)，也称之为 sleuthkit，是命令行工具，允许提取硬盘镜像信息。TSK 的核心函数允许用户分析卷和文件系统数据，可以运行于 Linux、macOS X、Windows 等操作系统上。TSK 可以用于分析 Windows 和 UNIX/Linux 文件系统，支持从多种文件系统中恢复数据，包括 NTFS、FAT、HFS、Ext2/3/4、YAFFS2 等，支持 DD、AFF、E01 等多种镜像格式。

Autopsy 是数字取证平台，是 TSK 中工具软件的图形化界面，如图 1-34 所示。它可以在只读环境中对分区的文件、删除的文件、目录和镜像的元数据进行分析。主要提供以下功能：时间轴分析、哈希过滤、文件系统数据恢复、关键词搜索、提取浏览器历史记录、提取图片和视频中的 EXIF 等。

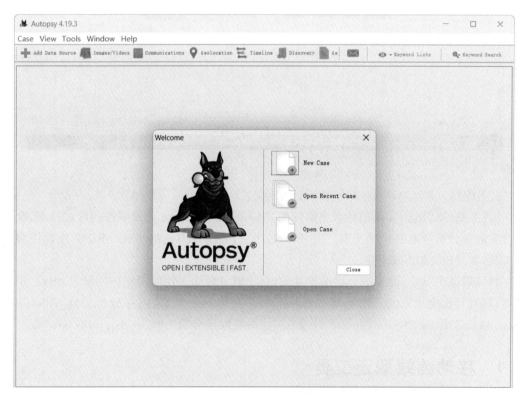

图 1-34　Autopsy

2. DFF

DFF(digital forensics framework,数字取证框架)是一个简单但强大的数字取证工作辅助工具,如图 1-35 所示,它具有一个灵活的模块系统,具有多种功能,包括:恢复错误或崩溃导致的文件丢失,证据的研究和分析等。DFF 提供了一个强大的体系结构和一些有用的模块,不仅支持 NTFS、Ext2/3/4、FAT12/16/32 文件系统的分析,还可以分析注册表、电子邮箱、内存数据等。

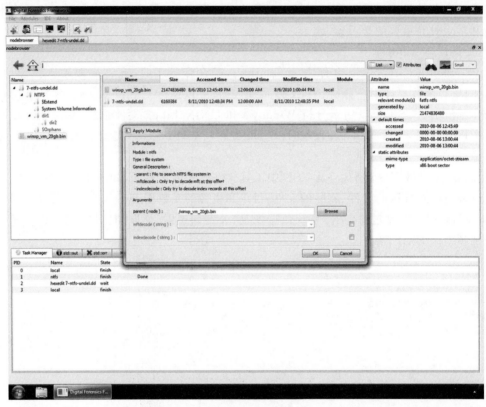

图 1-35　DFF

3. SIFT

SIFT 是 SANS 公司推出的数字取证工具包,它以 VMware 虚拟映像的形式发布,集成了数字取证分析所有必需的工具。适用于 E01、AFF、DD 等证据形式。SIFT 包含许多取证工具,如 TSK、Autopsy 等。

开源取证工具中,除了综合性的工具外,对于取证较为关注的模块如注册表、内存、浏览器等,都有其相应独立的开源工具。如网络取证工具 PcapXray、内存分析工具 Volatility、Safari 取证工具 SFT(Safari forensic tools)、注册表取证分析工具 Registry Decoder 等。

1.9　移动终端取证工具

移动终端主要指手机、平板电脑、车载电脑等具备操作系统和数据处理能力的便携类设备。移动互联网技术的高速发展,带动了移动终端的应用与普及,但同时利用移动终端进行的高科技、高智能的犯罪活动呈现出高速增长及多样化的趋势,智能移动终端成为了许多不法分子实施犯罪活动的工具。

涉及移动终端的犯罪活动主要有三类:1)借助智能移动终端进行沟通交流,例如使用电话、短信、即时通信软件、电子邮件等,进行文字、图片、语音或视频的传输,以团伙分工合作的方式实施不法活动;2)利用智能移动终端所提供的高科技功能为作案提供帮助,如使用 GPS 功能在涉案路线上予以帮助,使用电子商务功能在电商平台购买作案工具,使用电子银行、微信红包等方式进行财务往来;3)将智能移动终端用于病毒传播,进行电信诈骗、钓鱼欺骗、远程攻击、数据截获、信息盗取等恶劣的犯罪活动。

对保存有大量个人信息和涉案数据的移动终端设备进行电子数据取证,是案件侦查过程中查找嫌疑人犯罪线索、固定犯罪证据的重要手段。这使得电子数据取证的主要目标从传统存储介质向移动终端延伸。由于移动终端更新换代速度非常快,操作系统多样,且运行机制不同于传统的计算机设备,因此移动终端取证设备的开发难度大大高于传统介质取证设备。

移动终端取证设备的开发需要有强大的科研和技术实力,目前国际上比较知名的移动终端取证设备制造商有 Guidance Software、AccessData、MicroSystemation、Paraben、Logicube、ICS、X-Ways、Cellebrite、Oxygen 等公司。而在国内,比较知名的移动终端取证设备制造商有效率源、美亚柏科、奇安信盘古石、弘连网络等公司。

2014 年 5 月,美国国家标准与技术研究院(NIST)发布了移动终端取证的操作指南NIST SP 800-101 Revision 1《Guidelines on Mobile Device Forensic》,将移动终端的取证分为 5 个层次:微读、芯片分析、十六进制镜像/JTAG、逻辑分析及人工分析。

第一级:人工提取。

在专业化的取证设备出现之前,移动终端取证都是直接在移动终端上查看相关数据,并使用相机等翻拍设备记录证据。任何一个取证人员都能胜任这种方法,但这种方法也存在相当的局限性。首先,这种检验手段仅能获取已有数据,对于删除的数据无法进行提取和固定,同时对于手机加密和破损的情况也无法应对。其次,必须保证该设备能正常开机,同时并未设置密码或者已知密码。即便能正常进行提取,机身存储的数据数量庞大对于取证人员手工查看和翻拍来说是一个相当大的工作量。最后,对于智能手机而言,这种检验手段无法快速定位到有效信息,同时也无法进行高效地关联。

人工提取的优点在于门槛低,且总会存在工具无法提取的移动终端。对于那些缺少其他提取固定手段的取证人员来说,这无疑是唯一的解决办法。目前,国内也有不少专用于翻拍的设备,可以在一定程度上减小翻拍的工作量,例如瑞源公司生产的 EDEC 1030 小型数码设备翻拍仪,如图 1-36 所示。

第二级:逻辑提取。

将移动终端通过连接线(USB、RS232)或无线(蓝牙、红外、Wi-Fi)等方式与取证专用硬件或安装软件的工作站连接,从而提取移动终端中的逻辑数据。大多数

图 1-36　EDEC 1030

的逻辑提取都是由取证工具发出指令并由移动终端的处理器接收并返回相应的数据。虽然

逻辑提取可以在一定程度上提取到已删除的数据，但是不能恢复未分配空间的数据。同时，逻辑提取的数据量往往取决于移动终端是否越狱。最重要的是，使用逻辑提取的方法，会带来改变检材数据的风险。

目前，大多数移动终端取证工具都是基于逻辑提取的，主要分为硬件和软件两种。硬件设备的形态分为定制开模和平板电脑(笔记本)。而软件形态的产品，也需要配载连接线、适配器等设备才能使用。

第三级：十六进制镜像和JTAG提取。

JTAG(Joint Test Action Group, 联合测试工作组)是一种国际标准测试协议, 原先设计的目的主要用于芯片内部测试。目前, JTAG提取方式常常用于处理已被密码锁定, 或无法正常提取的设备。它使用标准JTAG端口来访问已连接设备的原始数据。通过特殊的JTAG数据线和相关设备, 以及对特定内存/芯片组型号或设备型号相匹配的引导文件, 对兼容设备进行完整内存内容的提取。如果被检设备开启了"全盘加密"一类的功能, 那么JTAG提取到的镜像也还是加密镜像。

对移动终端进行十六进制镜像可以完整地获取移动终端存储芯片中的数据，只要在未覆盖的情况下，被删除数据通常都可以被提取。对于iOS系统手机而言，未越狱的iPhone 4S及以后型号的手机在物理镜像的提取和解析上仍然无解。对于安卓系统手机而言，针对不同品牌型号的手机，最广泛的几种技术即为JTAG以及META模式的获取。当然也有检验工具利用手机本身的硬件漏洞和特殊协议直接进行芯片镜像。目前，移动终端取证工具支持十六进制镜像的越来越多，支持JTAG功能的取证设备也已经正式进入移动终端取证领域。

第四级：Chip-off 芯片提取。

Chip-Off技术是当前移动设备检验中，最复杂且最底层的数据获取技术。这种方法需要将移动终端中的存储芯片通过热风枪或拆焊台与主板剥离，清理芯片表面的焊锡，然后将芯片安装到芯片读取设备上，直接对芯片本身的电路和协议进行分析，获取其原始镜像或相关数据。Chip-off提取具有破坏性，对于设备和检验人员来说都是相当大的技术挑战。此外，芯片提取对iOS设备无效，因为它进行了硬件级加密。

由于价格、检验设备成熟程度、检验人员技术水平等多种因素的限制，目前这个层次的提取技术并不普及，但是随着越来越多的取证设备制造厂商开始涉及该领域的研究，相关芯片读取设备也开始推向取证市场，例如俄罗斯ACE实验室的PC-3000 Flash、大连睿海公司的RH-6900、效率源公司的SCE9168等。

第五级：微读。

微读技术是指在电子显微镜下对NAND或NOR芯片存储层进行微观状态的观察，并借助均衡磨损原理等固态介质存储理论进行数据还原。这种技术已经上升到电子数据取证领域的最尖端领域，完成这样的检验需要有具备整个领域深厚知识的专家级的团队、昂贵并且专用的设备以及大量的时间。目前在国际上都鲜有达到这个技术层次的执法机构，而且目前也没有商业微读技术设备。

《移动终端取证的操作指南》还列出了一些移动终端取证设备对应支持的提取层级。表1-1列出了本节所提及的部分主流移动终端取证设备对应支持的提取层级。

表 1-1　移动终端取证设备对应支持的提取层级及功能

取证设备名称	提取方式	支持对提取数据进行检验分析	生成报告	支持山寨机	提供连接线缆
Oxygen Forensic Suite	第二级	是	是	否	否
Device Seizure	第二级、第三级	是	是	否	是
MPE+	第二级、第三级	是	是	是	是
UFED Touch	第二级、第三级	是	是	是	是
XRY	第二级、第三级	是	是	是	是
DC-4501	第二级、第三级	是	是	是	是
RH-6900	第二级、第三级	是	是	是	是

1.9.1　硬件工具

目前,国产移动终端取证硬件产品主要有美亚柏科公司的 DC-4501、效率源公司的 SPF9139、大连睿海公司的 RH-6900 等。国际上,移动终端取证硬件产品有以色列 Cellebrite 公司的 UFED Touch2、瑞典 MicroSystemation 公司的 XRY 等。

1. DC-4501

DC-4501 手机取证系统又名"手机大师",如图 1-37 所示,是美亚柏科公司自主研制生产的,用于手机数据提取和恢复并进行深度分析及数据检索的调查取证产品。该产品是首款搭载 Windows 10 64 位操作系统的高性能、便携式的手机调查取证设备。支持 98% 以上的智能机取证和 85% 以上的山寨机/功能机取证,且支持国内、国外 600 多种手机应用程序的解析和恢复,支持率处于行业领先水平。

DC-4501 支持数据提取、数据恢复、数据浏览、智能分析、生成报告等功能。将人工智能技术与手机取

图 1-37　DC-4501

证技术强强结合,提供近 20 个自主研发的取证工具集用于解决安卓解锁、密码绕过、手机提权、镜像下载等问题,为手机取证提供一站式的解决方案,满足公检法机关对手机取证调查的需求,目前该设备在国内市场具有较高的市场占有率,被国内执法部门广泛采用。

2. SPF9139

SPF9139 智能手机数据恢复取证系统是效率源公司自主研发的一款面向专业司法取证领域的一体化手机数据取证分析产品,如图 1-38 所示。该产品集手机镜像、数据提取、删除恢复、数据分析、数据筛选及报告导出功能于一身,并能在取证过程中智能发现检材中的敏感信息。

SPF9139 通过多种技术手段从包括 USB、SIM 卡、SD 卡、MTP、镜像文件、备份文件、本地文件夹等数据来源中提取数据。支持国内外主流品牌手机及主流操作系统,可对上百种应用数据进行有效提取,数据提取范围广、兼容程度高。同时,支持短信、联系人、通话记录及 QQ、微信等第三方应用删除信息的恢复。

SPF9139 具有强大的数据分析功能,可将提取的数据通过联系频率、分布情况、热点分析及时间轴等方式进行分析展示,并可基于地理位置从时间-事件的维度上重现情景细节。

图 1-38　SPF9139

兼具规范专业的报告模块,支持 HTML、PDF 的多格式报告导出,并支持通过 BCP、XML 格式将数据上传至蛛网系统、SIS 系统、高检云平台等第三方云平台。

在 2021 年 1 月最新升级的版本中,SPF9139 新增手机取证报告助手工具,可直接将 SPF9139 中创建的案例和 HTML 报表,通过多维度图形化的方式呈现,使用户能更加敏锐地洞察到可疑数据、关键证据、线索数据,并使用"标记"和"截图"功能来对这类数据进行记录。同时它还具有 DIY 模板和新建报告的功能,在新建取证报告时,系统会根据模板内相关配置,自动匹配数据内容,快速生成报告。满足了用户在不同场景下的报告要求,大大提升工作效率。

3. RH-6900

图 1-39　RH-6900

RH-6900 是大连睿海公司研发的手机数据综合提取分析工具,如图 1-39 所示,可应用于各种品牌的安卓系统手机、iOS 系统各版本及型号的手机,同时也支持各种品牌和山寨功能机。该系统内置通用型芯片数据物理提取、EMMC 数据物理提取、JTAG 数据物理提取、国产手机镜像提取、智能终端数据分析、手机 SIM 卡/存储卡数据分析等多个功能模块。

RH-6900 支持 150 多种手机常用 App 的提取及解析、解锁及镜像文件分析、时间轴的搜寻方式及关系图等数据碰撞及分析、全新优化报表、多种常用小工具等。

RH-6900 集成了 ADB 提取、Recovery/BOOT 提取、高通 9008/9006 提取、自动侦测手机定义、JTAG 提取、ISP 提取、底层芯片级数据提取等多种方式,可全面应对各种手机故障,即使物理损坏也可以通过芯片提取获取手机数据并进行解析。

由于传统的移动终端取证工具大都采用逻辑提取和十六进制镜像的方式,很少有产品支持 JTAG 和芯片数据提取,因此该产品一经推出备受好评。

大连睿海公司手机取证系列产品中除 RH-6900 手机数据取证分析系统外,还有 RH-5901 手机数据取证分析设备、RH-5800(系列)安卓手机解锁取证设备、RH-5820 手机数据多路采集与分析系统等。

4. UFED Touch2

图 1-40　UFED Touch2

UFED Touch2 是以色列 Cellebrite 公司的新一代高性能便携式手机取证工具,如图 1-40 所示,通过直观的用户操作界面和简单易用的触摸屏,UFED Touch2

支持对各种品牌、型号的手机、GPS和移动设备进行物理镜像获取、逻辑提取和文件系统获取，包括已经删除的数据和密码。

UFED Touch2支持的手机、掌上电脑和GPS设备数量超过30000款，并支持定期升级服务，以不断增加更多新款设备。此外，UFED Touch2具有强大的密码破解功能，支持3000款以上手机的开机密码解锁功能，支持苹果系统密码破解功能，如开机密码、无线密码和邮件密码等。

UFED Touch2选配山寨手机物理恢复模块，与UFED手机取证设备无缝连接，支持90%以上国内品牌手机和山寨手机机身数据镜像采集功能，支持对已有数据、隐藏数据和已删除数据的物理镜像获取，并通过专用客户端分析软件，解析通话记录、短消息、彩信、视频、图片、GPS路径信息以及已删除的数据，并自动生成报告。

此外，UFED Touch2具备1024高分辨率电容式多点触控显示屏和8G内存，能够更快地对数字证据进行提取、解码和分析。

5. XRY

XRY是瑞典MicroSystemation公司推出的手机取证产品，如图1-41所示。瑞典MicroSystemation公司是全球最早从事手机取证技术研发的企业之一。作为主推产品，XRY创造了手机取证领域的多个第一，包括最早提出逻辑获取、物理获取，最早破解iPhone 4锁屏密码，最早实现安卓系统微信解析，最早支持三星高端系列手机物理获取和解析，最早实现GPS和平板电脑数据获取解析等。

图1-41 XRY

XRY自2003年至今已经发展到第六代，它将包括手机机身、SIM卡、存储卡在内的全部数据的逻辑提取与物理恢复手段完美融为一体，为用户提供一站式综合解决方案。XRY的最大亮点在于可在几分钟内生成一份防篡改报告，并可根据用户需求进行设置，包括参考资料以及用户要求的独特标识。XRY所生成报告可完整打印，也可部分打印。使用XRY输出功能，用户可利用其各种功能对数据进行进一步的分析。目前，XRY硬件版本分为办公室版、现场版和平板电脑版，比较普及的是其办公室版。

1.9.2 软件工具

多数移动终端取证系统都集成在硬件设备中，与硬件捆绑销售，如美亚柏科公司的DC-4501、以色列Cellebrite公司的UFED Touch等。目前，国内外移动终端取证软件主要有俄罗斯Oxygen软件公司的Oxygen Forensic Suite、美国AccessData公司的MPE+、美国Paraben公司的Device Seizure、中国奇安信公司的盘古石手机取证分析系统等。

1. Oxygen Forensic Suite

Oxygen Forensic Suite是俄罗斯Oxygen公司推出的手机取证分析软件，也是最早支持Symbian系统删除数据恢复的手机取证工具之一，如图1-42所示。Oxygen Forensic Suite系列产品一直是世界领先的移动设备数据提取和检验软件之一，从诺基亚等非智能机、Symbian、BlackBerry到现在的iOS、安卓、Windows Phone，Oxygen公司不断完善其产品并适应市场对移动设备取证的需求。Oxygen 系列产品被广泛使用在执法部门、警局、军队、海关、税务部门、企业和鉴定中心，并在超过 50 个国家中取得了良好的反馈。

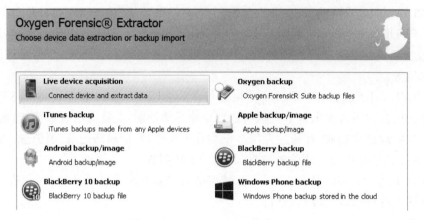

图 1-42　Oxygen Forensic Suite

目前，最新版的 Oxygen Forensic Suite 2015 支持超过一万个移动设备，支持多种备份、镜像以及第三方数据的导入，还提供了云数据的提取和分析。该软件的主要优点是对于各类智能手机支持性较好，且具备对国外常见智能手机 App，特别是对聊天 App 中信息的调查分析功能。在实际应用中，该软件对于国内调查常见的跨国品牌智能手机支持较好，但不支持小众国产手机及山寨手机的取证调查。

2．MPE＋

Mobile Phone Examiner Plus（简称 MPE＋）是美国 AccessData 公司推出的专用于手机数据检验的工具，如图 1-43 所示。MPE＋支持超过 7000 款国际主流品牌手机的取证分析，支持 iOS、安卓、Windows Phone、Windows Mobile、Blackberry、Symbian 等主流移动操作系统智能手机及平板电脑，支持 Skype、GoogleTalk、QQ、微信等常见聊天应用数据的分析与恢复。内置安卓系统临时 Root 解决方案，能够物理获取安卓设备任意分区镜像数据，且支持三星部分 Galaxy 系列图形开机密码锁直接绕过，无需 Root、无需开启 Debug 模式。采用数据挖掘与过滤技术，最大限度提升手机数据检验效果，兼容所有手机取证工具获取的手机原始数据文件。

MPE＋最大的优势是能与综合分析软件 FTK 无缝集成，在同一界面内完成对手机数据和计算机数据的关联分析。

3．Device Seizure

Device Seizure 美国 Paraben 公司推出的一款移动终端取证软件，也是全球第一款移动终端取证工具，目前已经发展到了第 7 代，如图 1-44 所示。作为第一个用于移动终端取证的商业工具，Device Seizure 经过了超过 10 年的开发，支持在一个系统中对数千个设备进行逻辑和物理分析。它支持逻辑采集、物理采集、文件系统采集，支持绕过密码，取证人员可以执行全方位的调查并创建已获取的所有数据的报告。

Device Seizure 支持超过 8000 种移动设备的逻辑提取，包括联系人、通话记录、短信、照片以及从数据库中恢复的删除数据等，且支持超过 6600 种移动设备的物理提取，支持超过 2500 种移动设备的密码提取。

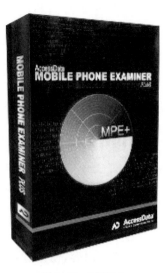

图 1-43　MPE+　　　　　　　　　图 1-44　Device Seizure

4. 盘古石手机取证分析系统

盘古石手机取证分析系统，如图 1-45 所示，是奇安信公司推出的一款针对手机等移动设备的取证产品，以"漏洞"思维解决取证难题，提供高效的数据提取（含解锁与绕锁）、解析以及深度的数据分析与恢复能力。该系统支持国内外主流厂商 98% 以上的 iOS/安卓设备（含 iOS 最新系统），支持相同或不同厂商设备或型号的并行提取，支持解析百余个应用程序数据。兼具数据恢复、数据挖掘、数据聚合、数据筛选、高级分析等功能模式。

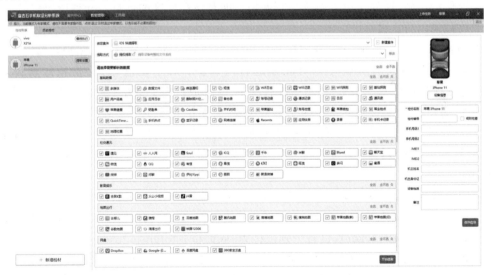

图 1-45　盘古石手机取证分析系统

盘古石手机取证分析系统的核心优势功能在于它支持 64 位 iOS 设备系统版本 9.0-13.3.1 免越狱数据提取，可绕过系统备份限制提取所有应用数据（特别是大多数涉外应用），提取完整的全盘文件系统（高级逻辑镜像）；支持所有主流安卓厂商的高级备份方案。支持安卓 8 及以下，内核版本 4.4 及以下的安卓设备免 ROOT 数据提取，免拆机刷机，ADB 直连提权提取，包含应用分身及系统数据、日志等，且支持部分安卓设备关机物理镜像提取。

第2章

电子数据取证基础实训

针对《电子数据取证技术》第 1 章"电子数据取证技术概述"的内容,使读者在对电子数据、电子数据取证的基本概念、基础知识和基础技术有一定了解的基础上,通过本章内容的学习,掌握电子数据取证的基本操作和方法。

2.1 只读锁的使用

2.1.1 预备知识:写保护技术

在计算机运行过程中,有些信息只允许使用而不允许修改,因此就要对存储这些信息的区域采取保护措施,这种保护措施称为写保护。即对该存储区的信息只允许读出以被使用,但不允许写入以防止破坏。

对磁盘进行写保护是一种常用的预防病毒的方法。对于软盘,写保护比较容易,只需打开软盘的写保护开关就可以对软盘进行写保护;对于硬盘,写保护相对就比较困难,不过可以利用硬盘写保护卡或用软件进行写保护。但是,由于硬盘读写较为频繁,如果对整个硬盘进行写保护,有可能会导致系统无法正常运行。因此,通常只能对硬盘的某一分区进行写保护,以保证那些存储在该分区上的数据的安全。所以,为了达到保护数据的目的,用户应将需保护的数据集中存储于一个分区上,以便对该分区进行写保护。

在电子数据取证领域,介质写保护设备已经是一种成熟的介质数据保护专用设备,它能有效地保证取证人员在读取介质时,不篡改电子介质中的数据。此类的写保护设备通常被称为"只读锁"(write blocker),也有个别被称为"取证桥"(forensic bridge)。

当前常见的只读锁支持常见的各种介质接口的硬盘,包括 IDE(PATA)、SATA、SCSI、USB、SAS、火线等,此外还有专门用于读取各种存储卡的只读设备,支持常见的 SD 卡、MMC 卡、记忆棒(Sony)、TF 卡等。

电子数据取证人员在制作磁盘镜像过程中需使用只读锁设备来保护原始介质。如需制作磁盘镜像,需借助第三方磁盘镜像工具。如在必要情况下,需要直接对原始介质进行分析,同样也需要使用只读锁,方可对原始介质进行相应的分析。

2.1.2 实验目的与条件

1. 实验目的

通过本实验,读者在了解了电子数据取证的基本原则及写保护技术的原理和实现方式的基础上,掌握使用常用软件如 EnCase,实现设备的写保护,以及在没有相应软硬件设备的情况下,通过修改注册表项,实现设备的写保护。

2. 实验条件

本实验所需要的软硬件清单如表 2-1 所示。

表 2-1 只读锁的使用实验清单

序 号	设 备	数 量	参 数
1	取证工作站	1 台	Windows XP 以上
2	EnCase 软件(无需加密狗)	1 套	EnCase7
3	U 盘	1 个	无

2.1.3 实验过程

1. 运用 EnCase 的 FastBloc SE 对 U 盘进行只读和写保护操作

步骤 1:获取本实验所需要的工具 EnCase,运行后打开如图 2-1 所示的操作界面。

图 2-1 EnCase 主界面

步骤 2:在工具栏中单击"工具"按钮,选择只读锁选项——"FastBloc SE",如图 2-2 所示,即弹出 EnCase 写保护功能窗口,如图 2-3 所示。

只读锁打开对应的选项是"只读"或者"写保护",只读锁关闭对应的选项是"无"。

图 2-2　EnCase 工具栏中 FastBloc SE 选项

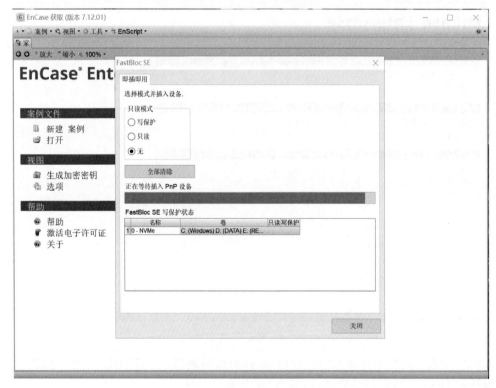

图 2-3　EnCase 写保护功能窗口

步骤3：选中"写保护"模式，插入U盘或移动硬盘等检材。此时在当前界面设备列表中，刚插入的检材U盘状态显示为"写保护"，如图2-4所示。

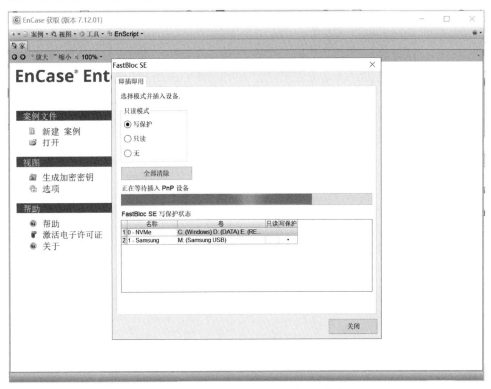

图2-4　检材U盘显示为"写保护"状态

步骤4：尝试对插入检材U盘中的文件进行增、删、改操作，并保存，弹出如图2-5所示对话框。

图2-5　检材U盘中文件无法写入

步骤5：在选中"只读"模式情况下，重新插入检材U盘，并尝试对该状态下的检材数据进行增、删、改操作，并保存。

2．通过修改注册表项文件，对U盘进行写保护

步骤1：按住键盘上Win+R，在弹出的运行窗口输入"regedit"，如图2-6所示，单击"确定"按钮，打开注册表编辑器，如图2-7所示。

步骤2：在注册表编辑器中按以下路径找到对应项："HKEY_LOCAL_MACHINE\SYSTEM\CurrentControlSet\Control"。

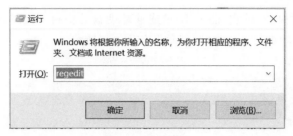

图 2-6 运行窗口

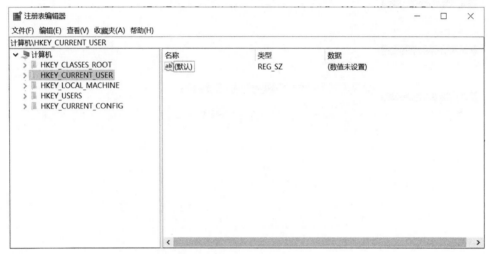

图 2-7 注册表编辑器

步骤 3：在该路径"Control"项下新建一项，如图 2-8 所示，重命名为"StorageDevicePolicies"。

图 2-8 在注册表中新建项

步骤 4：在"StorageDevicePolicies"项下新建一个类型为 DWORD 的值，如图 2-9 所示，重命名为"WriteProtect"。

图 2-9　在注册表项中新建值项

步骤 5：双击值项"WriteProtect"，在编辑窗口中将该值项的数值数据由默认的"0"改为"1"，单击"确定"按钮，关闭注册表编辑器，如图 2-10 所示，此时写保护已生效。

图 2-10　修改注册表中值项的数值数据

步骤6：插入检材U盘，尝试对检材U盘中的文件数据进行增、删、改操作，如新建文件。发现单击右键弹出的对话框中无"新建"选项，如图2-11所示，即U盘已处于写保护状态。

图 2-11　检材 U 盘中无法新建文件

2.1.4　实验小结

本节采用 EnCase 软件实现只读锁功能，读者可以选用其他相似软件实现只读锁功能，效果无差别。

通过实验发现，在 EnCase 的"FastBloc SE"功能下，"写保护"模式与"只读"模式存在微小差别。"写保护"状态下禁止对检材中的文件进行增、删、改等操作，而"只读"状态下允许对检材中的文件进行增、删、改操作，但实际不保存该操作，拔出检材后重新插入会发现检材内数据并没有发生变化。

相较于软件只读锁，硬件只读锁更安全、可靠，因此在取证实践中，通常建议采用硬件只读锁。硬件只读锁设备使用简单且大同小异，因此不再赘述。

受条件限制，在不具备任何软硬件设备的情况下，可通过修改注册表的键值来实现 USB 接口的只读，在 Linux 系统中也可以通过命令来只读挂载设备。

2.2　镜像的制作

2.2.1　预备知识：镜像的意义

在电子数据取证工作中，为了保全证据，确保取证工作不会造成数据丢失，在获取到原始证据介质后，首先要做的就是对原始介质数据进行全盘镜像备份，而后所有的数据提取工作都是在制作完成的镜像备份中进行。

镜像是将原始证据介质中的数据逐位复制，因此镜像文件包含原始证据介质中的所有文件，包括已被删除或隐藏的文件、未分配簇区域、磁盘闲散空间等。在司法实践中，镜像文件与原始证据介质具有相同的法律效力。

2.2.2 实验目的与条件

1. 实验目的

通过本实验,读者可以掌握以下内容:
(1) 理解磁盘镜像的概念,熟悉 Ex01、Lx01、DD 等常见磁盘镜像的文件格式;
(2) 掌握使用 EnCase 软件制作 Lx01 格式磁盘镜像的方法;
(3) 掌握使用 WinHex 软件制作 E01、DD 格式磁盘镜像的方法。

2. 实验条件

本实验所需要的软硬件清单如表 2-2 所示。

表 2-2 镜像的制作实验清单

序 号	设 备	数 量	参 数
1	取证工作站	1 台	Windows XP 以上
2	EnCase 软件	1 套	EnCase7
3	WinHex 软件	1 套	WinHex19.7
4	U 盘	1 个	容量不宜过大

2.2.3 实验过程

1. 运用 EnCase 软件制作 Lx01 格式磁盘镜像

步骤 1:插入 EnCase 加密狗后,打开 EnCase 软件,按 2.1 节中步骤打开 EnCase 写保护功能后,插入检材 U 盘。

步骤 2:单击 EnCase 主页"新建案例",将案例名称设为:"实验 2_检材镜像的制作",如图 2-12 所示,单击"确定"按钮。

图 2-12 EnCase 新建案例

步骤 3：在案例视图下单击"添加证据"，如图 2-13 所示，选择"添加本地设备"，在弹出的对话框中选择需要制作镜像的磁盘（U 盘），单击"完成"按钮，如图 2-14 所示。

图 2-13　EnCase 案例视图

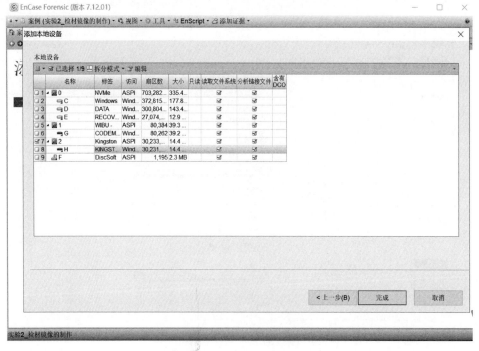

图 2-14　EnCase 添加证据

步骤4：单击列表中的检材文件，打开证据视图，勾选检材，单击工具栏中的"获取"按钮，选择"创建逻辑证据文件"选项，如图2-15所示。

图2-15　EnCase证据视图

步骤5：设置镜像文件的名称、存储路径、单个镜像文件的大小、镜像的格式等参数，如图2-16、图2-17所示，设置完成后，单击"确定"按钮。

图2-16　EnCase创建逻辑证据文件(a)

步骤6：等待镜像创建完成，在EnCase右下角有状态栏，如图2-18所示。

步骤7：镜像制作完成后，即可在步骤5中设置的路径下查看镜像文件和镜像信息，如图2-19所示。

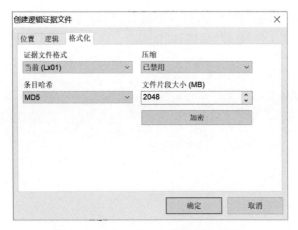

图 2-17 EnCase 创建逻辑证据文件（b）

图 2-18 EnCase 制作镜像状态栏

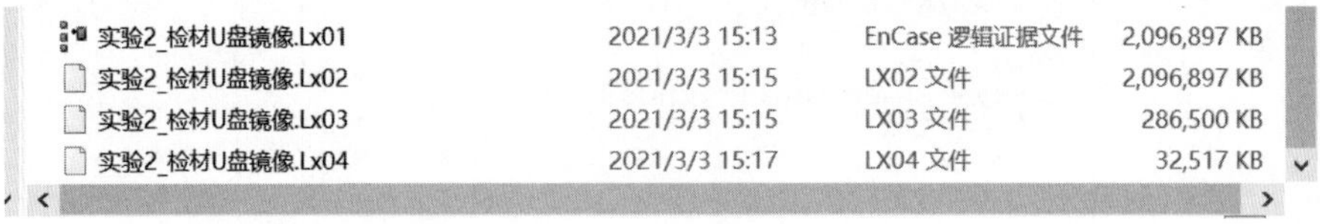

实验2_检材U盘镜像.Lx01	2021/3/3 15:13	EnCase 逻辑证据文件	2,096,897 KB
实验2_检材U盘镜像.Lx02	2021/3/3 15:15	LX02 文件	2,096,897 KB
实验2_检材U盘镜像.Lx03	2021/3/3 15:15	LX03 文件	286,500 KB
实验2_检材U盘镜像.Lx04	2021/3/3 15:17	LX04 文件	32,517 KB

图 2-19 制作完成的镜像文件

2. 运用 WinHex 软件制作 E01、DD 格式磁盘镜像

步骤 1：打开 WinHex 软件（版本为 WinHex19.7），如图 2-20 所示。

步骤 2：单击菜单栏中的"文件"按钮，选择"创建磁盘镜像"选项，如图 2-21 所示。

步骤 3：选择需要制作磁盘镜像的磁盘。一般制作嫌疑人硬盘全磁盘的镜像，实验中考虑时间因素，选择制作 U 盘的镜像，根据盘符和容量选中后，单击"确定"按钮，如图 2-22 所示。

图 2-20　WinHex 界面

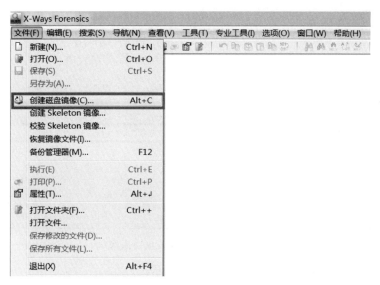

图 2-21　WinHex 创建磁盘镜像

图 2-22　WinHex 选择需要制作镜像的磁盘

步骤4：选择镜像文件格式（E01镜像格式），设置单个镜像文件大小（1GB，可自选），设置镜像文件输出路径，单击"确定"按钮，如图2-23所示。

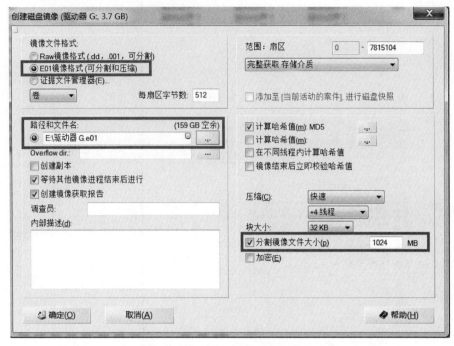

图2-23 WinHex创建磁盘镜像选项

步骤5：等待磁盘镜像制作完成，如图2-24所示。

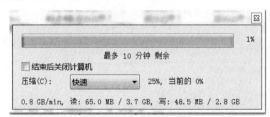

图2-24 镜像制作中

步骤6：镜像制作完成，查看镜像信息文件，如图2-25所示。U盘容量为3.7GB，单个镜像文件设置为1GB，所以一共产生4个镜像文件，分别是E01、E02、E03、E04，如图2-26所示。

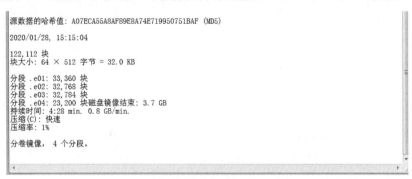

图2-25 镜像信息

驱动器 G　　驱动器　　　驱动器　　　驱动器
　　　　　　G.e02　　　 G.e03　　　 G.e04

图 2-26　生成的 4 个镜像文件

步骤 7：制作 DD 格式镜像，在步骤 4 选择镜像文件格式为 DD 格式（可分割、不压缩），单击"确定"按钮。后续步骤类似，不再详细列出。

2.2.4　实验小结

镜像是综合性介质取证软件的基本功能之一，除了本实验用到的 EnCase 软件与 WinHex 软件外，读者可以自行选择其他镜像软件，操作步骤与效果类似。本实验分别制作了 Lx01、E01、DD 格式的镜像文件，而不同类型格式的镜像文件特点不同。

DD 镜像是目前被最广泛使用的一种镜像格式，也称成原始格式（RAW Image）。DD 镜像的优点是兼容性强，目前所有磁盘镜像和分析工具都支持 DD 格式。此外，由于没有压缩，制作镜像速度较快。DD 镜像最主要的问题就是非压缩格式，镜像文件与原始证据磁盘容量完全一致。即便原始证据磁盘仅有很少的数据，也需要同样的磁盘容量。DD 镜像的另一个问题就是对元数据的记录问题。DD 镜像是对嫌疑硬盘进行位对位的复制方法，因此生成的镜像文件中没有保存额外信息的空间，例如硬盘序列号、调查员姓名、镜像地点等信息必须保存在镜像文件之外的单独 txt 文件中。由于这些信息没有保存在镜像文件内部，就有可能出现丢失或与其他硬盘信息混淆的情况。

E01 是 EnCase 的一种证据文件格式，较好地解决了 DD 镜像的一些不足。EnCase 以一系列特有的压缩片段格式保存证据文件。每一个片段都可以在需要时被单独地调用并解压缩，因此可以实现随机地访问镜像中的数据。此外，EnCase 在生成 E01 格式证据文件时，会要求用户输入与调查案件相关的信息，如调查人员、地点、机构、备注等元数据。这些元数据将随证据数据信息一同存入 E01 文件中。且文件的每个字节都经过 32 位的 CRC 校验，这就使得证据被篡改的可能性几乎为 0。

2.3　哈希校验

2.3.1　预备知识：哈希算法在电子数据取证中的应用

哈希算法（Hash algorithm），又称散列算法、杂凑算法，是把任意长度的输入（又叫作预映射 pre-image）通过散列算法变换成固定长度的输出，该输出就是散列值。简单地说就是一种将任意长度的消息压缩到某一固定长度的消息摘要的函数。

哈希算法在电子数据取证中最重要的运用是数据一致性校验。

为了保证流程的严谨、证据链的完整，证据保全期间制作镜像时应计算源数据及目标数据（克隆盘或镜像文件）的哈希值。在取证分析及电子数据鉴定的各个环节，应校验数据的哈希值以确保数据的原始性和完整性。数据的完整性校验值一般也是某种哈希值。电子数据取证工作中，常使用 MD5、SHA-1 及 SHA-256 等哈希算法计算数据的哈希值，计算的对象可以是硬盘、分区或特定文件。

通常相同的数据使用同一种哈希算法计算得到的消息摘要值完全一致,而不同的数据,哪怕只改变1bit,使用同一种哈希算法计算得到的消息摘要值都不同,这称之为哈希算法的雪崩效应。

CNAS(中国合格评定国家认可委员会)发布的司法鉴定/法庭科学机构认可领域分类(详见CNAS—AL13文件)中电子数据鉴定一共有三类,分别是电子数据的提取、固定与恢复,电子数据真实性(完整性)鉴定以及电子数据同一性、相似性鉴定。其中电子数据的同一性鉴定需要用到国家标准GB/T 29361—2012《电子物证文件一致性检验规程》,该标准中最重要的要求也是计算并比较样本的哈希值。

哈希算法在电子数据取证中另一个重要应用是哈希库(Hash library)功能。美国国家标准与技术研究院(NIST)基于常见的操作系统、应用软件等工具的相关文件进行了哈希计算,形成了一个庞大的哈希库。因此,在电子数据取证中,国外取证人员常使用取证软件导入NIST的哈希库,将操作系统、应用软件等类型的文件进行排除。此外,国外也建立了一些重点文件哈希库,一旦存储介质(硬盘或手机等)中存储了此类文件,即可进行快速比对,查找出与哈希库匹配的文件,从而提升现场取证的排查效率。

哈希算法也可以用于对重要信息/数据的保护(如对数据库保存的用户密码的保护)。2013年国内知名的程序员网站CSDN因数据库信息泄露,而数据库中存储的用户密码并未采用任何安全保护机制,因此,大量用户的明文密码直接泄露。后来,国内更加注重后台数据的安全保护,多数采用哈希算法来保护明文密码,甚至采用基于加盐(随机数)的哈希计算、多轮哈希计算等方式提高安全性。

2.3.2 实验目的与条件

1. 实验目的

通过本实验,读者可以掌握以下内容:

(1) 理解在电子数据取证的各个环节,使用哈希算法进行数据一致性校验的意义;

(2) 熟练使用只读锁进行检材文件的复制;

(3) 掌握EnCase、Md5checker、cmd命令计算哈希值的方法。

2. 实验条件

本实验所需要的软硬件清单如表2-3所示。

表2-3 哈希校验实验清单

序 号	设 备	数 量	参 数
1	取证工作站	1台	Windows XP 以上
2	EnCase软件(或其他只读锁设备)	1套	EnCase7
3	MD5Checker	1套	MD5Checker3.2.4
4	U盘	1个	无

2.3.3 实验过程

1. 运用EnCase软件计算检材U盘中文件的哈希值

步骤1:插入EnCase加密狗后,打开EnCase软件,按2.1节中步骤打开EnCase写保护功能后,插入检材 U 盘。

步骤 2:单击 EnCase 主页"新建案例",将案例名称设为:"实验 3_Hash 校验"。

步骤 3:在案例视图下单击"添加证据"按钮,选择"添加本地设备",在弹出的对话框中选择需要计算哈希值的磁盘(检材 U 盘),单击"完成"按钮。

步骤 4:单击列表中的检材文件,打开证据视图,选中需要计算哈希值的文件(本实验计算该磁盘中所有文件的哈希值),选中该磁盘,单击"入口",在右侧磁盘列表"磁盘 2"上右击,在弹出的快捷菜单中选择"入口——Hash\Sig 已选",如图 2-27 所示。

图 2-27　EnCase 计算磁盘哈希值

步骤 5:选择要计算的哈希值(MD5、SHA1 等),单击"确定"按钮,如图 2-28 所示。

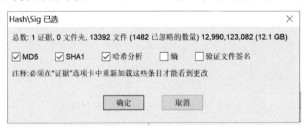

图 2-28　选择哈希算法

步骤 6:等待哈希值计算完成,在 EnCase 右下角有状态栏。单击任意文件,可在详细信息中看到该文件的哈希值,如图 2-29 所示。

2. 运用 MD5Checker 小工具计算文件的 MD5 值

步骤 1:利用只读锁设备将检材 U 盘接入取证工作站,将检材 U 盘中的文件复制至取证工作站桌面。

步骤 2:打开 MD5Checker 工具,将检材 U 盘中的证据源文件与复制到本地取证工作站桌面的证据副本文件拖至该工具页面中,如图 2-30 所示,即自动计算文件的 MD5 值。

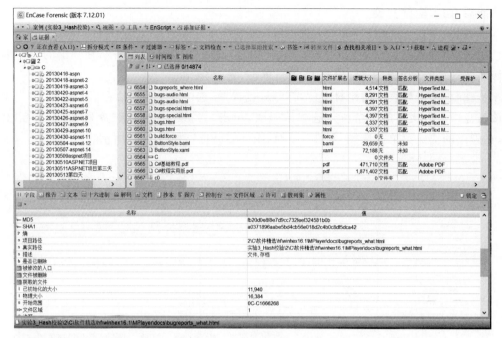

图 2-29　计算完成的哈希值

图 2-30　MD5Checker 计算文件 MD5 值

步骤 3：对比源文件与复制文件的 MD5 值，若完全一致，则完成校验，后续所有取证工作将在复制文件上进行。

3. 运用 cmd 命令计算文件的哈希值

步骤 1：按住键盘上 Win+R，在弹出的运行窗口输入"cmd"，如图 2-31 所示，单击"确定"按钮，打开命令行工具。

步骤 2：在命令行工具窗口输入命令："certutil-hashfile（filepath\filename.xxx）MD5"，按回车键，得到运行结果，如图 2-32 所示。可以看到，相应路径下文件的 MD5 值计算完毕。

注意：filename 要完整路径的文件名及文件后缀。

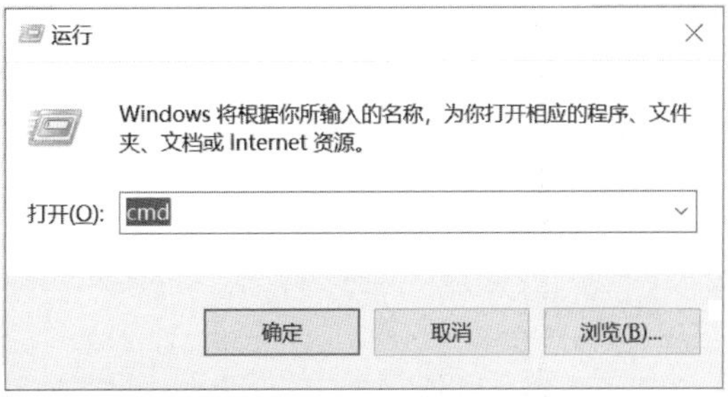

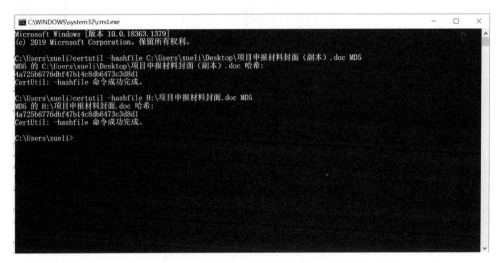

图 2-31 cmd 运行窗口

图 2-32 命令行工具计算文件 MD5 值

步骤 3：比对检材源文件和复制文件的哈希值是否一致。

2.3.4 实验小结

绝大多数综合性取证软件都具备哈希校验功能，除此之外，还有 MD5Checker、Hash 等计算哈希值的免费小工具，读者可自行选择。

电子数据取证工作中，常使用 MD5、SHA-1 及 SHA-256 等哈希算法计算数据的哈希值或进行数据的一致性校验，计算的对象可以是硬盘、分区或特定文件。

哈希算法广泛应用于信息安全、电子数据取证等诸多领域，部分哈希算法的碰撞概率对于安全通信、加密应用（数字证书/数字签名）等均存在一定影响。国内密码学专家王小云（山东大学教授、清华大学高等研究院教授、中国科学院院士）先后于 2004 年和 2005 年在国际密码大会上公布了 MD5、MD4、HAVAL-128、RIPEMD 及 SHA-1 等多个国际著名密码算法存在的安全隐患，并提出了密码哈希函数的碰撞攻击理论，破解了包括 MD5、SHA-1 在内的 5 个国际通用哈希函数算法。至此，基于哈希函数的 MD5 和 SHA-1——多年来国际公认最先进、应用范围最广的两大重要算法均被破解。

目前，虽然在电子数据取证领域，MD5、SHA-1 等哈希算法存在一定的碰撞概率，但鉴于其碰撞概率并不高（远低于人类指纹重复的概率）、计算摘要值效率高等因素，目前仍常用于文件及磁盘的一致性校验。国际上多数取证分析软件（如 EnCase、FTK 等）还是以

MD5、SHA-1为主,部分取证分析软件(如 X-Ways Forensics)支持 SHA-256 及更多哈希类型的哈希计算。在国内司法取证应用中,由于 CNAS 近几年推动使用碰撞概率低的哈希算法 SHA-256,因此,国内越来越多计算机取证分析软件开始支持对文件、分区及磁盘进行 SHA-256 的哈希计算。

2.4 文件过滤

2.4.1 预备知识:文件属性

文件过滤是指应用某种算法,根据文件的属性,过滤出符合设定条件的文件。文件过滤是基于文件的属性,而非文件内容来实现的。

属性是一些描述性的信息,可用来帮助查找和整理文件。属性未包含在文件的实际内容中,而是提供了有关文件的信息。文件都有特定的文件属性,文件的属性因操作系统而异,但通常包括:

① 名称:符号文件名是以人类可读形式来保存的唯一信息。

② 标识符:这种唯一标记(通常为数字)标识文件系统的文件,它是文件的非人类可读的名称。

③ 类型:支持不同类型文件的系统需要这种信息。

④ 位置:该信息为指向设备与设备上文件位置的指针。

⑤ 尺寸:该属性包括文件的当前大小(以字节、字或块为单位)以及可能允许的最大尺寸。

⑥ 保护:访问控制信息,确定谁能进行读取、写入、执行等。

⑦ 时间、日期和用户标识:文件创建、最后修改和最后使用的相关信息可以保存。这些数据用于保护、安全和使用监控。

有些较新的文件系统还支持扩展文件属性,包括文件的字符编码和安全功能,如文件校验和。

2.4.2 实验目的与条件

1. 实验目的

通过本实验,读者可以掌握以下内容:

(1) 了解常见的文件属性;

(2) 掌握使用常见的取证工具(例如 EnCase)进行文件过滤的方法;

(3) 掌握按照不同的文件属性进行文件过滤的方法。

2. 实验条件

本实验所需要的软硬件清单如表 2-4 所示。

表 2-4 文件过滤实验清单

序 号	设 备	数 量	参 数
1	取证工作站	1台	Windows XP 以上
2	EnCase 软件	1套	EnCase7
3	检材 U 盘(可选)	1个	无

2.4.3 实验过程

1. 基于文件扩展名的过滤

步骤 1：在 EnCase 中新建案例"实验 4_文件过滤"，在该案例中添加证据（本实验以本地 D 盘为例）。

步骤 2：进入证据视图，单击工具栏中的"过滤器"按钮，可以看到，EnCase 软件提供了多个常用的过滤选项，可直接运行，也可按照需要进行编辑后运行，如过滤所有的文档、过滤所有的邮件、过滤所有的图片、按扩展名过滤文件等，如图 2-33 所示。

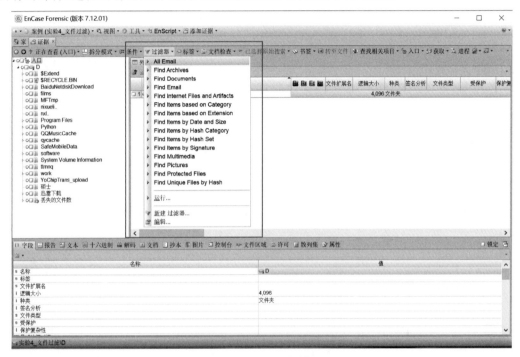

图 2-33　EnCase 过滤器

步骤 3：选择 Find items based on Extension 选项，即按扩展名过滤文件，在打开的窗口中选择过滤的目标和范围，如图 2-34 所示，单击"确定"按钮。

步骤 4：根据案情需要，选择要过滤的文件扩展名（本实验以 jpg 为例），可多选，如图 2-35 所示，单击"确定"按钮。

步骤 5：等待过滤完成后即跳转到结果视图，如图 2-36 所示，可以看到所有的 jpg 图片都被过滤出来了（包括已删除的），还包括名称、扩展名、大小、时间、路径等属性信息。

2. 基于文件签名的文件过滤

步骤 1～步骤 2：与上一实验相同。

步骤 3：选择 Find items by Signature 选项，即按签名状态过滤文件，在打开的窗口中选择过滤的目标和范围，单击"确定"按钮。

步骤 4：在 EnCase 中，签名过滤有 4 种条件，如图 2-37 所示，按需要选择一种，如"错误签名"，单击"确定"按钮。

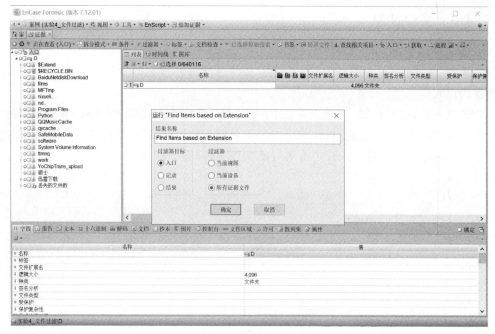

图 2-34　选择过滤条件

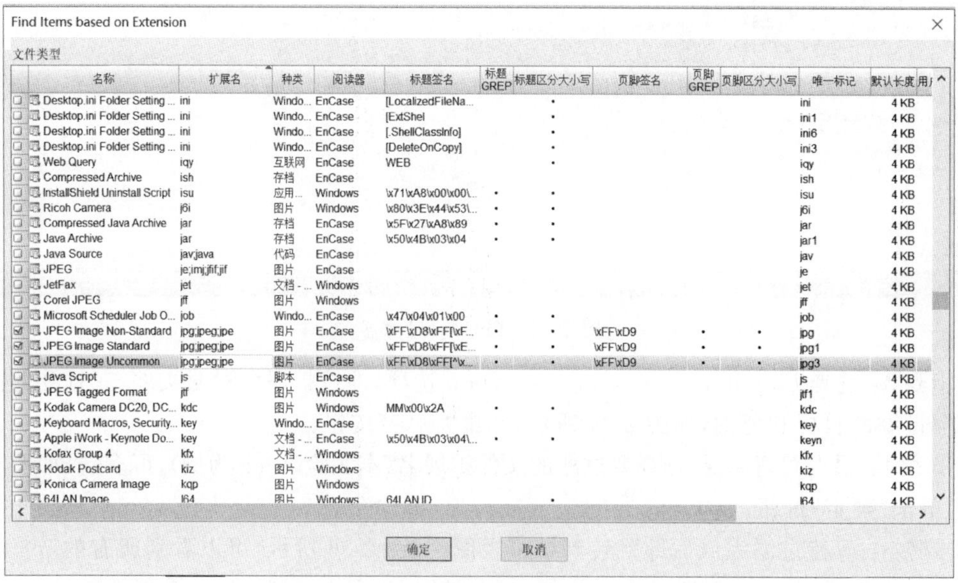

图 2-35　选择扩展名

步骤 5：等待过滤完成后即跳转到结果视图，如图 2-38 所示，可以看到所有签名错误的文件都被过滤出来了（包括已删除的），还包括名称、扩展名、大小、时间、路径等属性信息。

3. 基于多条件的文件过滤

步骤 1：与上述实验相同。

步骤 2：在证据视图下单击工具栏中的"条件"按钮，"条件"是在证据视图下提供的文件过滤功能，适用于多条件过滤，如图 2-39 所示。

图 2-36　扩展名过滤结果

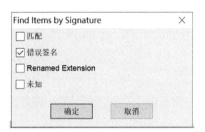

图 2-37　选择签名过滤条件

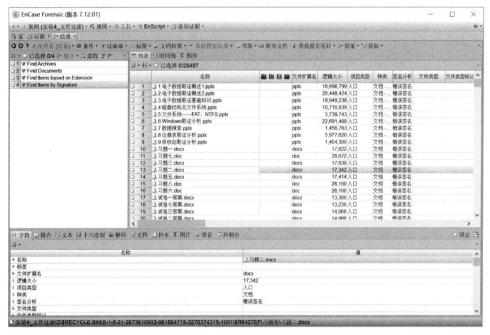

图 2-38　签名过滤结果

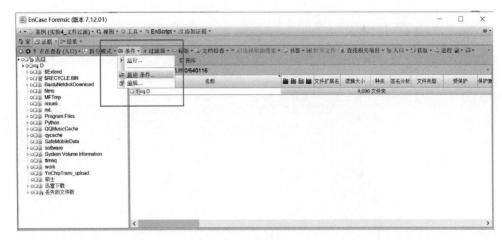

图 2-39 多条件过滤功能

例如：过滤所有被删除的 doc 文件，通过单击工具栏中的"条件"按钮，选择"新建条件"选项，创建一个新的过滤条件。

步骤 3：在打开的窗口设置条件的存储路径及名称，再单击"新建"按钮，新建过滤条件，如图 2-40 所示。

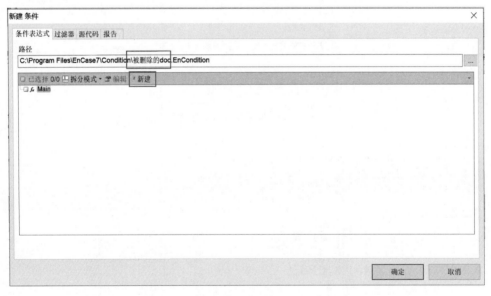

图 2-40 新建条件

步骤 4：过滤所有被删除的 doc 文件有两个过滤条件：一个是被删除的属性为真；另一个是扩展名为 doc。

被删除的属性要等于真，需双击 true 直到"值"框内为 true 值，如图 2-41 所示。

步骤 5：同样，设置扩展名为 doc 的条件，如图 2-42 所示。

步骤 6：这两个过滤条件需要同时满足，而默认设置的逻辑关系是"or"（图 2-43），所以需要修改其逻辑关系为"and"（图 2-44）。选择两个逻辑关系的上一级即 Main，右键选择"改变逻辑关系"，改变其逻辑关系，单击"确定"按钮。

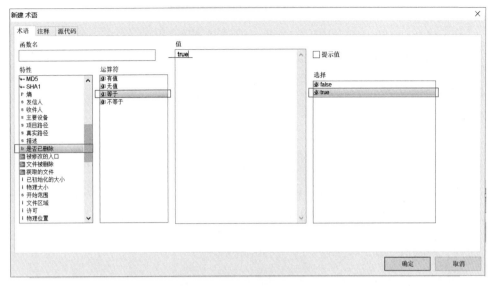

图 2-41　新建术语"已删除"

图 2-42　新建术语"扩展名为 doc"

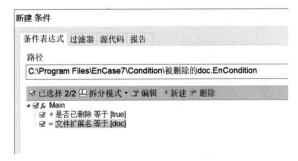

图 2-43　逻辑关系"or"

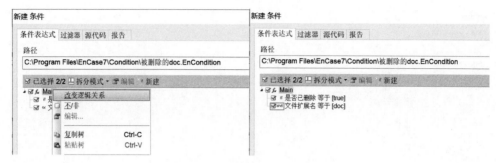

图 2-44　修改逻辑关系为"and"

步骤 7：单击工具栏中的"条件"按钮，选择刚才设置好的过滤条件，如图 2-45 所示，设置过滤结果名字及过滤范围，单击"确定"按钮。

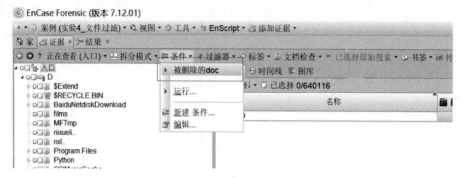

图 2-45　运行过滤条件

步骤 8：等待过滤完成后即跳转到结果视图，如图 2-46 所示，可以看到所有被删除的 doc 文件都被过滤出来了，还包括名称、扩展名、大小、时间、路径等属性信息。

图 2-46　过滤结果

2.4.4　实验小结

许多程序是依据文件的扩展名确定数据类型，例如 Windows 的应用程序都是通过文件的扩展名与文件类型相关联。因此利用文件扩展名进行过滤是最基本的文件过滤。

故意更改文件扩展名以便隐藏文件的真实类型的案例目前较为普遍。如一个 JPEG 图片文件如果被修改为不正确的扩展名.dll,那么大部分的程序都无法识别它是一个图片,这时候就需要利用文件签名技术来识别文件的真实类型。

EnCase 的文件签名验证共四种结果:①match:扩展名与文件签名所指类型一致;②直接给出文件类型:扩展名已知,文件签名是其他文件扩展的值;③Unknow:文件签名库中未收录;④Bad signature:文件头和文件扩展名不匹配。

文件过滤的特点是速度快,准确率高。但是单一的文件过滤功能还是非常有限的,遇到比较复杂的过滤条件时就显得束手无策。所以,很多取证工具在文件过滤中还可以使用条件表达式,例如 EnCase 的"条件",以便于快速实现复杂的文件过滤功能。

2.5 数据搜索

2.5.1 预备知识:字节顺序、编码与解码、正则表达式

1. 字节顺序

字节顺序是指占内存多于一个字节类型的数据在内存中的存放顺序,通常有小端、大端两种字节顺序。小端字节顺序指低字节数据存放在内存低地址处,高字节数据存放在内存高地址处;大端字节顺序是指高字节数据存放在内存低地址处,低字节数据存放在内存高地址处。

很多情况下,我们需要对数据进行分析,但是由于字节顺序的存在,会导致同一数据在不同系统中保存的方式不同。例如,在 Windows 系统和 macOS 系统中分别保存一个 txt 文件,二者在十六进制编辑器中的表现方式截然不同。因为 Windows 是默认以小端字节顺序存储,而 macOS 是以大端字节顺序存储的。因此,在计算机取证中,不但要知道操作系统和处理器的字节存储顺序,而且还要知道要分析的数据是以什么字节顺序保存的,又以什么字节顺序被读取的。

2. 编码与解码

在计算机中,所有的数据在存储和运算时都要使用二进制数表示(因为计算机用高电平和低电平分别表示 1 和 0)。例如,像 a、b、c、d 这样的 52 个字母(包括大写)以及 0、1 等数字还有一些常用的符号(例如 *、#、@ 等)在计算机中存储时也要使用二进制数来表示,而具体用哪些二进制数字表示哪个符号,每个人都可以约定自己的一套规则(这就叫编码),而大家如果想要互相通信而不造成混乱,那么大家就必须使用相同的编码规则。

编码是不同国家的语言在计算机中的一种存储和解释规范。用户可以在不知道编码的原则及方法的情况下使用计算机,但对于电子数据取证从业人员来讲,学习和掌握编码知识是至关重要的,了解编码原理和解码方法是电子数据取证的至关重要的基础。常见的编码方式有 ASCII、Unicode、GB2312、GBK 等。

(1) ASCII

ASCII(American Standard Code for Information Interchange)即美国信息交换标准码,是使用最广泛的编码之一,适用于所有的拉丁文字字母。ASCII 码可以表示 128 个字符,其中包括数字 0~9、大小写英文字母、标点符号、运算符和控制码等。ASCII 第一次以规范标准的类型发表是在 1967 年,最后一次更新则是在 1986 年。

(2) Unicode

Unicode 字符集(简称 UCS)是一个国际通用的字符集标准,是国际组织制定的可以容纳世界上所有文字和符号的字符编码方案,目前采用 16 位编码体系。常用的 Unicode 编码方式,分别是 UTF-8、UTF-16、UTF-32 和 UTF-7 编码。

UTF-8 是 Unicode 的一种使用最广泛的实现方式,其最大特点就是使用可变长度字节来存储 Unicode 字符,它可以使用 1~4 个字节表示一个符号,根据不同的符号变化字节长度。

(3) GB2312

GB2312 是 1980 年制定的中国汉字编码国家标准。共收录 7445 个字符,包括 6763 个汉字和 682 个其他符号。GB2312 兼容标准 ASCII 码,采用扩展 ASCII 码的编码空间进行编码,一个汉字占用两个字节,每个字节的最高位为 1,但是它并不包含人名、古汉语等方面出现的罕用字。

(4) GBK

《汉字内码扩展规范》(GBK)于 1995 年制定,兼容 GB2312、GB13000-1、BIG5 编码中的所有汉字,使用双字节编码,编码空间为 0x8140~0xFEFE,共有 23940 个码位,其中 GBK1 区和 GBK2 区也是 GB2312 的编码范围。收录了 21003 个汉字。GBK 向下与 GB2312 编码兼容,向上支持 ISO10646.1 国际标准,是前者向后者过渡过程中的一个承上启下的产物。

3. 正则表达式

有些具体内容是我们在搜索之前不知道的,例如,查找嫌疑人电脑中有哪些受害者的邮箱和银行账号时,无法通过确定的关键词进行搜索,这时候就可以使用正则表达式搜索。

正则表达式是对字符串操作的一种逻辑公式,就是用事先定义好的一些特定字符及这些特定字符的组合,组成一个"规则字符串",这个"规则字符串"用来表达对字符串的一种过滤逻辑。正则表达式是对字符串(包括普通字符,例如 a~z 之间的字母,以及特殊字符即"元字符")操作的一种逻辑公式,是一种文本模式,该模式描述在搜索文本时要匹配的一个或多个字符串。正则表达式相关语法和编码设置如表 2-5 所示。

表 2-5 正则表达式语法

正 则 文 法	匹 配 内 容
.	一个句点匹配任何一个单一的字符
\x	用十六进制的 ASCII 值表示符号。例如,\x09 表示制表符,\x0A 表示换行。两个十六进制数都应该显示,即便都是零
?	字符或字符集后的问号(?)匹配 1 或 0 那个字符或字符集自身。例如♯♯?/♯♯?/♯♯ 只能匹配"1/1/98"或"01/01/89",不能匹配"123/01/98"
*	字符后星号(*)匹配任意个那种字符,包括零个。例如 john,*smith 可以匹配"john,smith","john,smith"和"johnsmith"
+	字符后的加号(+)匹配任意个那种字符,但是不能为空。例如 john,+smith 匹配的可以是"john,smith","john,smith",而不能是"johnsmith"
♯	匹配任何一个从 0 到 9 之间的数字。例如♯♯♯-♯♯♯♯ 匹配类似"327-4323"的号码
[XYZ]	方括弧里的字符匹配任何一个出现在括弧里的字符。例如 smit[hy]可以匹配"smith"和"smity"

续表

正 则 文 法	匹 配 内 容
[^XYZ]	在字符串前面的置于方括号里面的声调字符表示"非"。所以[^hy]可以匹配除了"h" "y"以外的任何字符
[A-Z]	在括号里的短画线表示字符的范围。 例如[a-e]匹配从 a 到 e 及之间的字符
\\[	在字符前面加反斜线字符说明,字符照字面意思理解而不是 GREP 字符。 例如,one\\+two 匹配"one+two"。如果你想将区分字符当成文字就必须在它前面加反斜线字符包括反斜线字符本身
{X,Y}	重复 X~Y 次。 例如,{3,7}重复 3~7 次
(ab)	功能像数学表达式里的圆括号。把 ab 组合起来,以便于用"+"" * ""|"等操作
a|b	竖线功能逻辑或。所以它可以读作"a 或 b"

正则表达式有四个基本特点,一是灵活性、逻辑性和功能性非常强;二是可以迅速地用极简单的方式达到字符串的复杂控制;三是能通过案件特征编辑表达式即可实现在海量数据中的精准搜索,提高取证效率;四是不论文件保存类型、形式是否删除,不论是服务器、镜像还是正常数据,除了图片和加密文件之外只要是明文都可以按照正则表达式方式进行精确搜索。

2.5.2 实验目的与条件

1. 实验目的

通过本实验,读者可以掌握以下内容:
(1) 了解字节顺序(小端字节顺序、大端字节顺序)、常用的编码方式;
(2) 掌握正则表达式的基本语法;
(3) 掌握使用 EnCase 软件进行正则表达式搜索的方法;
(4) 根据所要搜索的内容,编写相应的正则表达式:
① 搜索.edu 结尾的网址;
② 搜索所有的 IP 地址;
③ 搜索以"www."开头的,最后以".co"后面跟着"m"或者".uk"的 URL。

2. 实验条件

本实验所需要的软硬件清单如表 2-6 所示。

表 2-6 数据搜索实验清单

序 号	设 备	数 量	参 数
1	取证工作站	1 台	Windows XP 以上
2	EnCase 软件	1 套	EnCase7
3	检材 U 盘 (包含证据文件"GREP 2013")	1 个	无

2.5.3 实验过程

步骤 1:在 EnCase 软件中新建案例"实验 5_数据搜索",添加证据文件"GREP 2013"。

步骤 2：在证据视图下，确定所要搜索的文件范围，并选中所要搜索的文件，如图 2-47 所示。

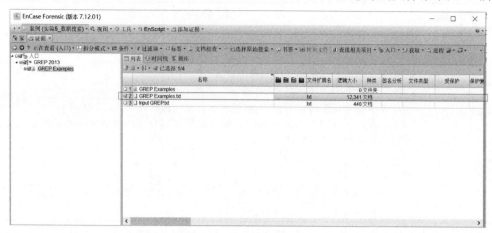

图 2-47　确定搜索范围

步骤 3：单击工具栏中的"已选择原始搜索"按钮，选择"新建已选择原始搜索"选项，创建一个新的搜索表达式，如图 2-48 所示。

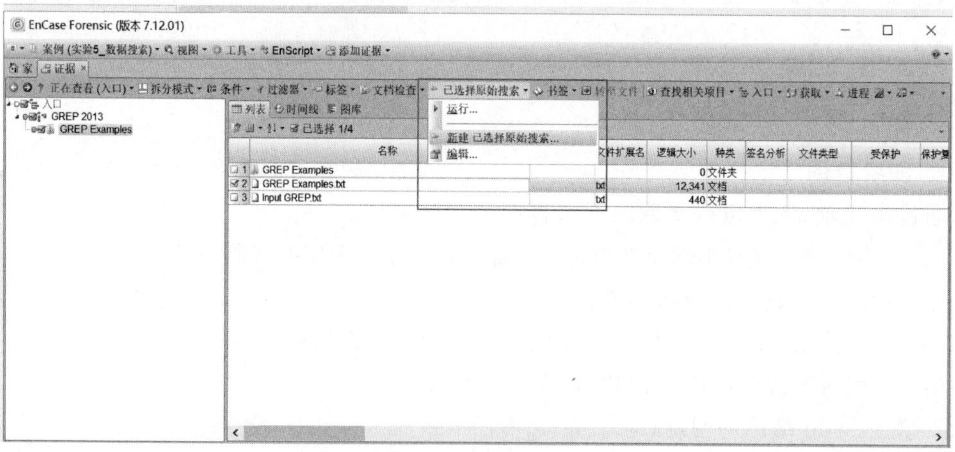

图 2-48　搜索功能

步骤 4：在打开的窗口设置该搜索条件存储的路径及名称，再单击"新建"按钮，新建表达式，如图 2-49 所示。

步骤 5：编写匹配所有".edu 结尾的网址"的正则表达式，填入打开的窗口中，并勾选搜索选项，如图 2-50 所示，单击"确定"按钮。

正则表达式：http://www\.[a-z]+\.edu

步骤 6：同步骤 5，新建关键字匹配"所有的 IP 地址""以"www."开头的，最后以".co"后面跟着"m"或者".uk"的 URL"。

正则表达式：

##?#?\.##?#?\.##?#?\.##?#?[^#\.]
www\.[a-z]+\.com|(\.uk)

此时，关键字列表中有三条关键字（可按照需要勾选），如图 2-51 所示，单击"确定"按钮。

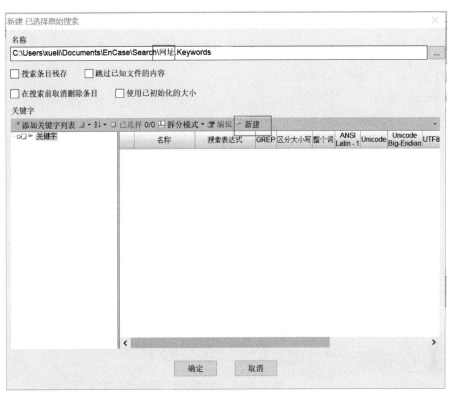

图 2-49 新建搜索

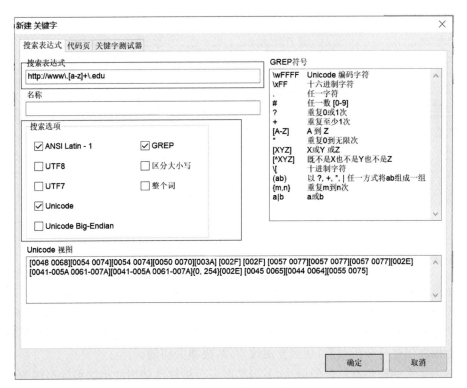

图 2-50 新建关键字

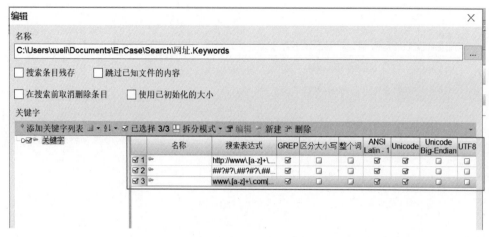

图 2-51 新建好的关键字列表

步骤7：等待搜索完成，即跳转到结果视图，如图2-52所示，在"文本"标签页，所有被匹配出来的字段都以高亮形式显示出来。

图 2-52 搜索结果

2.5.4 实验小结

基于不同编码方式的关键字搜索查询是电子数据取证中底层数据分析的重要部分，不同的编码方式、不同的存储原理对应不同的搜索方法。只有理解和掌握相关知识，熟悉字符集的各项标准，理解大小端字节顺序，理解文件系统存储原理，确定正确的搜索和解析方案，才能从数据底层进行分析判断，从而发现线索，解决相关问题。

正则表达式的使用有一定的语法，不同的取证分析软件使用的语法可能有细微的区别，但本质都是一样的，本实验以 EnCase 软件定制的语法为例进行了说明和实验。

第3章 Windows操作系统取证实训

电子数据主要存储在计算机中，Windows 目前是在普通用户的计算机上使用最广泛的操作系统，占据了中国绝大多数个人计算机用户的操作系统市场，因此针对 Windows 系统的电子数据取证始终是电子取证研究方向的主流。基于 Windows 系统的计算机中可能包含着与犯罪事件相关的重要数据。这些数据隐藏在计算机的深处，如用户身份、犯罪记录、不良数据等信息。本章通过相关的实验，读者能够掌握 Windows 操作系统中重要数据的存放位置和主要的取证方法。

3.1 易失性数据提取

3.1.1 预备知识：易失性数据

一般来说，从计算机证据的时态性分类，可将计算机证据分为两种：持久性数据和易失性数据。持久性数据是储存在本地硬盘上的数据，当计算机关闭时会保存下来。易失性数据是当电脑断电或关闭时，会丢失的数据。传统的取证调查方法是在存储介质上进行事后检查，即将可疑的计算机接上电源以后再进行数字证据的搜索与获取。但是，随着硬盘加密技术，反取证工具与技术的不断发展，以及内存容量的不断扩展，传统的事后取证方法会导致丢失包含在易失性数据中的有价值的证据，而这些数据对于确定计算机犯罪活动往往是十分重要的。易失性数据驻留在注册表的缓存和随机访问内存(RAM)中，对易失性数据的调查称为"实时取证"。

易失性数据主要包含：

(1) 描述计算机基本配置信息的系统概要文件。如：计算机操作系统的版本、型号、安装时间、系统目录、系统注册用户、物理内存、安装的硬件及其配置和安装的应用软件等。

(2) 网络连接状况及路由信息。

(3) 当前系统的日期、时间等记录。

(4) 计算机从上一次启动到现在一共运行的时间，用于确定收集的易失性数据是否具有一定的价值。

(5) 当前系统运行的进程列表，可能会发现一些恶意进程、未授权的软件及已终止的合法进程。

(6)登录用户最近的活动记录。

(7)启动文件和剪贴板中的数据等。

在涉网案件的现场勘验过程中,应该首先处理会很快消失的电子数据,即易失性数据。

3.1.2 实验目的与条件

1. 实验目的

通过本实验,读者在了解了电子数据取证的基本流程及规范的基础上,熟悉计算机中易失性数据的种类,掌握使用常用软件工具,进行涉网案件现场易失性数据提取的常用方法和注意点。

2. 实验条件

本实验所需要的软硬件清单如表3-1所示。

表3-1 易失性数据提取实验清单

序号	设备	数量	参数
1	取证工作站	1台	Windows XP以上
2	工具U盘(内含一些软件)	1个	包含绿色版工具
3	屏幕录像机(oCam).exe	1个	绿色版
4	MD5.exe	1个	绿色版
5	clipbrd.exe	1个	绿色版
6	DumpIt.exe	1个	绿色版
7	systeminfo.exe	1个	绿色版

3.1.3 实验过程

在取证过程中,首先要准备一个专用的取证工具U盘,如E盘,里面包含常用的取证工具,如cmd.exe、MD5Checker.exe、systeminfo.exe、DumpIt.exe等。然后按下面的方法进行数据的收集,最后将所有数据都保存到工具U盘中。

步骤1:将手表或手机时间界面置于计算机前方,对照计算机右下角时间信息进行拍照,完成计算机时间信息提取。

步骤2:插入U盘,运行U盘中的绿色版屏幕录像软件,打开软件设置,将后续快照、录像文件保存路径修改为该U盘,如图3-1所示。

图3-1 修改生成文件的保存路径

步骤3：单击录制按钮对后续电脑操作进行全程录像和截屏保存。

注意：操作过程中不能在硬盘上进行写入或修改操作，不得将生成、提取的数据存储在原始存储媒介中，不得在目标系统中安装新的应用程序。

步骤4：在U盘中新建文件夹，分别存放内存提取文件、屏幕信息提取文件、硬盘及操作系统信息文件、正在运行有密码保护的文件、录屏及摄像文件等，如图3-2所示。

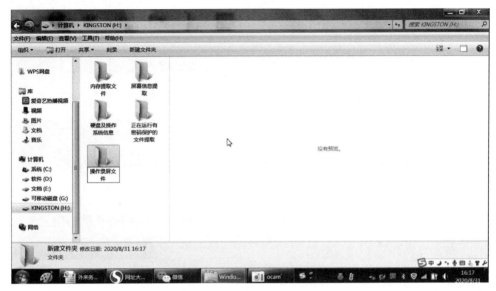

图 3-2　在 U 盘中新建文件夹

步骤5：打开U盘中的内存提取工具，将获取的内存保存在U盘相应文件夹中，如图3-3所示。

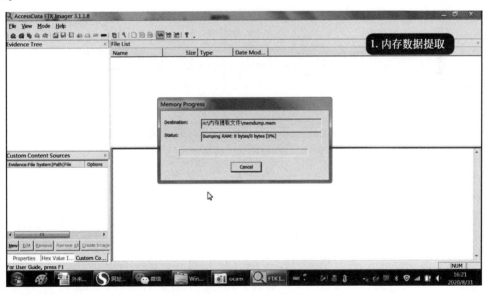

图 3-3　获取计算机运行内存

步骤6：查看硬盘分区状况、文件显示属性、网络连接信息等，并进行录屏和截屏，保存在U盘相应文件夹中，部分如图3-4、图3-5所示。

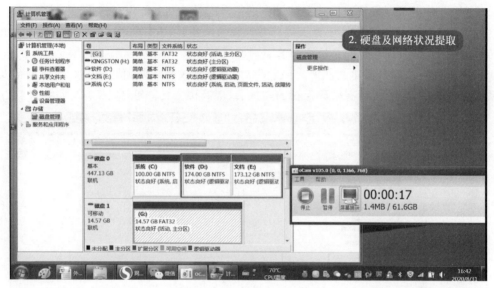

图 3-4 获取硬盘分区状况

图 3-5 获取网络连接状态信息

步骤 7：用录像和截图软件进行屏幕信息提取，提取打开的文件信息，并保存在 U 盘相应文件夹中，如图 3-6 所示。

步骤 8：运行 U 盘中的粘贴板查看器，提取粘贴板信息，并保存在 U 盘相应文件夹中，如图 3-7 所示。

步骤 9：提取浏览器、网页相关信息，并保存在 U 盘相应文件夹中。

步骤 10：对正在运行的有密码保护的数据，如微信、QQ、邮箱、网银、支付宝等，进行相关备份文件提取，并将其保存到 U 盘相应文件夹中，如图 3-8 所示。

步骤 11：将录屏文件、摄像录屏文件保存在 U 盘相应文件夹中，如图 3-9 所示。

第3章　Windows操作系统取证实训

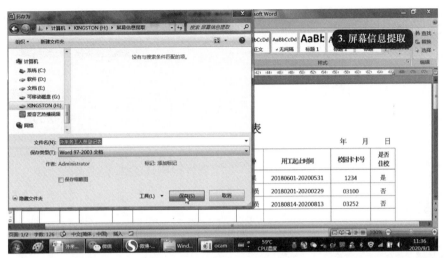

图 3-6　提取打开的文件信息

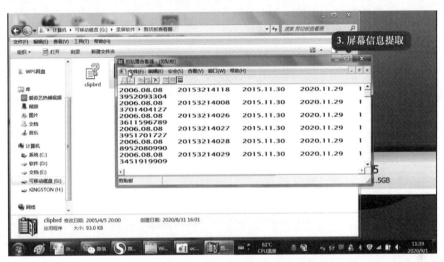

图 3-7　提取粘贴板信息

图 3-8　提取微信备份文件

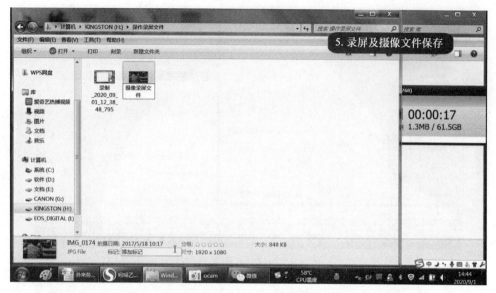

图 3-9　保存录屏及摄像文件

步骤 12：使用 U 盘中的 MD5 工具，对录屏文件及所有提取的电子数据进行哈希值计算，记录文件类型、用户名、密码、路径来源及哈希值，如图 3-10 所示。

图 3-10　哈希值计算

注意：易失性数据提取完成后，对于保存数据信息的专用存储介质和现场录像等，进行唯一性编号并封存。

3.1.4　实验小结

传统的在计算机犯罪中所使用的取证流程大多数为关闭涉案计算机后，使用即插即用设备按字节流完全复制计算机的磁盘数据建立磁盘镜像，然后在实验室中对镜像数据进行事后分析。然而，随着计算机硬件水平的不断发展，大容量的内存广泛被使用，同时各种加密与反取证技术的出现，导致在这样传统的取证过程中损失了大量有价值的信息。

计算机的易失性数据中可能包含关于犯罪行为的关键性信息，如用来加密信息所使用的密码，系统在犯罪行为发生过程中的状态，使用反取证工具的痕迹以及一些调查者在分析硬盘数据过程中容易忽略的至关重要的恶意软件或系统级后门程序等相关信息。所以近年来针对计算机易失性数据的取证分析工作越来越受到司法界和计算机安全专家的重视。

传统上一般将获取易失性数据的方法分为两类：一类基于硬件设备实现；另一类基于软件方法实现。硬件设备获取内存镜像被业界广泛认为具有更高的安全性和可靠性，而软件运行时必然会导致内存中部分数据发生变化，可能会影响到获得的内存镜像的完整性。虽然相较而言，硬件获取方式比软件更可靠，但由于软件方式使用方便、成本低，故仍然被广泛使用。本实验考虑通用性和实践操作性，选用软件方式为例进行易失性数据提取。

在实验的过程中，要注意强调操作的规范性，如录屏、哈希校验等，否则即使提取到相关重要涉案数据，也会面临证据失效的风险。

3.2 内存的获取与分析

3.2.1 预备知识：内存取证、DumpIt 工具、Volatility 工具

1. 内存取证

网络攻击内存化和网络犯罪隐遁化，使得部分关键数字证据只存在于物理内存或暂存于页面交换文件中，这使得传统的基于文件系统的计算机取证不能有效应对。内存取证作为传统文件系统取证的重要补充，是计算机取证科学的重要组成部分，通过全面获取内存数据、详尽分析内存数据，并在此基础上提取与网络攻击或网络犯罪相关的数字证据。近年来，内存取证已赢得相关领域的持续关注，获得了长足的发展与广泛应用，在网络应急响应和网络犯罪调查中发挥着不可替代的作用。

内存取证(有时称为内存分析)是指对计算机内存转储中易失性数据进行的一种分析。信息安全专业人员可以通过内存取证，来调查和识别那些不会在硬盘驱动器数据中留下痕迹的攻击或恶意行为。通过内存取证，安全专业人员可以了解运行时的各种系统活动，例如开放的网络连接或最近执行的命令和进程等。程序在计算机上运行之前，首先需要被加载到内存中，这使得内存取证变得非常重要——这意味着所有被创建、检查或删除的程序或数据都将被保存到 RAM 中。其中包括图像、所有 Web 浏览活动、加密密钥、网络连接或注入的代码片段。在许多情况下，某些证据只能在 RAM 中找到，例如在崩溃期间存在的开放网络连接。由于攻击者可以开发只驻留在内存中而不在硬盘落地的恶意软件，从而使标准的计算机取证方法几乎看不到该恶意软件，这使得内存取证变得愈发重要。

内存取证研究的首要问题是如何完整地获取内存数据。目前，获取物理内存数据的方法很多，一般利用操作系统的相关机制和特性，通过不同方法获取物理内存数据。这些方法可概括为两大类：基于硬件的内存获取和基于软件的内存获取。在获取了内存数据之后，就需要对其进行深度分析，解析、重建出内存数据中所蕴含的网络攻击和网络犯罪证据信息。传统的内存数据分析主要采用字符串搜索方法，通过搜索内存中用户名、口令、IP 地址等文本字符串，获取部分取证辅助信息。尽管该方法操作简单、使用方便，能够提取部分内存信息，但却不能有效分析与网络攻击和网络犯罪相关的进程、注册表、解密密钥、网络连

接、可执行文件、系统状态等信息。为了全面地进行内存数据分析,需依据操作系统内核数据结构和相关机制去解析与重建内存数据所蕴含的信息,进而提取相关网络攻击和网络犯罪证据。目前的内存分析内容大致可以分为6种:①进程信息分析;②注册表信息分析;③密钥恢复分析;④网络连接分析;⑤可执行文件分析;⑥系统状态信息分析。

内存取证作为计算机取证科学的一个重要分支,在预防网络攻击、调查网络犯罪等方面有重要且不可替代的作用和应用前景,已成为信息安全研究者所关注的热点研究领域。

2. DumpIt 工具

不同的操作系统需要用到不同的物理内存获取工具,此外在获取物理内存数据时还需尽量减少对原有内存数据的覆盖,最大程度提取出内存数据。MoonSols DumpIt 是一款同时支持 Windows32dd 和 Windows64dd 的内存副本获取工具。用户只需双击 DumpIt.exe 即可执行程序,在提示问题后面输入 y,等待几分钟时间即可在当前目录下生成主机物理内存的副本,该副本文件是以 *.raw 为后缀的镜像文件。raw 是未经处理的意思,使用该工具对物理内存进行复制是逐位进行深度复制,即按原样进行复制,这样可以避免丢失一些重要数据。

3. Volatility 工具

在最初研究内存取证的阶段使用的工具的主要功能是打开二进制(十六进制)文件,查看具体地址及内容,比如 WinHex 工具。WinHex 可以打开内存 dump 文件并查看相应的地址和内容,一般采用字符串搜索的方式。除此之外微软公司还提供了用于 Windows 操作系统的 debug 工具(Microsoft Debugging Tools for Windows)。Windows debug 工具是一个包含了一系列功能的工具集,其中某些小工具能十分简便地帮助进行取证工作,比如打开 Windows 崩溃的 dump 文件。

2008年,内存取证领域有了一定的发展并出现了一个集合了其他各种内存取证工具的取证框架工具 Volatility。Volatility 是一款基于 GNU 协议的开源框架,使用 Python 语言编写而成,可以分析内存中的各种数据。Volatility 各项功能都是由插件实现的,各地的取证研究者可以根据自己的需要开发 Volatility 的插件来拓展其功能。Volatility 支持对 32 位或 64 位 Windows、Linux、macOS、安卓操作系统的 RAM(随机存储器)数据进行提取与分析。

Volatility 是以命令提示符方式使用的,所以同 DOS 下面的命令一样,Volatility 的开发人员也同样为我们提供了使用该工具的帮助命令。即通过-h 或-help 选项可以显示该工具的帮助列表信息。该命令显示了可用的命令选项(Options)以及支持当前操作系统版本的插件命令(Supported Plugins Command)。

例如-f FILENAME 选项的功能是说明打开一个镜像文件所使用的文件名,这个命令选项几乎在所有命令中都会用到。

Volatility 的命令格式如下:

volatility -f <文件名> - - profile=<配置文件> <插件> [插件参数]

Volatility 常用插件如下:

① imageinfo:显示目标镜像的摘要信息;

② pslist:列举出系统进程,但它不能检测到隐藏或者解链的进程,psscan 可以;

③ psscan:可以找到先前已终止(不活动)的进程以及被 rootkit 隐藏或解链的进程;

④ pstree：以树的形式查看进程列表；

⑤ mendump：提取出指定进程；

⑥ filescan：扫描所有的文件列表；

⑦ hashdump：查看当前操作系统中的 password hash，例如 Windows 的 SAM 文件内容；

⑧ svcscan：扫描 Windows 的服务；

⑨ connscan：查看网络连接。

3.2.2 实验目的与条件

1. 实验目的

通过本实验，读者可以掌握以下内容：

（1）了解内存的基本概念和内存中常见的有价值的数据；

（2）掌握物理内存的获取方法；

（3）掌握使用 Volatility 工具进行内存分析的方法。

2. 实验条件

本实验所需要的软硬件清单如表 3-2 所示。

表 3-2　内存取证实验清单

序号	设备	数量	参数
1	取证工作站	1 台	Windows XP 以上
2	DumpIt 软件	1 个	无
3	Volatility 软件	1 个	绿色版

3.2.3 实验过程

步骤 1：双击 DumpIt.exe 可执行程序，在提示问题后面输入 y（如图 3-11 所示），等待几分钟时间即可在当前目录下生成主机物理内存的副本，该文件是以 *.raw 为后缀的镜像文件。

图 3-11　内存获取

注意：此步骤一般在 3.1 节现场勘验易失性数据提取环节完成。

步骤 2：将步骤 1 中获取的内存镜像文件与 Volatility 工具放于同一级目录下。打开 cmd 命令行工具，进入该级目录下。

步骤 3：使用 imageinfo 命令查看正在分析的内存样本的摘要信息，命令格式如下：

```
volatility - f victor_PC_memdump.dmp imageinfo
```

该命令可以显示主机所使用的操作系统版本、服务包以及硬件结构（32 位或 64 位）、页目录表的起始地址和获取该内存镜像的时间等基本信息。该命令的输出结果如图 3-12 所示。

```
D:\work\电子取证\内存取证>volatility -f victor_PC_memdump.dmp imageinfo
Volatility Foundation Volatility Framework 2.6
INFO     : volatility.debug    : Determining profile based on KDBG search...
          Suggested Profile(s) : Win7SP1x64, Win7SP0x64, Win2008R2SP0x64, Win2008R2SP1x64_2400
0, Win2008R2SP1x64_23418, Win2008R2SP1x64, Win7SP1x64_24000, Win7SP1x64_23418
                     AS Layer1 : WindowsAMD64PagedMemory (Kernel AS)
                     AS Layer2 : FileAddressSpace (D:\work\电子取证\内存取证\victor_PC_memdump
.dmp)
                      PAE type : No PAE
                           DTB : 0x187000L
                          KDBG : 0xf80003ffc0a0L
          Number of Processors : 2
     Image Type (Service Pack) : 1
                KPCR for CPU 0 : 0xfffff80003ffdd00L
                KPCR for CPU 1 : 0xfffff880009ef000L
             KUSER_SHARED_DATA : 0xfffff78000000000L
           Image date and time : 2018-11-02 10:31:12 UTC+0000
     Image local date and time : 2018-11-02 18:31:12 +0800
```

图 3-12 imageinfo 命令

Win7SP1x64 表明操作系统版本为 Windows 7、服务包为 SP1、硬件结构是 x64（即 64 位）。其他信息和取证关系不大。

步骤 4：使用 pslist 命令和 psscan 命令查看进程信息，查看是否有明显可疑的进程在运行。

注意：pslist 命令不能检测到内存中的隐藏进程以及由于系统受攻击导致未在链表中出现的进程信息，但 psscan 命令能够解决这个问题。

所以，本实验使用 psscan 命令查看内存进程信息，其运行结果如图 3-13 所示。由于该命令输出结果较多，我们通过 > psscan.txt 将其输出结果重定向到 psscan.txt 文件中。

```
D:\work\电子取证\内存取证>volatility -f victor_PC_memdump.dmp --profile=Win7SP1x64 psscan >pss
can.txt
Volatility Foundation Volatility Framework 2.6
```

名称	日期	类型	大小
psscan.txt	2019/11/26 15:49	文本文档	11 KB
victor_PC_memdump.dmp	2018/11/2 18:43	DMP 文件	2,097,152 KB
volatility.exe	2018/6/6 9:39	应用程序	17,771 KB
volatility_2.6_win64_standalone.zip	2019/11/26 14:20	WinRAR ZIP 压缩文件	15,201 KB
内存取证工具Volatility_Framework.doc	2015/9/9 20:04	DOC 文档	978 KB

图 3-13 psscan 命令

步骤 5：使用 dlllist 命令显示一个进程装载的动态链接库的信息，使用 -p PID 选项过滤输出结果，比如想要查看 PID 为 5204 的 firefox.exe 进程在运行过程中加载了哪些动态链接库，就可以通过在 dlllist 后面加上选项 -p 5204，即可显示其详细信息，显示列表主要包括加载的动态链接库文件的基地址、文件大小以及文件所在路径，如图 3-14 所示。

步骤 6：使用 netscan 命令来列出所有进程连接的网络，如图 3-15 所示。

步骤 7：使用 hivelist 命令定位与硬盘上对应的注册表文件在内存中的虚拟地址和物理地址。hivelist 命令运行结果如图 3-16 所示。

```
D:\work\电子取证\内存取证>volatility -f victor_PC_memdump.dmp --profile=Win7SP1x64 dlllist -p
5204
Volatility Foundation Volatility Framework 2.6
************************************************************************
firefox.exe pid:   5204
Command line : "C:\Program Files (x86)\Mozilla Firefox\firefox.exe" -contentproc --channel="50
24.24.1484987846\1709745999" -childID 5 -isForBrowser -prefsHandle 3904 -prefMapHandle 3336 -p
refsLen 7748 -prefMapSize 190024 -schedulerPrefs 0001,2 -parentBuildID 20181030165643 -greomni
 "C:\Program Files (x86)\Mozilla Firefox\omni.ja" -appomni "C:\Program Files (x86)\Mozilla Fir
efox\browser\omni.ja" -appdir "C:\Program Files (x86)\Mozilla Firefox\browser" - 5024 "\\.\pip
e\gecko-crash-server-pipe.5024" 7776 tab


Base                             Size          LoadCount LoadTime                       Path
------------------ ------------------ ------------------ ------------------------------ ----
0x0000000000120000            0x72000             0xffff 1970-01-01 00:00:00 UTC+0000   C:\Pro
gram Files (x86)\Mozilla Firefox\firefox.exe
0x0000000077ad0000           0x1a9000             0xffff 1970-01-01 00:00:00 UTC+0000   C:\Win
dows\SYSTEM32\ntdll.dll
0x00000000742b0000            0x3f000                0x3 2018-11-02 10:27:46 UTC+0000   C:\Win
```

图 3-14　dlllist 命令

```
D:\work\电子取证\内存取证>volatility -f victor_PC_memdump.dmp —profile=Win7SP1x64 netscan
Volatility Foundation Volatility Framework 2.6
Offset(P)          Proto    Local Address                  Foreign Address      State            Pid      Owner
 Created
0x7d4001e0         UDPv4    0.0.0.0:1900                   *:*                                   1680     PKit.exe
 2018-11-02 10:29:49 UTC+0000
0x7d404240         UDPv4    0.0.0.0:50745                  *:*                                   3232     BaofengPlatfor
 2018-11-02 10:29:49 UTC+0000
0x7d406bb0         UDPv4    127.0.0.1:49340                *:*                                   1364     svchost.exe
 2018-11-02 10:24:58 UTC+0000
0x7d40f670         UDPv4    127.0.0.1:58194                *:*                                   4940     BFPush.exe
 2018-11-02 10:29:59 UTC+0000
0x7d421ec0         UDPv4    0.0.0.0:5005                   *:*                                   3880     wmpnetwk.exe
 2018-11-02 10:24:58 UTC+0000
0x7d424910         UDPv4    0.0.0.0:5004                   *:*                                   3880     wmpnetwk.exe
 2018-11-02 10:24:58 UTC+0000
0x7d4292a0         UDPv4    0.0.0.0:63714                  *:*                                   3232     BaofengPlatfor
 2018-11-02 10:29:56 UTC+0000
0x7d456a90         UDPv4    0.0.0.0:5004                   *:*                                   3880     wmpnetwk.exe
 2018-11-02 10:24:58 UTC+0000
0x7d456a90         UDPv6    :::5004                        *:*                                   3880     wmpnetwk.exe
 2018-11-02 10:24:58 UTC+0000
0x7d46f6d0         UDPv6    ::1:1900                       *:*                                   1364     svchost.exe
 2018-11-02 10:24:58 UTC+0000
0x7d475010         UDPv4    0.0.0.0:15585                  *:*                                   3204     QyPlayer.exe
```

图 3-15　netscant 命令

```
D:\work\电子取证\内存取证>volatility -f victor_PC_memdump.dmp --profile=Win7SP1x64 hivelist
Volatility Foundation Volatility Framework 2.6
Virtual            Physical           Name
------------------ ------------------ ----
0xfffff8a006433410 0x000000001ee81410 \??\C:\System Volume Information\Syscache.hve
0xfffff8a00000d010 0x000000002c317010 [no name]
0xfffff8a000024010 0x000000002c274010 \REGISTRY\MACHINE\SYSTEM
0xfffff8a000054010 0x000000002c264010 \REGISTRY\MACHINE\HARDWARE
0xfffff8a000110010 0x0000000029f1d010 \SystemRoot\System32\Config\SECURITY
0xfffff8a000300010 0x000000001e644010 \SystemRoot\System32\Config\SAM
0xfffff8a0008df410 0x0000000021c63410 \Device\HarddiskVolume1\Boot\BCD
0xfffff8a000a55010 0x000000002a597010 \SystemRoot\System32\Config\SOFTWARE
0xfffff8a001252010 0x000000002865b010 \??\C:\Windows\ServiceProfiles\NetworkService\NTUSER.DAT

0xfffff8a0012ea010 0x0000000022725010 \??\C:\Windows\ServiceProfiles\LocalService\NTUSER.DAT
0xfffff8a0019d3010 0x000000001436d010 \??\C:\Users\victor\ntuser.dat
0xfffff8a001ad5010 0x00000000096aa010 \??\C:\Users\victor\AppData\Local\Microsoft\Windows\UsrC
lass.dat
0xfffff8a0063bb010 0x0000000029a63010 \SystemRoot\System32\Config\DEFAULT
```

图 3-16　hivelist 命令

从运行结果可以发现，SECURITY 注册表文件在内存中的虚拟地址是 0xfffff8a000110010，SYSTEM 注册表文件在内存中的虚拟地址是 0xfffff8a000024010，这两个值我们稍后马上会用到。

步骤 8：使用 lsadump 命令读取注册表中与本地授权相关的数据。使用该命令的时候,需要把步骤 7 中得到的 SYSTEM 注册表的虚拟地址作为-y 选项的参数,SECURITY 注册表文件的虚拟地址作为-s 选项的参数,lsa 命令及其运行结果如图 3-17、图 3-18 所示。

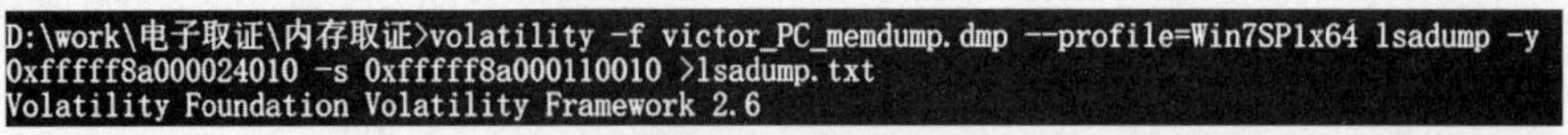

图 3-17 lsa 命令

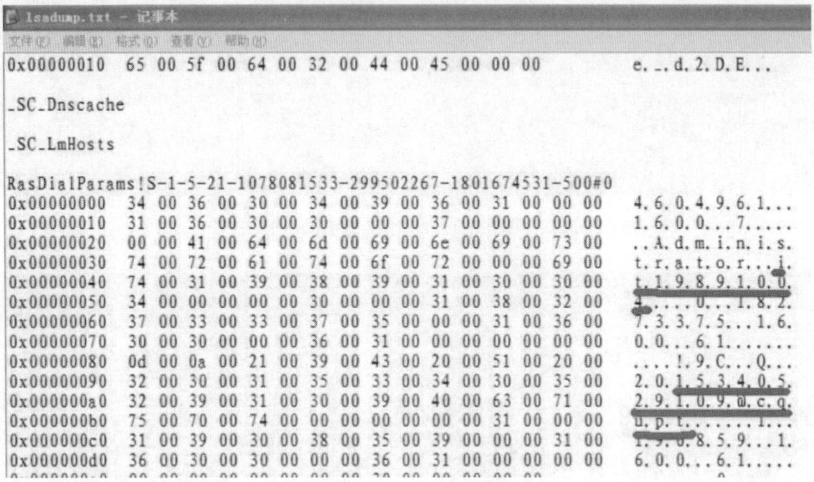

图 3-18 lsa 命令运行结果

从部分运行结果可以看见两条有用信息:第一处下画线的地方显示的是本地主机 Administrator 用户的密码:it19891004(这也确实是电脑的开机密码);第二处下画线的地方显示的 15340529109@cqupt 正好是登录 NetKeeper 连接互联网所使用的账号名称。当然,这只是部分与 lsa 相关的账户和密码信息,更多的信息还有待进一步挖掘。

步骤 9:获取 SAM 表中所有的用户,输出结果如图 3-19 所示。

命令格式如下:volatility -f victor_PC_memdump.dmp --profile=Win7SP1x64 printkey -K "SAM\Domains\Account\Users\Names"

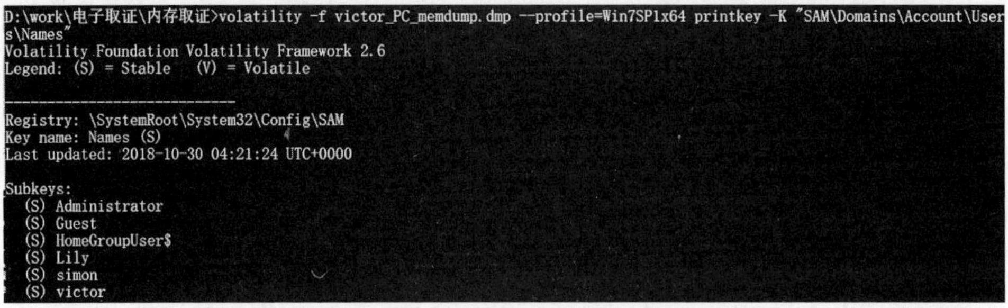

图 3-19 获取用户列表

步骤 10:使用 hashdump 命令获取注册表中用户密码的哈希值,具体运行结果如图 3-20 所示,下一步可使用哈希密码破解工具尝试破解密码。

命令格式如下:hashdump -y (system 的 virtual 地址) -s (sam 的 virtual 地址)

步骤 11:使用 filescan 命令获取当前所有的文件列表,如图 3-21 所示。

```
D:\work\电子取证\内存取证>volatility -f victor_PC_memdump.dmp --profile=Win7SP1x64 hashdump -y 0xfffff8a000024010 -s 0xf
fff8a000300010
Volatility Foundation Volatility Framework 2.6
Administrator:500:aad3b435b51404eeaad3b435b51404ee:31d6cfe0d16ae931b73c59d7e0c089c0:::
Guest:501:aad3b435b51404eeaad3b435b51404ee:31d6cfe0d16ae931b73c59d7e0c089c0:::
victor:1001:aad3b435b51404eeaad3b435b51404ee:ec042512edb5cc251bc9904d2e55fa25:::
HomeGroupUser$:1002:aad3b435b51404eeaad3b435b51404ee:0e147dd3a9f4d2a31e55f3e1fcb788c7:::
Lily:1003:aad3b435b51404eeaad3b435b51404ee:ec042512edb5cc251bc9904d2e55fa25:::
simon:1004:aad3b435b51404eeaad3b435b51404ee:ec042512edb5cc251bc9904d2e55fa25:::
```

图 3-20 用户密码哈希值

```
D:\work\电子取证\内存取证>volatility -f victor_PC_memdump.dmp --profile=Win7SP1x64 filescan
Volatility Foundation Volatility Framework 2.6
Offset(P)           #Ptr   #Hnd Access Name
0x000000007d400b30    3      0 RW-rwd \Device\HarddiskVolume3\$Directory
0x000000007d402240    2      1 R--rwd \Device\HarddiskVolume4\
0x000000007d4048d0    5      0 R--r-d \Device\HarddiskVolume3\Windows\SysWOW64\msvbvm60.dll
0x000000007d4093c0    2      0 RW-rwd \Device\HarddiskVolume3\$Directory
0x000000007d409f20   17      1 R--r-d \Device\HarddiskVolume3\Windows\System32\zh-CN\WinSATAPI.dll.mui
0x000000007d40ade0    6      0 R--r-d \Device\HarddiskVolume3\Windows\Fonts\malgun.ttf
0x000000007d40b650    1      1 R--r-d \Device\HarddiskVolume3\Windows\SysWOW64\zh-CN\kernel32.dll.mui
0x000000007d40c970   19      0 RW-rwd \Device\HarddiskVolume3\$Directory
0x000000007d40ddd0    1      1 R--r-d \Device\HarddiskVolume3\Windows\SysWOW64\zh-CN\kernel32.dll.mui
0x000000007d40f370   11      0 R--r-d \Device\HarddiskVolume3\Program Files (x86)\Baofeng\StormPlayer\diag.dll
0x000000007d4113c0    2      0 RW-rwd \Device\HarddiskVolume3\$Directory
0x000000007d411630    1      1 R--r-- \Device\HarddiskVolume3\Windows\Registration\R000000000006.clb
0x000000007d411c80   17      1 RW-rw- \Device\HarddiskVolume3\Windows\ServiceProfiles\NetworkService\AppData\Local\Mic
rosoft\Windows\Temporary Internet Files\Content.IE5\index.dat
0x000000007d413ae0   16      0 R--r-- \Device\HarddiskVolume3\Windows\inf\acpi.PNF
0x000000007d418a70   17      1 RW-rw- \Device\HarddiskVolume3\Windows\ServiceProfiles\NetworkService\AppData\Local\Mic
```

图 3-21 文件列表

3.2.4 实验小结

内存取证作为计算机取证科学的一个重要分支，在网络攻击、网络犯罪调查等方面有重要且不可替代的作用和应用前景，已成为信息安全研究者所关注的热点研究领域。本实验旨在让读者掌握基本的内存数据获取与分析方法。除了掌握常见的 Volatility 命令外，更重要的是具备一定的侦查思维，读者可多选取几个内存样本进行分析，尤其是开源的问题样本，分析的方式和思路参照但不局限于本实验。

3.3 注册表分析取证

3.3.1 预备知识：注册表

1. 注册表基础知识

注册表是 Windows 系统存储关于计算机配置信息的中央数据库，在系统中起着核心作用，存放有计算机硬件和软件的配置信息、应用软件和文档文件的关联关系以及各种网络状态信息和其他数据，可以说计算机上所有针对硬件、软件、网络的操作都是源于注册表的。同时它也是一个信息丰富的证据库，所以对电子数据取证非常重要。电子数据取证中，很多证据都是直接来源于注册表的，例如用户账号、访问记录、软件的运行历史等都是取证工作中非常重要的信息。因此，正确提取注册表中的有效数据将对取证工作大有帮助。

早期的注册表是以 ini 为扩展名的文本文件的配置文件，从 Windows 95 操作系统开始，才逐渐形成了注册表，Windows NT 是第一个从系统级别广泛使用注册表的操作系统，并在其后的操作系统中继续沿用至今。

要了解注册表，首先打开注册表编辑器，用户可以通过"Win+R"键打开命令提示界面，输入 regedit 进入注册表编辑器，如图 3-22、图 3-23 所示。

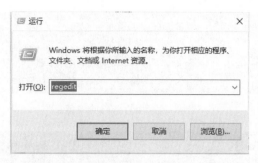

图 3-22　运行窗口打开注册表编辑器

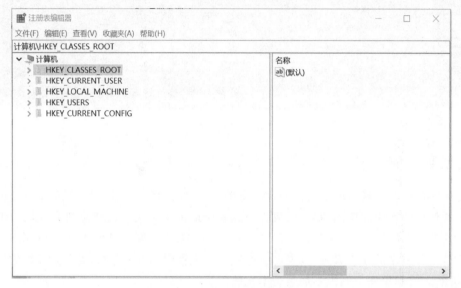

图 3-23　注册表编辑器

在注册表编辑器左侧窗格的定位区域,每一个文件夹表示注册表中的项,项又包括子项和值项,项和子项的关系就像目录可以包含子目录一样。值项也称为键值,类似硬盘上的树状目录的末端文件,项和子项可以包括一个和多个值项。值项由名称、数据类型和数值三部分组成,其格式为:"名称:类型:数据"。

预定义项,是代表注册表中的主要部分的项,是指在注册表中以 HKEY 作为前缀的文件夹,位于注册表树状结构的最顶层。预定义项类似于硬盘上的根目录,Windows 2000/XP 及以上的注册表编辑器中有五大预定义项,分别为:

① HKEY_CLASSES_ROOT。

包含了启动应用程序所需的全部信息,包括文件扩展关联信息及 OLE 数据库,存储在这里的信息可确保使用 Windows 资源管理器打开文件时能打开正确的程序。

② HKEY_USERS。

包含了计算机上的所有以活动方式加载的用户信息(如用户在该系统中设置的口令、标识等)和默认配置文件,默认配置文件决定了没有人登录时,计算机如何响应。

③ HKEY_LOCAL_MACHINE。

包含了本地计算机的配置信息(用于任何用户),如软件、硬件及安全。

④ HKEY_CURRENT_USER。

包含了当前登录用户的配置信息。用户的文件夹、屏幕颜色和"控制面板"设置都存储在这里。

⑤ HKEY_CURRENT_CONFIG。

在启动过程中动态创建,包含系统启动时的硬件相关的配置信息。

配置单元是作为文件出现在系统注册表的一部分,位于 HKEY_LOCAL_MACHINE 和 HKEY_USERS 两个预定义项下,是项、子项和值的离散体,它位于注册表层的顶部。配置单元是一个文件,可以通过注册表编辑器中"加载配置单元"和"卸载配置单元"选项,从一个系统移动到另一个系统。

注册表配置单元是注册表中的一组项、子项和值,它有一组包含其数据备份的支持文件,如表 3-3 所示。配置单元(HKEY_CURRENT_USER 除外)的支持文件都位于 Windows\System32\Config 文件夹中,包括 SAM、Security、System、Software、Default,称为系统注册表文件,包含 Hardware(硬件)、User Settings(用户配置)、Software(软件)、System configuration(系统配置等信息);HKEY_CURRENT_USER 的支持文件位于 Windows\Users\用户名文件夹中,包含 NTUSER.DAT,称为用户注册表文件,每一个用户都有一个注册内容,能够记录用户活动的相关细节,是取证应该检查的关键内容。

表 3-3 配置单元文件

注册表配置单元	相 关 文 件
HKEY_LOCAL_MACHINE\SAM	SAM、SAM.log、SAM.sav
HKEY_LOCAL_MACHINE\Security	SECURITY、Security.log、Security.sav
HKEY_LOCAL_MACHINE\Software	SOFTWARE、Software.log、Software.sav
HKEY_LOCAL_MACHINE\System	SYSTEM、System.alt、System.log、System.sav
HKEY_USERS\DEFAULT	Default、Default.log、Default.sav
HKEY_CURRENT_CONFIG	System、System.alt、System.log、System.sav、Ntuser.dat、Ntuser.dat.log

2. 注册表取证

注册表给取证人员提供了大量的系统配置信息和用户使用信息。通过分析注册表,可以提供一份详尽的嫌疑人计算机设备的简要报告,包括硬件配置、系统配置、使用者信息、用户账号、外置设备等。

常见的注册表取证分析项有:

① 用户账户及安全设置(SAM/SECURITY)。
- 用户账号/SID;
- 登录时间、登录次数;
- 最后登录时间等。

② 系统及软件信息(SYSTEM/SOFTWARE)。
- 系统信息(OS 版本、安装日期、最后关机时间等);
- 时区信息(Time Zone);
- 硬件信息/服务列表;
- 网络配置信息/共享文件夹信息;

- 应用程序运行痕迹记录；
- USB 设备使用记录等。

③ 用户相关信息（NTUSER.DAT）。

最近打开的文件记录（MRU,RecentDocs）。

3.3.2 实验目的与条件

1. 实验目的

通过本实验,让读者在了解注册表基础知识和常见的注册表分析项的基础上,学会使用常见的注册表分析工具,掌握常用的注册表键值的取证方法。

2. 实验条件

本实验所需要的软硬件清单如表 3-4 所示。

表 3-4 注册表分析取证实验清单

序 号	设 备	数 量	参 数
1	取证工作站	1 台	Windows XP 以上
2	U 盘	1 个	无
3	WRR.exe	1 个	无

3.3.3 实验过程

读者在做此实验内容前,需要在自己的计算机上进行如下操作,作为实验素材。

① 在 IE 地址栏分别输入任意 2 个网址,并浏览查看。

② 单击"开始"→"运行",分别执行 regedit、msconfig、eventvwr 命令。

③ 依次单击"开始"→"搜索"→"文件或文件夹",并执行 2 次搜索任务（搜索内容自己定,例如可以搜索 C 盘所有 bmp 图片或者包含有 *** 内容的文件）。

④ 打开并简单查看"**.pdf"。

⑤ 将 U 盘插入到自己的主机上。

1. 打开注册表编辑器查看相应注册表项内容

步骤 1：打开注册表编辑器中如下项,查看通过标准的文件"打开/保存"对话框所操作文件的历史记录（MRU 为 most recently used 缩写）,如图 3-24 所示。

HKCU\Software\Microsoft\Windows\CurrentVersion\Explorer\ComDlg32\OpenSaveMRU

步骤 2：打开注册表编辑器中如下项,查看通过 Windows 资源管理器打开或者运行的最近的文件,如图 3-25 所示。

HKCU\Software\Microsoft\Windows\CurrentVersion\Explorer\RecentDocs

步骤 3：打开注册表编辑器中如下项,查看通过"开始"→"运行"方式执行的命令,如图 3-26 所示。

HKCU\Software\Microsoft\Windows\CurrentVersion\Explorer\RunMRU

步骤 4：打开注册表编辑器中如下项,查看系统中安装的程序信息,如图 3-27 所示。

HKLM\Software\Microsoft\Windows\CurrentVersion\Uninstall

值得注意的是,运行于 64 位系统下的 32 位应用程序默认操作 32 位注册表项（即被重定向到 WOW6432Node 下的子项）,而 64 位应用程序才是上述操作的直观子项。

第3章　Windows操作系统取证实训

图 3-24　最近使用文件列表 1

图 3-25　最近使用文件列表 2

图 3-26　cmd 中运行命令的历史记录

图 3-27　安装的应用程序信息

步骤 5：打开注册表编辑器中如下项，查看 32 位应用程序（如 WeChat）的相关信息，如图 3-28 所示。

HKLM\Software\Wow6432Node\Microsoft\Windows\CurrentVersion\Uninstall

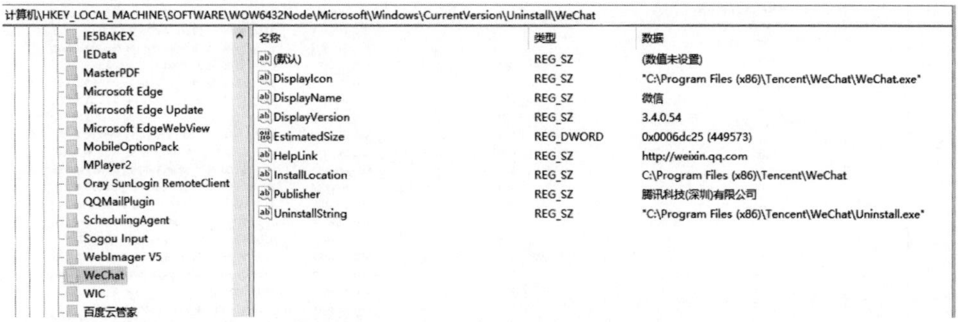

图 3-28　安装的 32 位应用程序信息

步骤 6：打开注册表编辑器中如下项，查看自动运行的程序，如图 3-29 所示。

HKLM\Software\Microsoft\Windows\CurrentVersion\Run

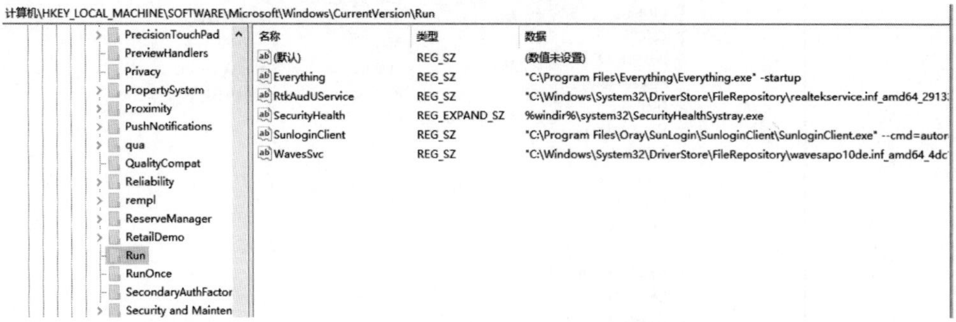

图 3-29　自动运行的程序

步骤 7：打开注册表编辑器中如下项，查看浏览器地址栏中键入的 URL 地址和文件路径，如图 3-30 所示。

HKCU\Software\Microsoft\Internet Explorer\TypedURLs

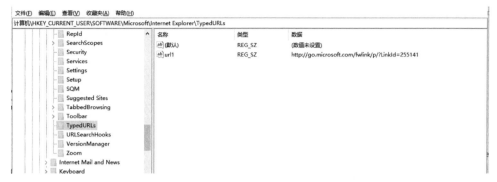

图 3-30　浏览器地址栏中键入的 URL 地址和文件路径

步骤 8：打开注册表编辑器中如下项，查看计算机上曾经使用过的所有 USB 设备，如图 3-31 所示。

HKLM\SYSTEM\ControlSet001\Enum\USBSTOR

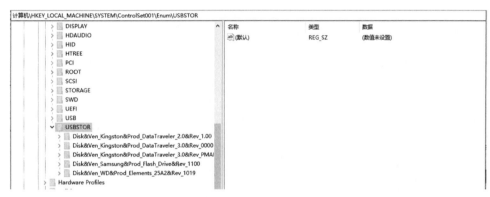

图 3-31　计算机上使用过的所有 USB 设备

步骤 9：打开注册表编辑器中如下项，查看计算机连接过的无线接入点的 GUID 列表，如图 3-32 所示。

HKLM\SOFTWARE\Microsoft\Windows NT\CurrentVersion\NetworkList\Profiles

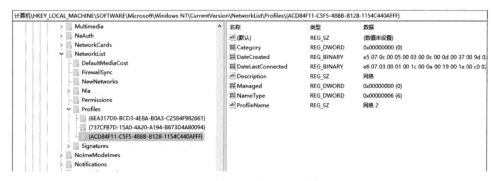

图 3-32　计算机连接过的无线接入点

步骤10：打开注册表编辑器中如下项，查看每个接口的 IP 地址及相关信息，如图 3-33 所示。

HKLM\System\CurrentControlSet\Services\Tcpip\Parameters\Interfaces

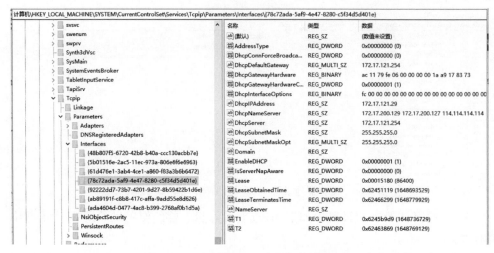

图 3-33　每个接口的 IP 地址及相关信息

步骤11：打开注册表编辑器中如下项，查看计算机连接的默认打印机信息，如图 3-34 所示。

HKU\S-1-5-21-2019780057-1784683038-＊＊＊＊＊＊＊＊＊-1001\SOFTWARE\Microsoft\Windows NT\CurrentVersion\Windows

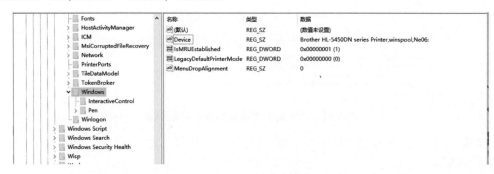

图 3-34　默认打印机

2. 使用 WRR（Windows Registry Recovery）工具查看注册表文件

步骤1：导出计算机中的注册表文件，包括 SAM、Software、System 等。

步骤2：使用 WRR 工具打开注册表文件 SAM，查看计算机中所有用户信息，如图 3-35 所示。

步骤3：使用 WRR 工具打开注册表文件 Software，查看计算机中安装的软件信息，包括操作系统信息，如图 3-36、图 3-37 所示。

步骤4：使用 WRR 工具打开注册表文件 System，查看系统配置相关信息，如服务及驱动、网络配置、防火墙设置等，如图 3-38、图 3-39、图 3-40 所示。

其他信息操作类似，不再一一列出。

第3章　Windows操作系统取证实训

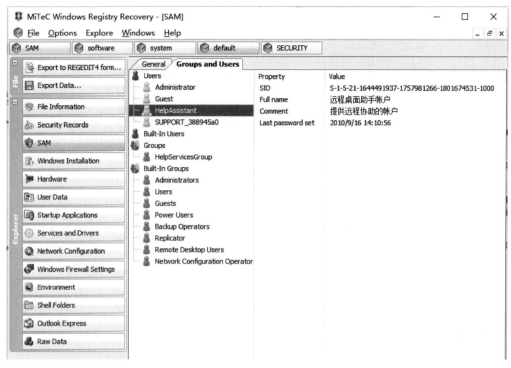

图 3-35　注册表文件 SAM 中用户信息

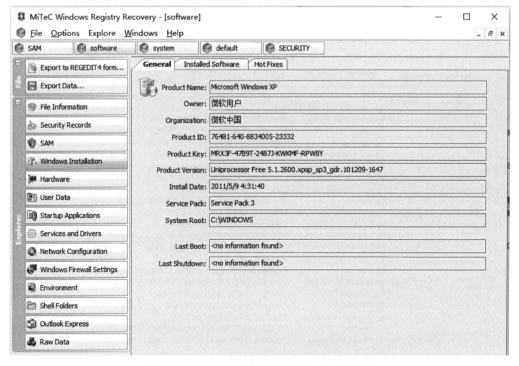

图 3-36　Software 注册表文件中操作系统信息

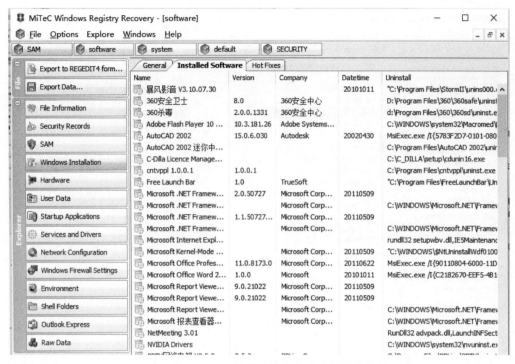

图 3-37 Software 注册表文件中安装软件信息

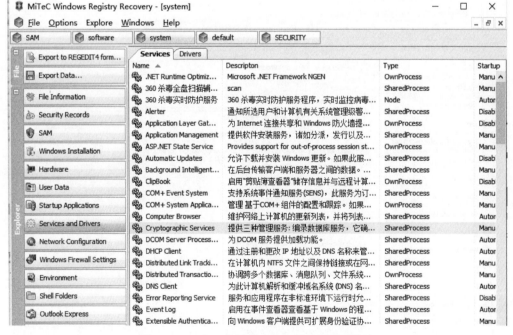

图 3-38 System 注册表文件中服务及驱动信息

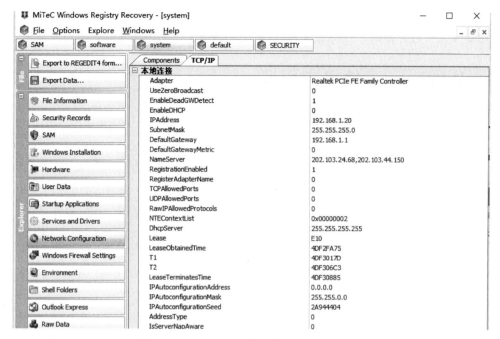

图 3-39　System 注册表文件中网络配置信息

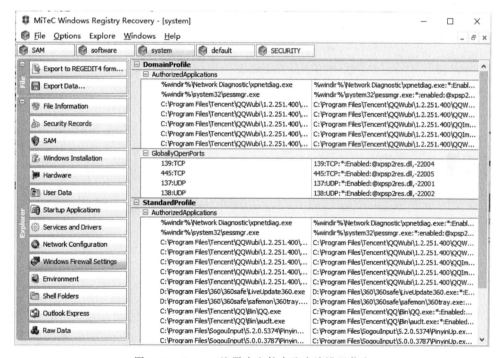

图 3-40　System 注册表文件中防火墙设置信息

3.3.4　实验小结

通过本次实验的学习，读者了解注册表不仅仅是一个用于存储 Windows 系统用户、硬件和软件的存储配置信息的数据库，更是计算机犯罪取证中的一个宝库。虽然常见的综合性取证软件大都集成了注册表分析功能,但仍存在很多信息需要取证人员结合案情手工分析。想要成为一名合格的计算机取证人员,必须要熟练运用和掌握注册表的相关知识。

3.4 Windows 事件日志取证

3.4.1 预备知识:Windows 事件日志

1. Windows 事件日志

从 Microsoft Windows NT 3.5 操作系统起,日志服务就一直存在于微软公司开发的 Windows 操作系统中。但是从 Microsoft Windows NT 6.0 操作系统(Windows Vista 与 Windows Server 2008)开始,微软公司采用了一种全新的日志(EVTX 日志)服务,EVTX 由 Windows 事件查看器创建,包含 Windows 记录的事件列表,以专有的二进制 XML 格式保存。

Windows 事件日志文件保存在 C:\Windows\System32\winevt\Logs 路径中,如图 3-41 所示。

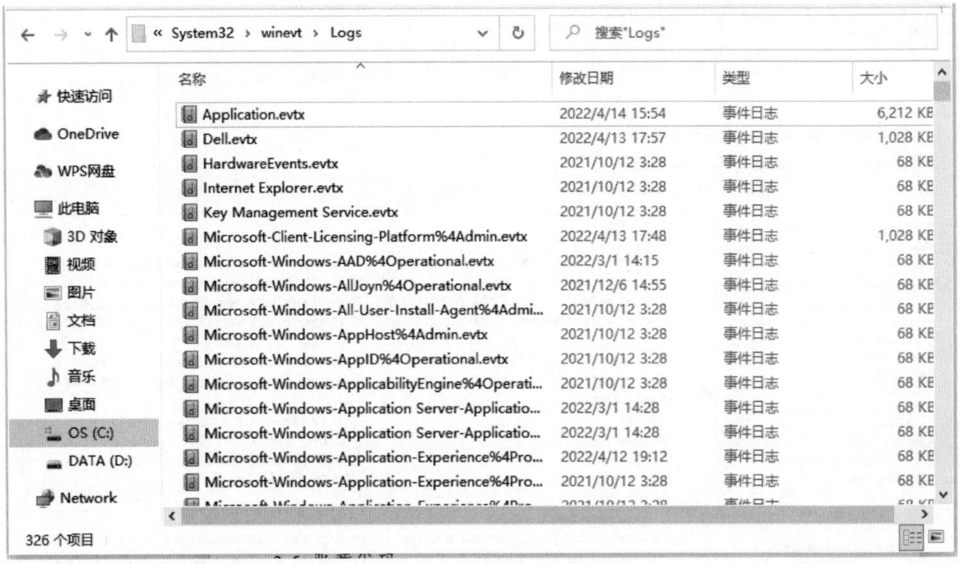

图 3-41 Windows 事件日志文件

核心的日志文件主要有三个,分别是:System.evtx、Application.evtx 和 Security.evtx,它们分别是系统日志、应用程序日志和安全日志。

(1)系统日志:系统日志记录系统进程和设备的驱动程序的活动。它输出的记录包括设备驱动程序是否启动失败,硬件是否自检出错,以及系统服务的开启、关闭、暂停。

(2)应用程序日志:记录普通的用户程序和一些商用程序在运行过程中出现的事件,它会输出自己记录的所有报错和需要用户知晓的信息。

(3)安全日志:记录系统的安全审计日志事件,比如登录事件、对象访问、进程追踪、特权调用、账号管理、策略变更等。安全日志也是取证中最常用到的,是处理入侵事件的重要武器,分析者需要查看和筛选这些文件中的信息从而发现蛛丝马迹。

三个文件的默认大小均为 20480KB(20MB),当记录事件数据超过 20MB 时,系统将优先覆盖过期的日志记录,从头开始写入新的记录,也就是相当于一个循环记录的缓存文件。

2. Windows 事件日志的查看方式

查看 Windows 事件日志的标准方法是使用 Windows 系统自带的"事件查看器"(可以通过运行"eventvwr"来启动),如图 3-42 所示。

图 3-42　事件查看器

在事件查看器中,系统日志被分为 Windows 日志、应用程序和服务日志两大类,其中 Windows 日志包括了应用程序、安全、Setup、系统和 Forwarded Events(转发事件)。

事件查看器可以将日志文件导出为 evt、evtx、xml、txt 和 csv 等格式,并导入其他系统的事件查看器进行浏览。因为日志文件格式在各个 Windows NT 版本中通用,所以调查人员也可以利用本地计算机的事件查看器远程连接其他计算机,以管理员权限查看浏览日志文件。调查人员可以利用事件查看器的"筛选"功能,显示特定时间类型和时间段的相关内容。

通过对 Windows 系统日志的取证分析,取证人员可以对操作系统、应用程序、服务、设备等操作行为记录通过关键的时间点进行回溯。

3. 常见的 Windows 事件日志分析

(1) 系统日志

系统日志可以捕获由系统自身产生的事件。任何自动执行的操作,或直接利用 OS 功能的用户驱动操作都会记入日志,包括软硬件安装、打印作业和网络层事件等。取证人员关注的系统事件常与案件的性质和被调查者的抗辩有关,常见的有:

① 事件日志启动和停止。事件 ID6005 和 ID6006 代表日志服务的启动和停止,主动关闭日志服务的行为往往值得深入追查。

② 系统关机和重启。事件 ID6008 表示系统的一次意外关闭,ID6009 则和系统重启相

关。当发现ID6006后不久紧跟ID6009事件，通常可以认为是系统原因。事件ID1074显示引起系统关闭的进程，ID1076显示系统关闭的原因。

③ 登录失败。事件ID100表示一个已知账户的验证失败，调查中发现的这类事件，有可能是特定用户通过猜测密码或使用穷举等破解工具的线索。

④ 机器信息改变。事件ID6011表示系统名称改变，如果发现名称与现存信息不匹配，就要重点查找这个事件ID。

⑤ 打印。ID10显示的是打印作业和来源，以打印请求者用户名的方式显示。

(2) 应用程序日志

应用程序日志由应用程序使用产生，Windows允许第三方软件通过API记录应用程序事件，防病毒软件和安装程序通常会使用这样的功能，在调查中经常使用到的有：

① 确认软件安装。使用微软安装程序的情况下，通过事件ID11707（成功）、事件ID11708（失败）和事件ID11724（卸载）来记录软件包的运行，查看这些ID可以发现特定软件的安装、试图安装和卸载的时间。

② 确认和排除病毒感染。大多数防病毒软件在检测到病毒时，会产生一个ID5事件。案件调查中，涉案人员有时会辩称系统问题是病毒引起的，通过查看这个事件，可以显示和排除他声称的时间内是否有病毒发作。

③ 启动和关闭防火墙。记录了用户主动打开或关闭系统防火墙的行为。

④ 检查黑客攻击企图。ID为1000～1004的事件记录有错误的应用程序，可以提供应用程序漏洞被利用的线索，事件ID4097也有可能代表类似活动。

应用程序日志事件常依赖于特定系统中安装的具体应用程序，以及是否独立使用事件日志服务，或者利用本地私有日志对系统日志进行补充，所以调查人员在检查应用程序日志之外，通常还必须检查应用程序是否使用了本地私有日志记录。

(3) 安全日志

安全日志是所有日志的基础，登录、注销、尝试连接和改变系统策略等关键事件，都会在安全日志中反映出来。企业为了支持安全事件调查和溯源，通常会在本地或组策略下的审核策略中要求计算机系统激活如审核账户登录事件、账户管理、登录、策略改变、特权使用等。其中，登录和注销对于证实什么人在什么时间执行了什么操作尤为重要，而其他安全事件则根据案件不同，会对某些特定的调查有帮助。

① 成功登录和注销事件。交互式的登录事件通过事件ID4624来描述，是登录类型的一个子类，调查人员比较关注的登录类型有ID2（本地）、ID3（网络）、ID7（Ctrl＋Alt＋Del或屏幕解锁）、ID10（远程桌面）、ID11（缓存的用户凭证登录）。

另外，注销事件显示了某用户连接的时间段，以ID4647为用户启动注销的开始，ID4634为结束。

② 登录失败事件。登录失败是判定是否有人进行密码猜测或暴力攻击的有力证据之一，登录失败事件通过ID4625来描述。可以输入事件ID：4625进行日志筛选，若用户登录失败次数明显偏多，那么这台服务器管理员账号可能遭遇了暴力猜解。

③ 对象访问。在一个特定对象属性的"安全"选项卡上单击"高级"按钮，可对待定的NTFS文件和文件夹进行审核。激活对象审核可以记录从试图读取对象到成功删除对象的任何操作。如果系统开启这个级别的审核，就能显示某个特定实体在何时被访问、被谁访

问、特定文件和目录的改变和删除,或者突出显示对关键对象的非法访问企图。

④ 用户账户相关事件。事件 ID4720、ID4722、ID4723、ID4724、ID4725、ID4726、ID4738、ID4740,表示当用户账号发生创建、删除、改变密码时的事件记录。

⑤ 日志清除。事件 ID1102 表示安全事件日志被清除。在没有合理原因将旧文件存储到一个新文件之前,安全日志几乎是不会被清除的,一旦有该事件发生,很有可能表明使用者或入侵者在故意掩盖痕迹。

综上所述,不同的事件 ID 代表了不同的意义,这些可以在网上很容易查到,需要根据案件的类型和基本情况,有重点地查看。

3.4.2 实验目的与条件

1. 实验目的

通过本实验,读者可以掌握以下内容:

(1) 了解 Windows 事件日志的概念及查看方式;

(2) 掌握 Windows 事件日志的种类及内容;

(3) 掌握常见的 Windows 事件日志的分析。

2. 实验条件

本实验所使用的 Windows 操作系统为 Windows 10(Windows Vista 以上)。

3.4.3 实验过程

步骤 1:学生两两分组,互相进行远程桌面访问,首先打开将要被远程访问的计算机,在计算机系统属性中,选择"远程"选项卡,在远程桌面选项中勾选"允许运行任意版本远程桌面的计算机连接(较不安全)",单击"确定"按钮,如图 3-43 所示。

图 3-43 开启远程桌面功能

步骤 2:在另一台计算机上打开远程桌面窗口,输入被控制计算机的 IP 地址,单击"连接"按钮,如图 3-44 所示,尝试包括登录成功、断开连接等操作。

图 3-44 远程桌面访问

步骤 3：在被远程访问的计算机上，右击"我的电脑"，在弹出的快捷菜单中选择"管理"选项，打开"事件查看器"；或者按下 Win＋R 的组合键，在运行窗口中输入"eventvwr.msc"，如图 3-45 所示，直接打开"事件查看器"。

图 3-45 打开事件查看器

步骤 4：攻击者使用 RDP 远程登录受害者计算机，会在事件日志中生成相应事件。在"Windows 日志"下，选择"安全"（Security.evtx），筛选事件 ID 为 4624，如图 3-46 所示，即为账户成功登录事件，如图 3-47 所示。其中，"LogonType＝10"的为远程桌面访问，可以看到访问主机的源 IP 地址。

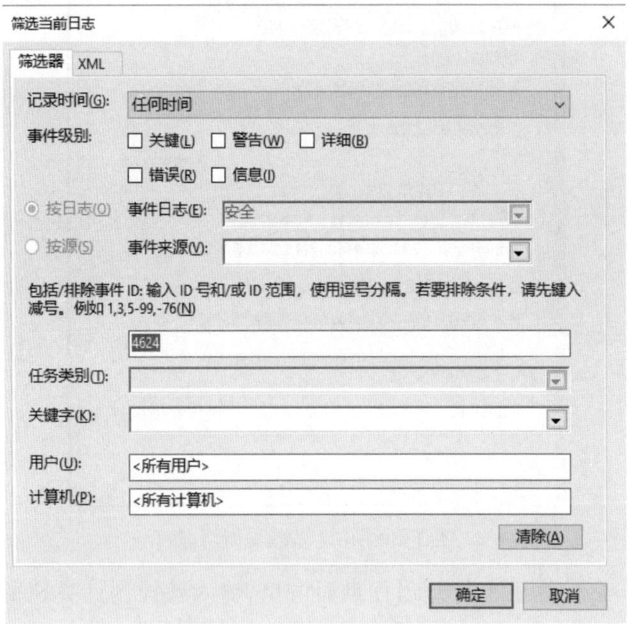

图 3-46 筛选日志

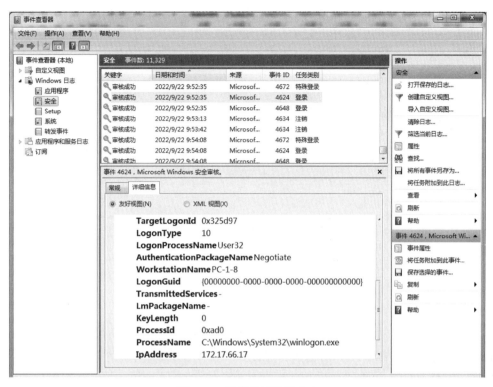

图 3-47 远程桌面登录成功

步骤 5：查看同路径下事件 ID 为 4648 的事件，为用户使用明文凭证尝试登录的事件，其中，"详细信息"记录了用户的 IP 地址，如图 3-48 所示为本机登录，图 3-49 所示为远程主机登录。

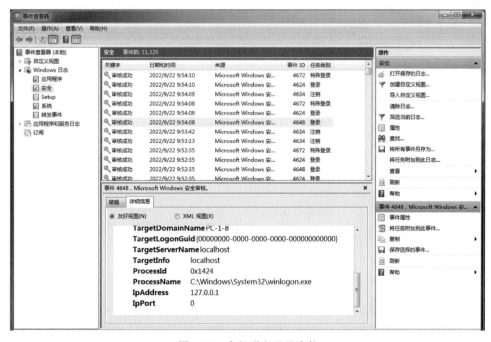

图 3-48 本机明文登录事件

电子数据取证实训

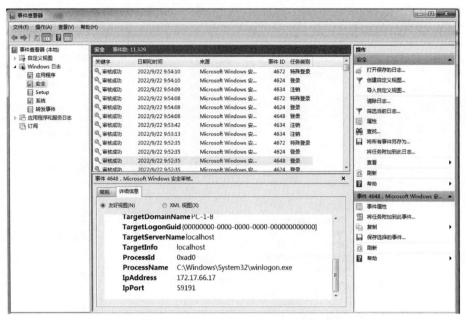

图 3-49　远程主机明文登录事件

步骤 6：同样地，ID4778 事件为重新连接到一台 Windows 主机的会话，ID4779 事件为断开到一台 Windows 主机的会话。

步骤 7：查看远程连接日志，具体路径为：应用程序和服务日志-Microsoft-Windows-TerminalServices-RemoteConnectionManager-Operational。其中，ID1149 事件为用户认证成功，如图 3-50 所示，可以清晰地看到用户名及源网络地址。

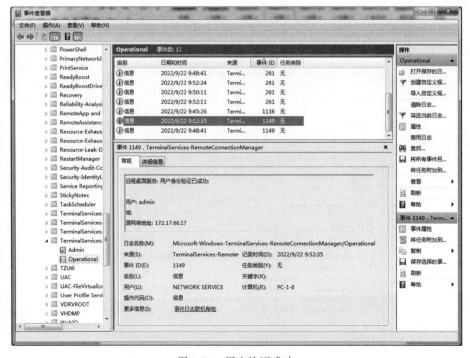

图 3-50　用户认证成功

3.4.4 实验小结

其他常见的 Windows 事件包括：用户登录或注销、远程访问审计、即插即用设备使用、系统时间修改、无线网络接入等，读者可自行查阅资料，练习、查看。实际应用中，要通过日志准确分析出恶意行为是需要大量实践经验的，同样也需要了解 Windows 日志中各种事件 ID 组合、状态码所对应的事件。

3.5 回收站取证

3.5.1 预备知识：回收站运行机制

对删除文件的恢复，一直都是电子数据取证的重要部分。在 Windows 操作系统中，用户选择删除一个文件后，这个文件并没有真正删除，而是进入了一个叫作回收站的地方，如果删错了或者后悔了都可以在回收站中进行恢复操作。所以，回收站是一个重要的信息来源，通过分析回收站可以知道被删除文件的信息，包括原始路径、删除时间、文件大小等。

回收站是 Windows 操作系统中的一个隐藏的系统文件夹，其文件名及存放路径根据 Windows 系统版本的不同而不同，具体如表 3-5 所示。

表 3-5 回收站文件夹存储位置

操作系统版本	分 区 格 式	回收站位置
Windows 95/98/ME	FAT32	\Recycled\INFO2
Windows NT/2K/XP	FAT32	\Recycled\INFO2
	NTFS	\Recycled\< USER SID >\INFO2
Windows 7/10	NTFS	$ Recycle.Bin\< USER SID >\

对于 Windows XP 来说，在 FAT32 文件系统下，删除的文件在 Recycled 文件夹中的命名格式为：D[文件原始隶属盘符][索引号][原始扩展名]。同时在文件夹中会存在一个名为 INFO2 的二进制文件，用来记录所有删除文件的时间及路径信息。

而 Windows 7 及以后的系统，回收站的机制发生了改变，抛弃了 INFO2 文件保存删除文件信息的做法，而是为每个被删除文件建立一个删除记录。通过分析每个删除记录，可以了解文件的原始信息。当一个文件被删除时，它被进行两个操作：①将删除的文件重命名为"$R"开头的文件，后面跟着随机字符串，后缀与原来文件一致。②创建一个"$I"开头的文件，后面与"$R"开头的文件相同。"$I"开头的文件为对应的"$R"开头的文件的回收站记录文件。这样每个删除文件都有自己的回收站记录文件。

"$I"开头的回收站记录文件，大小都是 544 字节，主要包括以下删除记录信息（具体结构如表 3-6 所示）：

- 被删除文件原始路径；
- 被删除文件大小；
- 被删除文件的删除信息（64 位 Windows 时间）。

表 3-6 回收站记录文件结构

数 据 结 构	长 度	偏 移 量
操作系统版本	8	0x00
被删除的文件大小	8	0x08～0xF
文件删除时间	8	0x10～0x17
被删除的文件名（全路径）	0～520	0x18～0x21F

目前主流的取证工具，例如 EnCase、FTK 等都支持对回收站文件的解析。但是由于操作系统的版本不同，导致回收站的结构和运行机制都有所不同。因此还需要在理解回收站的结构和机制的前提下，利用相应的工具进行取证。

3.5.2 实验目的与条件

1. 实验目的

通过本实验，读者重点掌握以下内容：

（1）了解回收站的运行机制；

（2）掌握回收站记录文件的解析过程；

（3）掌握在注册表中查找文件删除者信息的过程。

2. 实验条件

本实验所需要的软硬件清单如表 3-7 所示。

表 3-7 回收站取证实验清单

序 号	设 备	数 量	参 数
1	取证工作站	1 台	Windows XP 以上
2	EnCase 软件	1 套	EnCase7
3	检材 U 盘（包含证据文件"Malone's HDD 1A. Ex01"）	1 个	无

3.5.3 实验过程

步骤 1：打开 EnCase 软件，新建案例并添加证据文件"Malone's HDD 1A. Ex01"。

步骤 2：找到分区 C 中的 $Recycle.Bin 文件夹，如图 3-51 所示。

图 3-51 回收站文件夹

步骤 3：查看回收站文件夹中的文件，找到可疑文件（如图 3-52 所示：nuclear-explosion.jpg），查看其短名（如图 3-53 所示：＄RAFR6IT.jpg），即为文件删除后，重命名为"＄R"开头的文件。

图 3-52　回收站中的可疑文件

图 3-53　可疑文件的短名

步骤 4：根据该文件的短名找到其对应的以"＄I"开头的回收站记录文件（如图 3-54 所示：＄IAFR6IT.jpg）。

图 3-54　回收站记录文件

步骤 5：通过查看回收站记录文件中的十六进制数据，解析回收站记录文件（操作系统版本、文件大小、删除时间、原始路径等）。

其中，0x00～0x07 按小端顺序解析为 1，表示是 windows 7 操作系统，如图 3-55 所示。

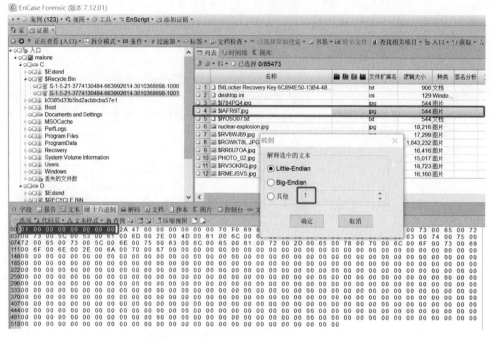

图 3-55　回收站记录文件中操作系统版本解析

0x08～0x0F 按小端顺序解析为 18218，表示被删除的文件逻辑大小是 18218 字节（与 EnCase 解析的 nuclear-explosion.jpg 文件逻辑大小一致），如图 3-56 所示。

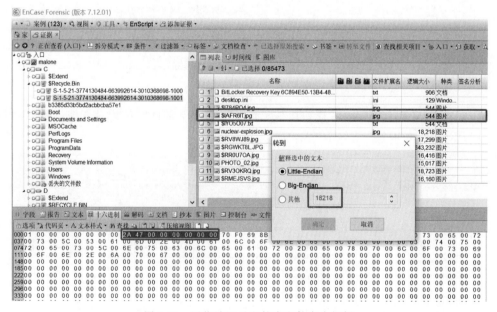

图 3-56　回收站记录文件中文件大小解析

0x10～0x17 字节（如图 3-57 所示）选中后，使用 EnCase 解码功能，按照"Windows 日期/时间"格式解析即可得到文件的删除时间，如图 3-58 所示。

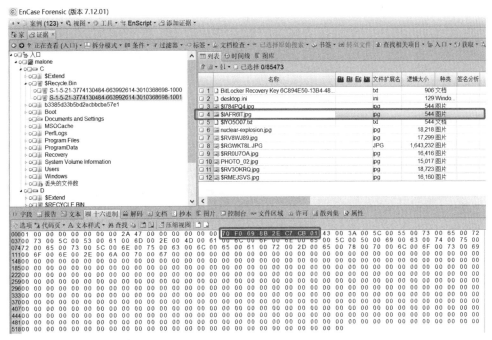

图 3-57　回收站记录文件中文件删除时间解析

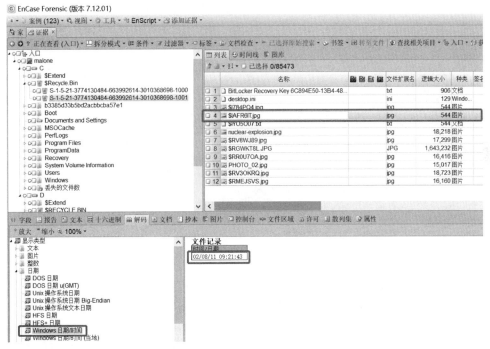

图 3-58　EnCase 解码日期时间

0x18～0x21F 字节解析为"C:\Users\Sam.Malone\Pictures\nuclear-explosion.jpg"，即为被删除文件的原始路径（全路径），如图 3-59 所示。

步骤 6：单击工具栏中的"许可"按钮，可以看到该回收站记录文件的权限信息，其所有者为 Sam.Malone，如图 3-60 所示，说明文件的删除者即为 Sam.Malone。

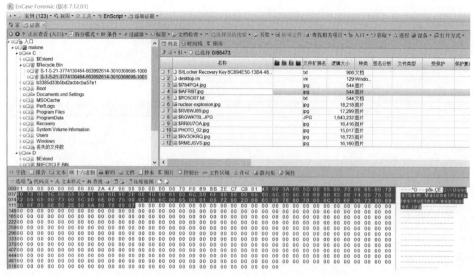

图 3-59　回收站记录文件中文件原始路径解析

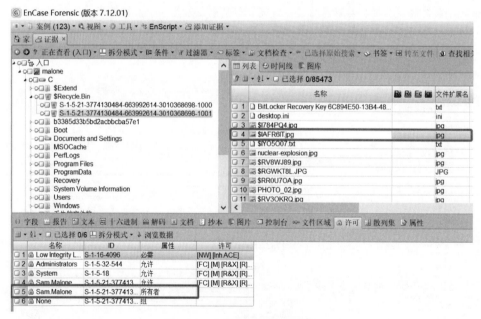

图 3-60　文件删除者信息解析

步骤 7：联系所学注册表取证相关知识，在注册表中查看文件删除者的相关信息。在 C:\Windows\System32\Config 下找到注册表文件"SAM"，如图 3-61 所示。

步骤 8：解析该复合文件"SAM"，找到 SAM\Domains\Account\Users 的文件夹，可以看到 000003E9 文件夹（图 3-62），而十六进制 3E9 的十进制数为 1001，与回收站目录文件夹 SID 中的 UID（如图 3-63 所示：1001）一致，说明删除文件的用户就是 3E9，即该 000003E9 文件夹为 Sam.Malone 的用户文件夹。

步骤 9：解析 000003E9 文件夹中的文件，其中 F 文件记录了用户创建时间等信息，V 文件记录了用户名和 SID 等信息，不再具体一一解析，如图 3-64 所示，即为用户名。

由此，不仅得到被删除文件的相关信息，更进一步获知删除者的相关信息。

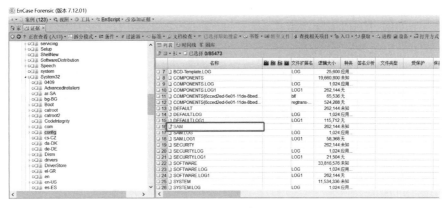

图 3-61　注册表文件"SAM"

图 3-62　SAM 注册表文件解析

图 3-63　回收站目录文件夹 SID 中的 UID

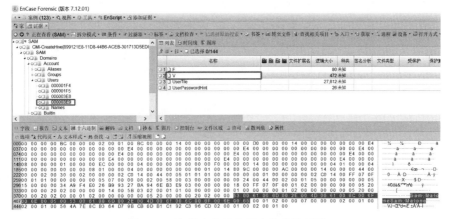

图 3-64　注册表文件中用户信息的解析

3.5.4 实验小结

回收站文件夹中，$R 文件记录原始文件内容，$I 文件记录恢复被删除文件的必要信息（文件大小、被删除时间、原始路径及文件名称）。当恢复被删除文件而原始目录不存在时，利用 $I 文件的信息可以重建目录。同时，联系回收站文件夹与注册表文件，可获知删除者的重要信息。在计算机调查取证过程中，需时刻记得回收站的重要作用，在回收站中出现的只字片语，很有可能对案件的侦破起决定作用。

3.6 分区恢复

3.6.1 预备知识：磁盘分区原理

在使用计算机进行数据存储与读取的过程中，分区丢失是一种比较常见的故障表现形式。由于意外断电、删除、格式化，或罪犯分子为妨碍案件调查而恶意破坏等原因，分区可能会被删除或破坏。因此，无论是在取证调查中为了发现证据，还是为了不影响用户正常使用，恢复被删除的分区都有着重要的意义。

1. 硬盘分区

硬盘分区是在一块物理硬盘上创建多个独立的逻辑单元，这些逻辑单元就是 C 盘、D 盘、E 盘等，又称为逻辑卷。

在实际分区时，通常把硬盘分为主分区和扩展分区，然后根据硬盘大小和使用需要将扩展分区继续划分为几个逻辑分区。建立硬盘分区的步骤是：建立主分区→建立扩展分区→将扩展分区分成多个逻辑分区。硬盘划分多个分区后，可以用于存放不同类型的文件，如存放操作系统、应用程序、数据文件等。

随着科技的发展，硬盘的容量越来越大，市场上 1TB 或 2TB 的大容量硬盘已经很常见。大容量硬盘给用户提供更多存储空间的同时，也使得在创建硬盘分区之前，好好地规划硬盘分区的方案成为必要。合理划分分区可以方便用户更好地管理自己的硬盘。

2. MBR 的数据结构

主引导记录（Master Boot Record，MBR）是采用 MBR 分区表的硬盘的第一个扇区，即 C/H/S 地址的 0 柱面 0 磁头 1 扇区，也叫作 MBR 扇区，共 512 字节。当计算机启动并完成自检后，首先会读取磁盘的 MBR 扇区。MBR 主要由三部分组成：引导程序、分区信息表、结束标志。其中引导程序占用 446 字节，主要用于硬盘启动时将系统控制权转移给用户指定的并在分区表中登记了的某个操作系统；分区信息表占用 64 字节，主要负责描述磁盘内的各分区情况；结束标志为 2 字节"55 AA"。MBR 数据结构如图 3-65 所示。

MBR 主要功能如下：

① 首先检查硬盘中分区表是否完好；

② 从分区表查找可引导的"活动"分区；

③ 将活动分区中第一逻辑扇区数据加载到内存中。

在 DOS 分区中，该扇区内容被称为 DOS 引导记录，简称 DBR。

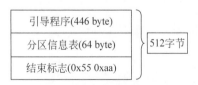

图 3-65 MBR 数据结构

3. 分区表项数据结构

分区表用于记录分区信息，从 MBR 的第 0x1BE 字节开始，共 64 字节，其中共有 4 个分区表项，每个表项 16 字节，各字节含义如图 3-66 所示。

图 3-66　分区表项数据结构

引导标志只有两种可能值，0x80 为可引导（即表示该分区为操作系统分区），0x00 为不可引导；分区类型标志表明它所描述的分区类型，如 NTFS 的类型值为 0x07、FAT 的类型值为 0x0B；起始扇区及结束扇区均以 CHS 方式表示，CHS 区域的值主要用于较老的操作系统，C、H、S 分别代表磁盘的柱面号、扇区号、磁头号；相对扇区数（分区起始逻辑扇区）及占用总扇区数均以 LBA 方式表示。分区起始 LBA 地址是非常重要的参数，如果该区域数据受到破坏，操作系统将无法找到文件系统分区或扩展分区的起始位置。

如果在没有人为因素改变分区的情况下，因意外而导致的磁盘显示分区丢失、分区显示未格式化等，应该首先检查主分区表是否损坏，通过查看现有分区表描述的各个分区的前后关系是否合理、跳转到分区起始扇区查看是否为正常的 DBR 来判断故障原因。

3.6.2　实验目的与条件

1. 实验目的

通过本实验，读者重点掌握以下内容：
(1) 掌握 MBR 引导扇区中分区表的解析过程；
(2) 掌握使用 EnCase 工具进行分区恢复的方法。

2. 实验条件

本实验所需要的软硬件清单如表 3-8 所示。

表 3-8　分区恢复实验清单

序　号	设　　备	数　量	参　数
1	取证工作站	1 台	Windows XP 以上
2	EnCase 软件	1 套	EnCase7
3	检材 U 盘 （包含证据文件"Malone's HDD 1A.Ex01"）	1 个	无

3.6.3　实验过程

步骤 1：打开 EnCase 软件，新建案例并添加证据文件"Malone's HDD 1A.Ex01"。

步骤 2：单击工具栏中的"设备"按钮，选择"磁盘视图"选项，如图 3-67 所示，即可进入磁盘视图。

步骤 3：单击磁盘视图下"查看簇"按钮前的复选框，可在扇区和簇视图之间切换，如图 3-68 所示。

图 3-67　EnCase 磁盘视图

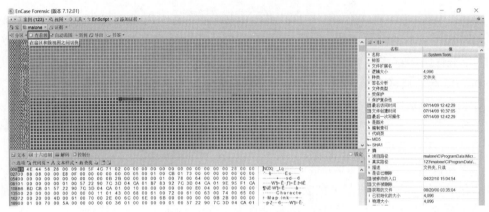

图 3-68　切换扇区和簇视图

步骤 4：在扇区视图下（即显示的是硬盘上各扇区的状态和数据），单击第一个小方块（LBR0 号扇区），即为主引导记录 MBR 扇区，单击中间工具栏中的"十六进制"按钮，查看该扇区中的十六进制数据，如图 3-69 所示。

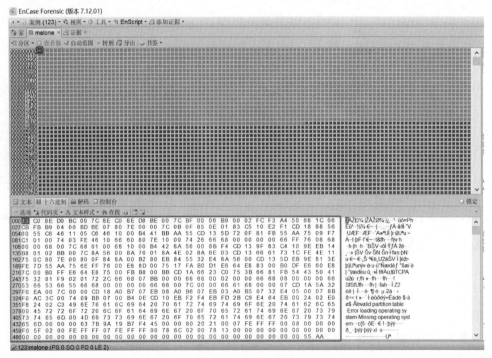

图 3-69　MBR 扇区

步骤5：联系所学的MBR扇区数据结构可知，结束标志"55 AA"前的64字节为分区信息表，如图3-70所示。共分为4个分区表项，每个分区表项为16字节，经分析发现仅有2个分区表项有数据，即分区信息表中仅存在2个分区信息。

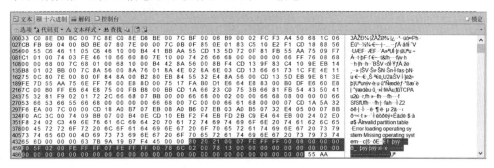

图3-70　分区信息表

步骤6：选中该64字节分区信息表，单击中间工具栏中的"解码"按钮，选择"Windows-分区入口"选项，可得到解析完成后的分区信息，如图3-71所示。

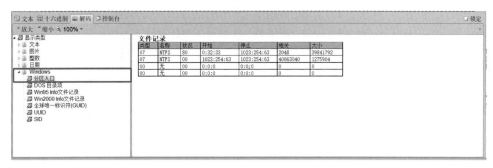

图3-71　分区信息表解析

可以看出，该磁盘共有2个分区，其中第一个分区为活动分区（系统盘）。第一个分区起始位置逻辑扇区为2048，占用总扇区数为39841792。第二个分区起始位置逻辑扇区为40663040，占用总扇区数为1275904。

步骤7：在扇区视图下，鼠标停留在第一个扇区并右击，在弹出的快捷菜单中选择"转到"选项，跳转到2048号扇区（图3-72），即为分区1的起始扇区DBR，如图3-73所示。

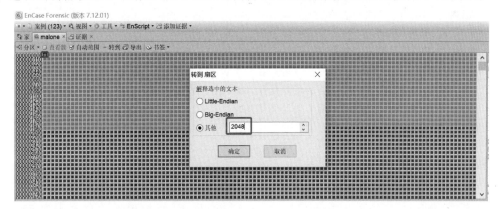

图3-72　跳转到分区1起始扇区

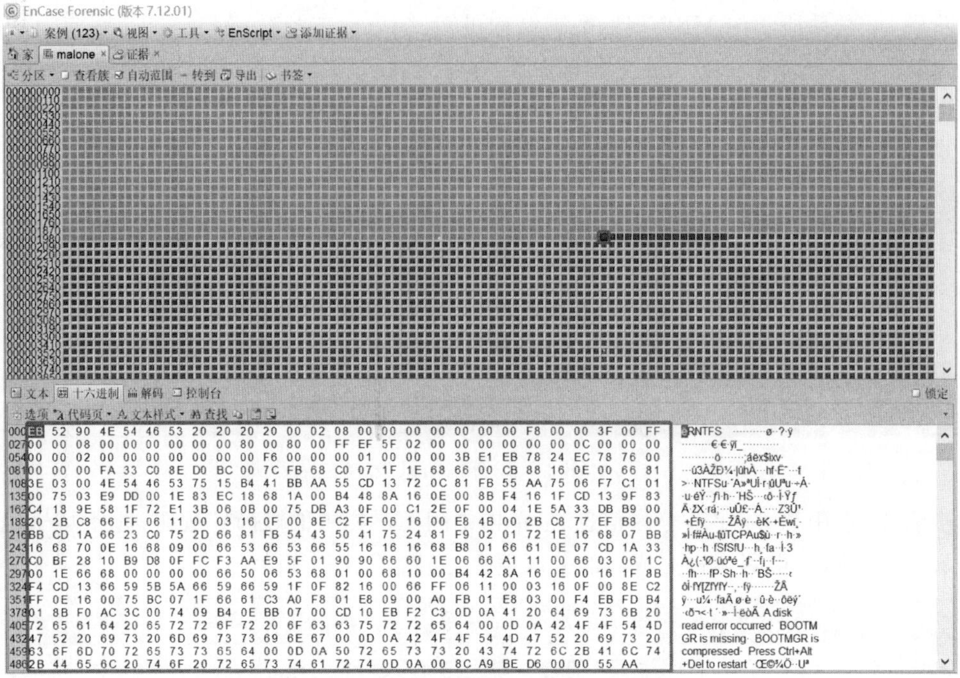

图 3-73　分区 1DBR

步骤 8：同样，在扇区视图下，鼠标停留在第一个扇区并右击，在弹出的快捷菜单中选择"转到"选项，跳转到 40663040 号扇区，即为分区 2 的起始扇区 DBR，如图 3-74 所示。由此找到了磁盘上的两个分区，可进一步对分区引导记录 DBR 解析，获取各分区重要参数信息。

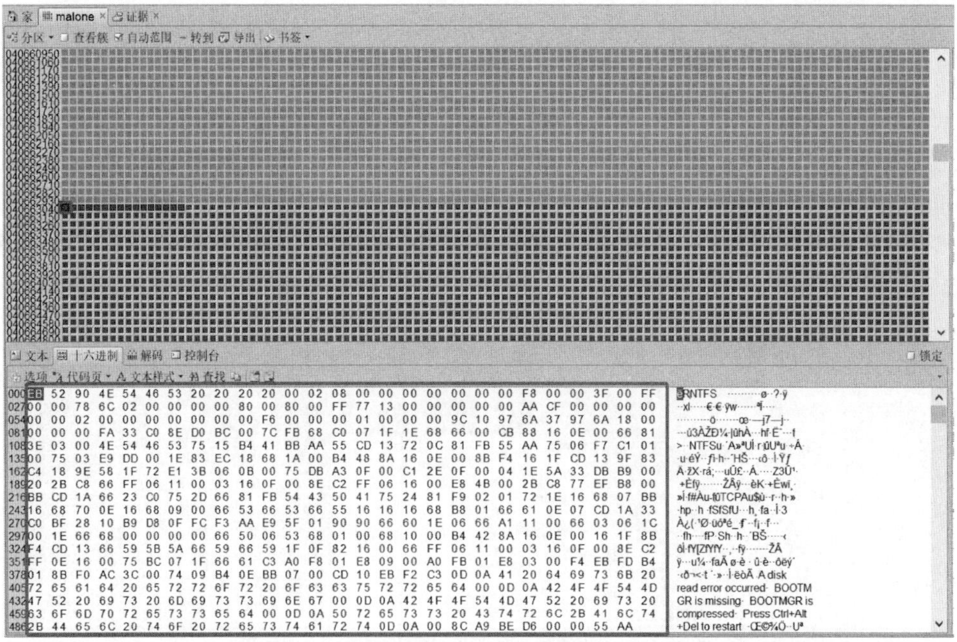

图 3-74　分区 2DBR

步骤 9：分区 1 与分区 2 大小相加为 41117696 扇区，而物理磁盘总大小为 59.8GB（125337600 扇区），如图 3-75 所示。由此可见，已知的两个分区仅占了该磁盘的小部分空间。存在未使用磁盘空间或删除分区的情况。

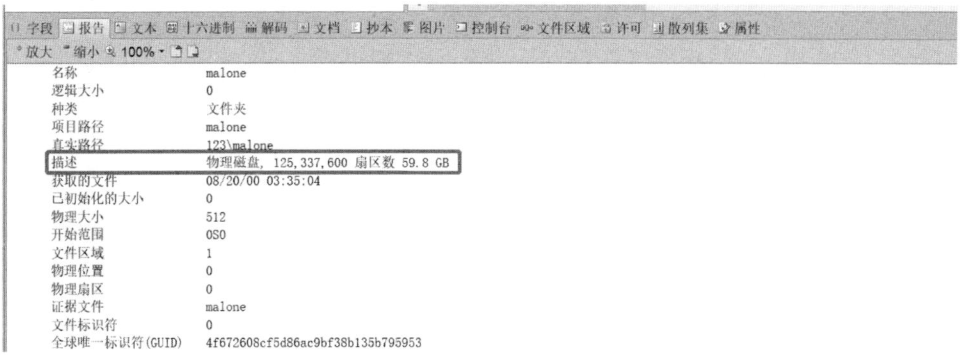

图 3-75 磁盘基本信息

步骤 10：由分区 1 的起始扇区与占用扇区可计算得到分区 1 的结束扇区，发现分区 1 的结束扇区与分区 2 的起始扇区之间存在大量松弛区，不符合常理，判断可能存在删除分区。

步骤 11：跳转到分区 1 结束扇区后的 1 扇区，即 39843840 号扇区，查看该扇区十六进制数据，猜测可能为 DBR，且分区文件系统为 FAT32。单击工具栏中的"分区"按钮，选择"添加分区"选项，如图 3-76 所示。在弹出的"添加分区"对话框中，选择卷类型为"FAT32"，单击"确定"按钮，如图 3-77 所示。

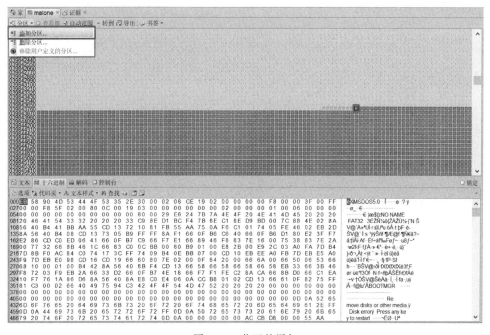

图 3-76 分区的添加

步骤 12：关闭并重新打开该证据文件（EnCase 不能自动刷新，必须手动关闭重新进入），发现除了原有的两个分区外，多了一个分区，即完成了删除分区的恢复，如图 3-78 所示。

图 3-77 "添加分区"对话框

图 3-78 删除分区的信息

3.6.4 实验小结

当磁盘中的某个分区被删除后,分区中的数据并未被真正删除。此时,对应的分区表项会被清零,被删除的分区变为未分配状态且数据不可访问。要恢复被删除的分区,需要找出分区的起始位置、大小和分区类型等重要信息,然后将其写回被清零的分区表项。通常来说,在磁盘中创建多个分区,分区会占用所有磁盘空间。此时,通过查看现有的分区信息,找到被删除分区的位置并不复杂。接着,进一步分析被删除分区的具体数据可以判断出文件系统类型。

EnCase 具备了分区恢复功能,在分区恢复时,应该首先检查主分区表是否损坏,通过查看现有分区表描述的各个分区的前后关系是否合理、跳转到分区起始扇区查看是否为正常的 DBR 等来综合分析、判断并恢复分区。

读者也可利用 WinHex 工具尝试删除分区的恢复操作。

3.7 FAT 文件系统数据恢复

3.7.1 预备知识:FAT 文件系统原理

文件系统是操作系统用于明确磁盘或分区上的文件的保存方法和数据结构,即在磁盘上组织文件的方法。一个分区或磁盘作为文件系统使用前需要初始化,并将数据结构写到磁盘上,这个过程就叫建立文件系统。FAT32、exFAT、NTFS 是目前最常见的三种文件系统。

FAT(file allocation table,文件分配表)文件系统是 Windows 操作系统所使用的一种文件系统,它的发展过程经历了 FAT12、FAT16、FAT32 三个阶段。FAT 文件系统用"簇"作为数据单元。一个"簇"由一组连续的扇区组成,簇所含的扇区数必须是 2 的整数次幂。所有簇从 2 开始进行编号,每个簇都有一个自己的地址编号。用户文件和目录都存储在簇中。

FAT 文件系统由保留扇区、FAT 区和数据区组成,数据结构如图 3-79 所示。

图 3-79 FAT 文件系统数据结构

1. DBR 区

分区引导记录 DBR,也称为操作系统引导记录,位于相对扇区 0 扇区。DBR 由 5 个部分组成:

① 0x00~0x02:跳转指令。FAT32 文件系统跳转指令为"EB 58 90"。在汇编当中 0xEB 是跳转指令,0x58 是跳转的地址,而 0x90 则是空指令。CPU 读取到 EB 58 这个指令时,便跳转到 0x58 这个地址并继续读取指令来执行,而 0x58 地址之后的内容通常都是载入操作系统的指令。

② 0x03~0x0A:OEM(original entrusted manufacture,代工厂商)代号。

③ 0x0B～0x59：BPB(BIOS parameter block,本分区参数记录表)。BPB 参数块记录着本分区的起始扇区、结束扇区、文件存储格式、硬盘介质描述符、根目录大小、FAT 个数、簇的大小等重要参数。具体如表 3-9 所示。

表 3-9 BPB 参数信息

偏 移 量	字 节 数	含 义
0x0B	2	每扇区字数
0x0D	1	每簇扇区数
0x0E	2	保留扇区数
0x10	1	FAT 个数
0x11	2	根目录项数,FAT32 以突破该限制,无效
0x13	2	扇区总数,小于 32M 使用
0x15	1	存储介质描述符
0x16	2	每 FAT 表占用扇区数,小于 32M 使用
0x18	2	逻辑每磁道扇区数
0x1A	2	逻辑磁头数
0x1C	4	系统隐含扇区数
0x20	4	扇区总数,大于 32M 使用
0x24	4	每 FAT 表扇区数,大于 32M 使用
0x28	2	标记
0x2A	2	版本（通常为零）
0x2C	4	根目录起始簇
0x30	2	Boot 占用扇区数
0x32	2	备份引导扇区位置
0x34	14	保留
0x42	1	扩展引导标记
0x43	4	序列号
0x47	10	卷标
0x52	8	文件系统

④ 0x5A～0x1FD：引导程序。在 Windows 98 之前的系统中,这段代码负责完成 DOS 三个系统文件的装入。在 Windows 2000 之后的系统中,这段代码负责完成将系统文件 NTLDR 装入,对于一个没有安装操作系统的分区来讲,这段程序没有用处。

⑤ 0x1FE～0x1FF：结束标志。DBR 的结束标志与 MBR、EBR 的结束标志都相同,为 "55 AA"。

2. FAT 区

文件分配表 FAT 是用来描述文件系统内存储单元的分配状态及文件内容前后链接关系的表格。它对于 FAT 文件系统来讲是至关重要的一个组成部分,假若丢失 FAT,那么硬盘上的数据就无法定位,也就不能使用了。由于 FAT 对文件管理的重要性,FAT 有一个备份,即在原 FAT1 后再建一个同样的 FAT2。

根据 FAT 文件系统数据结构可知,FAT1 的起始扇区可由 BPB 中记载的保留扇区数而获知(保留扇区数的信息位于 BPB 模块 0x0E～0x0F 两个字节),FAT2 的起始扇区可由保留扇区数＋FAT1 占用扇区数(BPB 模块 0x24～0x27)计算所得。

FAT 是由一个个表项组成，其中每一个表项的值对应了相应簇的使用情况，如 2 号表项对应了 2 号簇的使用情况，3 号表项对应了 3 号簇的使用情况，以此类推（但是第 0 项和第 1 项例外）。FAT 第 0 项和第 1 项是系统保留，记录分区所在的介质类型和分区状态。

FAT 32 的每个 FAT 项的大小为 32 位，相当于 4 字节，即从 00-00-00-00～FF-FF-FF-FF，不同数值具体含义如下：

① 空闲簇（未分配簇）：00-00-00-00；
② 系统保留簇：00-00-00-01；
③ 被占用的簇，其值指向下一个簇号：00-00-00-02～0F-FF-FF-EF；
④ 保留数值：0F-FF-FF-F0～0F-FF-FF-F6；
⑤ 坏簇：0F-FF-FF-F7；
⑥ 文件最后一个簇：0F-FF-FF-F8～0F-FF-FF-FF。

FAT 表项的填写规则是：如果该簇是文件的最后一簇，填入的值为 0x0F-FF-FF-FF；如果该簇不是文件的最后一簇，则填入的值为该文件占用的下一簇号。

3. FDT 区

文件目录表（File Directory Table，FDT）也称为根目录，位于数据区头部（第 2 簇），用来存放根目录下的文件的目录项。

根据 FAT 文件系统数据结构可知，根目录起始扇区＝保留扇区数＋FAT 扇区数×2。

FDT 区是由一个个目录项构成，类似于 FAT。每一个目录项占用 32 字节，记录文件或者文件夹的名称、属性、大小、起始簇号、创建时间、创建日期、最近访问日期、最近修改日期等内容，具体如表 3-10 所示。

表 3-10 FDT 信息

偏移量	字节数	含 义
0x00	8	文件名
0x08	3	后缀名
0x0B	1	文件属性（00H 读写；01H 只读；02H 隐藏；04H 系统；08H 卷标；10H 子目录；20H 归档）
0x0C	1	系统保留
0x0D	1	创建时间的 10 毫秒位
0x0E	2	文件创建时间
0x10	2	文件创建日期
0x12	2	文件最后访问日期
0x14	2	文件起始簇号高 16 位
0x16	2	文件最近修改时间
0x18	2	文件最近修改日期
0x1A	2	文件起始簇号低 16 位
0x1C	4	文件长度

值得注意的是：FAT 分区下，文件在被删除之后，文件对应的文件目录项的第一个字节会被改为 0xE5，表示该文件被删除，而文件目录项的其他字节没有变化，所以被删除的文件仍旧能够找到其起始簇，从而使得该文件是可恢复的。

3.7.2 实验目的与条件

1. 实验目的

通过本实验,读者重点掌握以下内容:

(1) 了解FAT32文件系统存储原理;

(2) 掌握FAT32文件系统各数据结构的解析;

(3) 掌握使用WinHex进行FAT32文件系统数据恢复的过程。

2. 实验条件

本实验所需要的软硬件清单如表3-11所示。

表3-11 FAT32文件系统数据恢复实验清单

序 号	设 备	数 量	参 数
1	取证工作站	1台	Windows XP 以上
2	WinHex 工具	1套	无

3.7.3 实验过程

1. 创建虚拟磁盘 VHD

步骤1:打开计算机管理中的磁盘管理。单击工具栏中的"操作"按钮,选择"创建 VHD"选项,如图3-80所示。

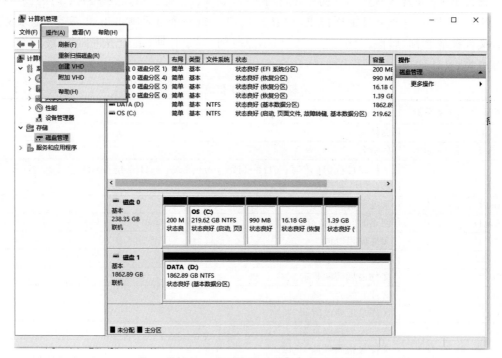

图3-80 磁盘管理创建VHD

步骤2:在弹出的对话框中选择路径及虚拟磁盘大小,单击"确定"按钮,如图3-81所示。

步骤3:此时,在磁盘管理视图下,可以看到多了一个未初始化磁盘。在该磁盘左边部分右击,在弹出的快捷菜单中选择"初始化磁盘"选项,设置磁盘分区形式为"MBR",如图3-82所示。

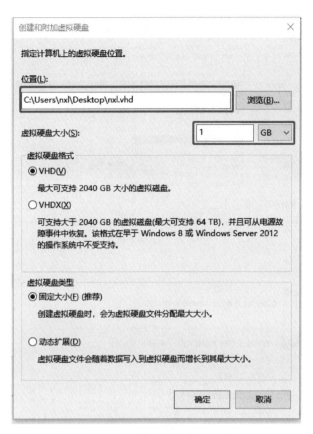

图 3-81　创建和附加虚拟磁盘

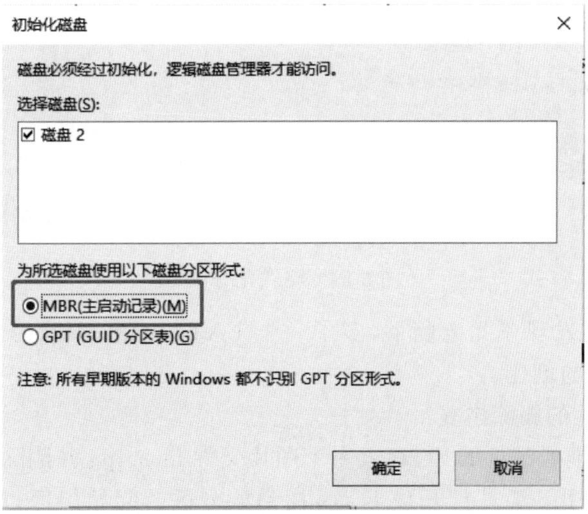

图 3-82　初始化磁盘

步骤 4：此时，在磁盘管理视图下可以看到该磁盘显示为"联机"状态，在该磁盘右边部分右击，在弹出的快捷菜单中选择"新建简单卷"选项，如图 3-83 所示。

步骤 5：在新建简单卷向导下按需要设置逻辑卷属性信息，如卷大小、卷标等。在格式化分区步骤，选择文件系统类型为"FAT32"文件系统，如图 3-84 所示。

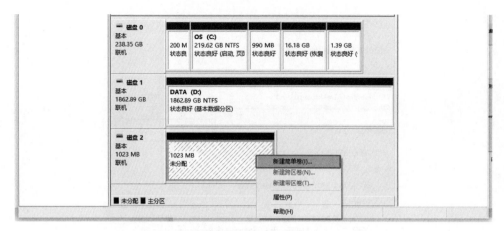

图 3-83　新建简单卷

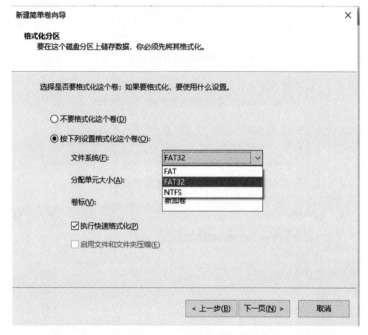

图 3-84　格式化分区

步骤 6：完成后，发现在此电脑下，多了一个 FAT32 文件系统的分区 E，如图 3-85 所示，至此，完成 VHD 的创建。

2．连续存储文件的删除恢复

步骤 1：在上述虚拟磁盘 E 中，存入一个图片文件 lena.jpg 并删除该文件。

步骤 2：用 WinHex 工具打开该 E 盘，找到该分区的起始扇区，即引导记录 DBR，如图 3-86 所示。

步骤 3：分析引导记录 DBR，获得以下信息(小端)：

(1) 0x0D：每簇扇区数：08；8；

(2) 0x24-0x27：FAT 占用扇区数：00-00-07-F3；2035；

(3) 0x0E-0x0F：保留扇区数：10-1A；4122。

第3章 Windows操作系统取证实训

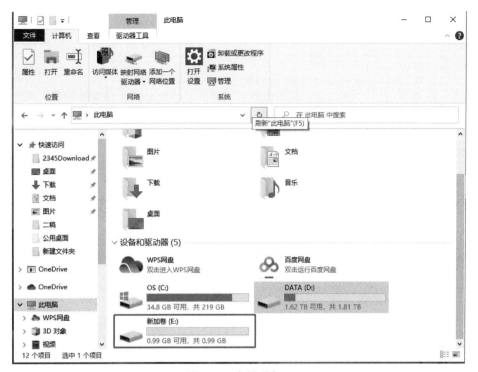

图 3-85 虚拟磁盘 E

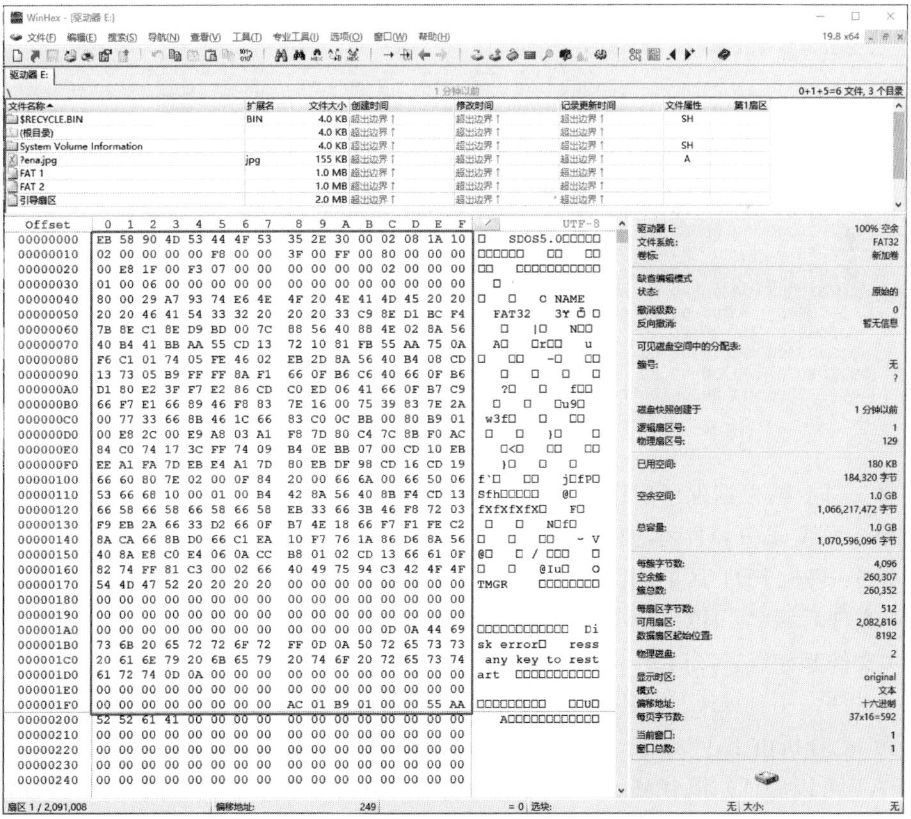

图 3-86 DBR 扇区

步骤 4：单击工具栏中的"跳转扇区"按钮，根据保留扇区数（图 3-87），跳转到 FAT1 起始扇区，如图 3-88 所示。

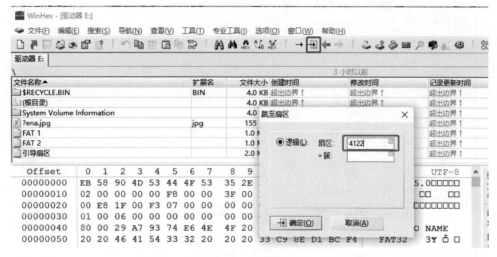

图 3-87　跳至扇区

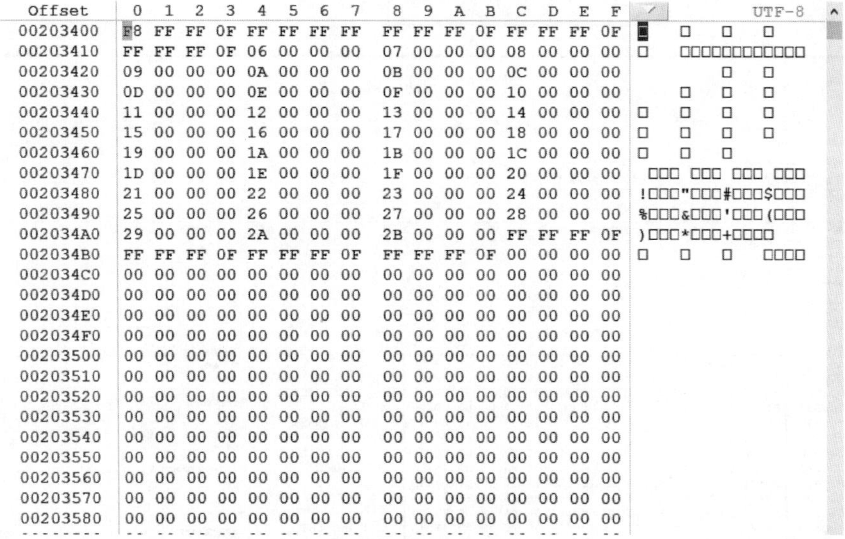

图 3-88　FAT1 起始扇区

步骤 5：同样，根据保留扇区数＋FAT 扇区数×2＝4122＋2035×2＝8192，跳转到数据区的起始 2 号簇，即 FDT 区，如图 3-89 所示。

步骤 6：解析 FDT 区的删除图片目录项（图 3-90），获得该文件相关信息：

（1）文件后缀名：JPG；

（2）文件起始簇：0x14-0x15＋0x1A-0x1B：00-00-00-05：5 号簇；

（3）文件大小：0x1C-0x1F：00-02-6B-F7：158711 字节。

步骤 7：分析由于 VHD 分区上只存在过该图片文件，因此该文件应为简单连续存储（查看 FAT 可以验证），既找到了文件的起始簇，又知晓了文件大小，就能找到文件结尾。

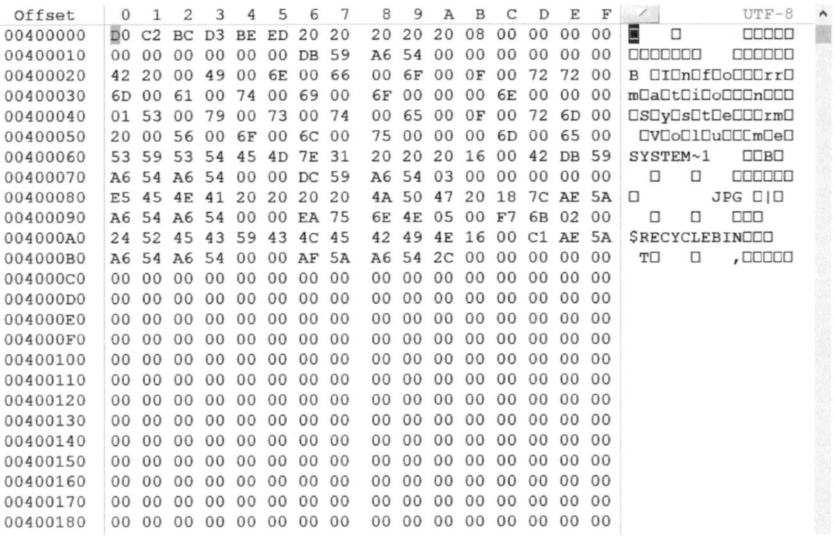

```
Offset    0  1  2  3  4  5  6  7   8  9  A  B  C  D  E  F           UTF-8
00400000  D0 C2 BC D3 BE ED 20 20  20 20 20 08 00 00 00 00   ■       □□□□□
00400010  00 00 00 00 00 00 DB 59  A6 54 00 00 00 00 00 00   □□□□□□  □□□□□
00400020  42 20 00 49 00 6E 00 66  00 6F 00 0F 00 72 72 00   B □I□n□f□o□□□rr□
00400030  6D 00 61 00 74 00 69 00  6F 00 00 00 6E 00 00 00   m□a□t□i□o□□□n□□□
00400040  01 53 00 79 00 73 00 74  00 65 00 0F 00 72 6D 00   □S□y□s□t□e□□□rm□
00400050  20 00 56 00 6F 00 6C 00  75 00 00 00 6D 00 65 00    □V□o□l□u□□□m□e□
00400060  53 59 53 54 45 4D 7E 31  20 20 20 16 00 42 DB 59   SYSTEM~1   □□B□
00400070  A6 54 A6 54 00 00 DC 59  A6 54 03 00 00 00 00 00   □T□T□□□Y□T□□□□□□
00400080  E5 45 4E 41 20 20 20 20  4A 50 47 20 18 7C AE 5A   □       JPG □|□
00400090  F7 6B 02 00 EA 75 6E 4E  05 00 F7 6B 02 00
004000A0  24 52 45 43 59 43 4C 45  42 49 4E 16 00 C1 AE 5A   $RECYCLEBIN□□□
004000B0  A6 54 A6 54 00 00 AF 5A  A6 54 2C 00              T□       □,□□□□
004000C0  00 00 00 00 00 00 00 00  00 00 00 00 00 00 00 00
004000D0  00 00 00 00 00 00 00 00  00 00 00 00 00 00 00 00
004000E0  00 00 00 00 00 00 00 00  00 00 00 00 00 00 00 00
004000F0
00400100
00400110
00400120
00400130
00400140
00400150
00400160
00400170
00400180
```

图 3-89 FDT 区

```
Offset    0  1  2  3  4  5  6  7   8  9  A  B  C  D  E  F           UTF-8
00400000  D0 C2 BC D3 BE ED 20 20  20 20 20 08 00 00 00 00   ■       □□□□□
00400010  00 00 00 00 00 00 DB 59  A6 54 00 00 00 00 00 00
00400020  42 20 00 49 00 6E 00 66  00 6F 00 0F 00 72 72 00   B □I□n□f□o□□□rr□
00400030  6D 00 61 00 74 00 69 00  6F 00 00 00 6E 00 00 00   m□a□t□i□o□□□n□□□
00400040  01 53 00 79 00 73 00 74  00 65 00 0F 00 72 6D 00   □S□y□s□t□e□□□rm□
00400050  20 00 56 00 6F 00 6C 00  75 00 00 00 6D 00 65 00    □V□o□l□u□□□m□e□
00400060  53 59 53 54 45 4D 7E 31  20 20 20 16 00 42 DB 59   SYSTEM~1   □□B□
00400070  A6 54 A6 54 00 00 DC 59  A6 54 03 00 00 00 00 00
┌─────────────────────────────────────────────────────────────────────────┐
│00400080  E5 45 4E 41 20 20 20 20  4A 50 47 20 18 7C AE 5A   □       JPG □|│
│00400090  A6 54 A6 54 00 00 EA 75  6E 4E 05 00 F7 6B 02 00                │
└─────────────────────────────────────────────────────────────────────────┘
004000A0  24 52 45 43 59 43 4C 45  42 49 4E 16 00 C1 AE 5A   $RECYCLEBIN□□□
004000B0  A6 54 A6 54 00 00 AF 5A  A6 54 2C 00              T□       □,□□□□
004000C0  00 00 00 00 00 00 00 00  00 00 00 00 00 00 00 00
```

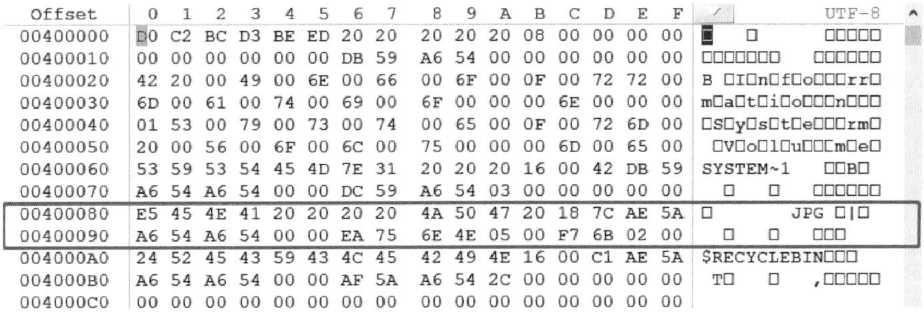

图 3-90 删除文件的目录项

步骤 8：跳转到 5 号簇,即为文件的起始簇,选中第一个字节,即为文件首字节,右击该字节,在弹出的快捷菜单中选择"选块起始位置"选项,如图 3-91 所示。

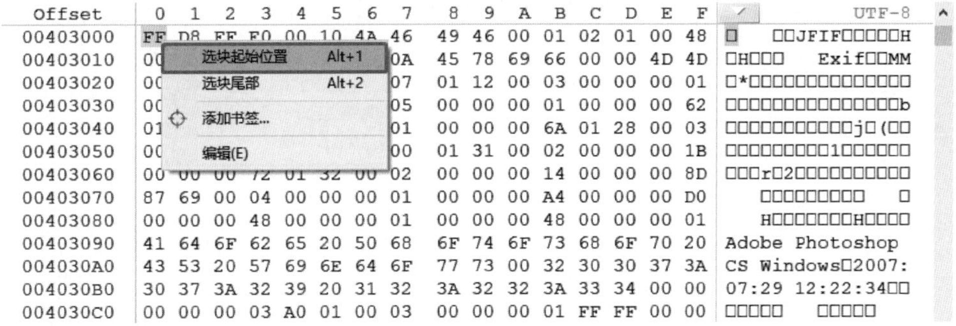

```
Offset    0  1  2  3  4  5  6  7   8  9  A  B  C  D  E  F           UTF-8
00403000  FF D8 FF E0 00 10 4A 46  49 46 00 01 02 01 00 48   □□□JFIF□□□□□H
00403010  00  选块起始位置    Alt+1  0A  45 78 69 66 00 00 4D 4D   □H□□□  Exif□□MM
00403020  00  选块尾部        Alt+2       01 12 00 03 00 00 00 01   □*□□□□□□□□□□□
00403030  00  添加书签...                05  00 00 00 01 00 00 00 62   □□□□□□□□□□□b
00403040  01                            01  00 00 00 6A 01 28 00 03   □□□□□□□□□j□(□
00403050  00  编辑(E)                       01 31 00 02 00 00 00 1B   □□□□□□1□□□□□
00403060  00 00 00 72 01 32 00 02  00 00 00 14 00 00 00 8D   □□□r□2□□□□□□□□
00403070  87 69 00 04 00 00 00 01  00 00 00 A4 00 00 00 D0
00403080  00 00 00 48 00 00 00 01  00 00 00 48 00 00 00 01   H□□□□□□H□□□□□
00403090  41 64 6F 62 65 20 50 68  6F 74 6F 73 68 6F 70 20   Adobe Photoshop
004030A0  43 53 20 57 69 6E 64 6F  77 73 00 32 30 30 37 3A   CS Windows□2007:
004030B0  30 37 3A 32 39 20 31 31  32 3A 32 32 3A 33 34 00   07:29 12:22:34□□
004030C0  00 00 00 03 A0 01 00 03  00 00 00 01 FF FF 00 00   □□□□□□□□□□□□□
```

图 3-91 图片文件首字节

步骤 9：相对于当前文件首字节位置,根据文件大小 0x26BF7=158711 字节,跳转到文件的尾字节,如图 3-92、图 3-93 所示。

步骤 10：在文件尾字节"D9"上右击,在弹出的快捷菜单中选择"选块尾部"选项,即文件首尾之间所有字节都被选中(文件所有字节)。在选中的字节上右击,在弹出的快捷菜单中选择"编辑"→"复制选块"→"至新文件"选项,如图 3-94 所示,将选中区域保存成一个文件。

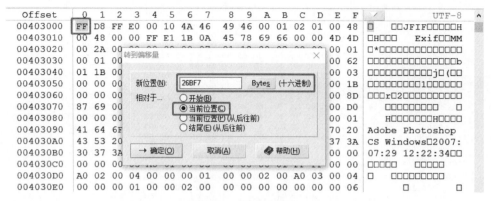

图 3-92　转到偏移量

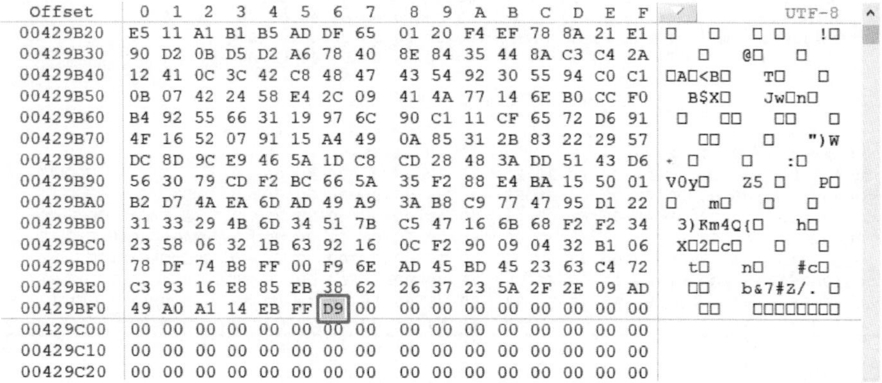

图 3-93　图片文件尾字节

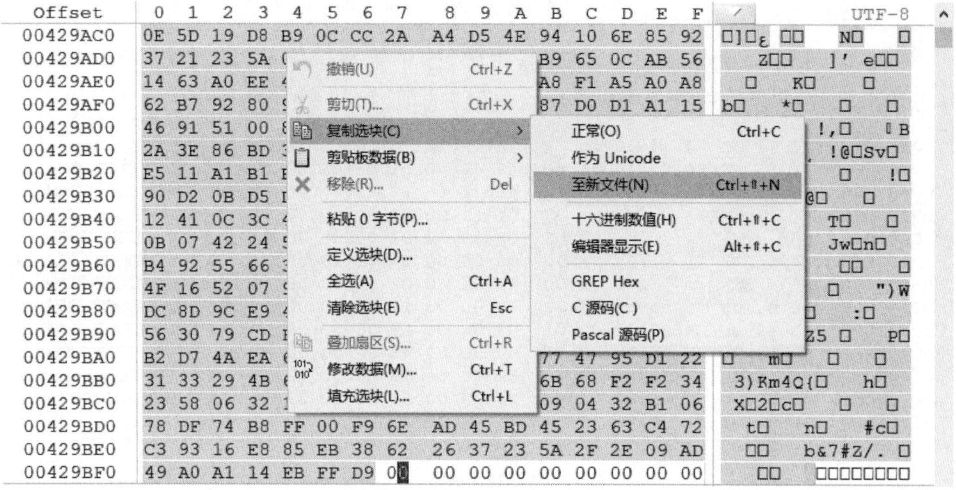

图 3-94　复制文件选块

步骤 11：选择保存路径为桌面，文件名为"恢复.jpg"（图 3-95），单击"保存"按钮，即在桌面上成功恢复该图片文件，如图 3-96 所示。

3. 非连续存储文件的删除恢复

步骤 1：在 FAT32 分区（VHD）中创建一个文本文件 test.txt，写入一些数据后保存。

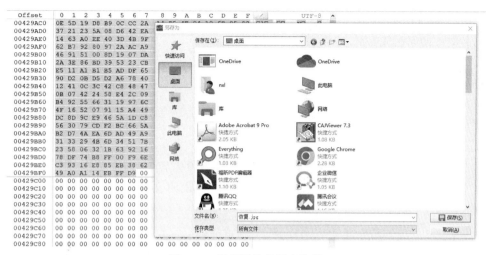

图 3-95 恢复图片的保存路径

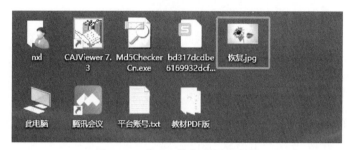

图 3-96 桌面上恢复的图片文件

然后在该分区中存入另一文件，再次打开 test. txt 文件对其中内容进行增加（增加内容超过 1 簇），可多次重复该操作，文件会更“碎片”地存储。最后删除 test. txt 文件。

步骤 2：用 WinHex 打开该分区，找到该分区的起始扇区，即引导记录 DBR。通过解析获知每簇扇区数、FAT 区起始扇区、FDT 区起始扇区。解析过程同上，不再赘述。

步骤 3：找到该删除文件的目录项，如图 3-97 所示。

ffset	0	1	2	3	4	5	6	7	8	9	A	B	C	D	E	F	ANSI ASCII
400000	D0	C2	BC	D3	BE	ED	20	20	20	20	20	08	00	00	00	00	ĐÂ¼Ó¾í
400010	00	00	00	00	00	00	F5	58	3C	55	00	00	00	00	00	00	õX<U
400020	42	20	00	49	00	6E	00	66	00	6F	00	0F	00	72	72	00	B I n f o rr
400030	6D	00	61	00	74	00	69	00	6F	00	00	00	6E	00	00	00	m a t i o n
400040	01	53	00	79	00	73	00	74	00	65	00	0F	00	72	6D	00	S y s t e rm
400050	20	00	56	00	6F	00	6C	00	75	00	00	00	6D	00	65	00	V o l u m e
400060	53	59	53	54	45	4D	7E	31	20	20	20	16	00	96	F4	58	SYSTEM~1 –ôX
400070	3C	55	3C	55	00	00	F5	58	3C	55	03	00	00	00	00	00	<U<U õX<U
400080	E5	B0	65	FA	5E	87	65	2C	67	87	65	0F	00	D2	63	68	å°eú^‡e,g‡e Òch
400090	2E	00	74	00	78	00	74	00	00	00	00	00	FF	FF	FF	FF	. t x t ÿÿÿÿ
4000A0	E5	C2	BD	A8	CE	C4	7E	31	54	58	54	20	00	13	DD	59	åÂ½¨ÎÄ~1TXT ÝY
4000B0	3C	55	3C	55	00	00	E0	59	3C	55	00	00	00	00	00	00	<U<U àY<U
4000C0	24	52	45	43	59	43	4C	45	42	49	4E	16	00	27	DD	59	$RECYCLEBIN 'ÝY
4000D0	3C	55	3C	55	00	00	E0	59	3C	55	05	00	00	00	00	00	<U<U àY<U
4000E0	E5	45	53	54	20	20	20	20	54	58	54	20	18	13	DD	59	åEST TXT ÝY
4000F0	3C	55	3C	55	00	00	14	86	3C	55	07	00	4C	2C	00	00	<U<U †<U L,
400100	41	CE	98	4B	4E	37	8C	2E	00	6A	00	0F	00	7B	70	00	AÎ˜KN7Œ. j {p
400110	67	00	00	00	FF	FF	FF	FF	FF	FF	00	00	FF	FF	FF	FF	g ÿÿÿÿÿÿ ÿÿÿÿ
400120	B7	E7	D6	AE	B9	C8	20	20	4A	50	47	20	00	24	51	5D	·çÖ®¹È JPG $Q]
400130	3C	55	3C	55	00	00	2C	B5	17	4F	08	00	39	A2	01	00	<U<U ,µ O 9¢
400140	54	44	20	20	20	20	20	20	4A	50	47	20	18	76	0D	86	TD JPG v †
400150	3C	55	3C	55	00	00	80	5D	93	4E	26	00	2E	0E	00	00	<U<U €]“N& .

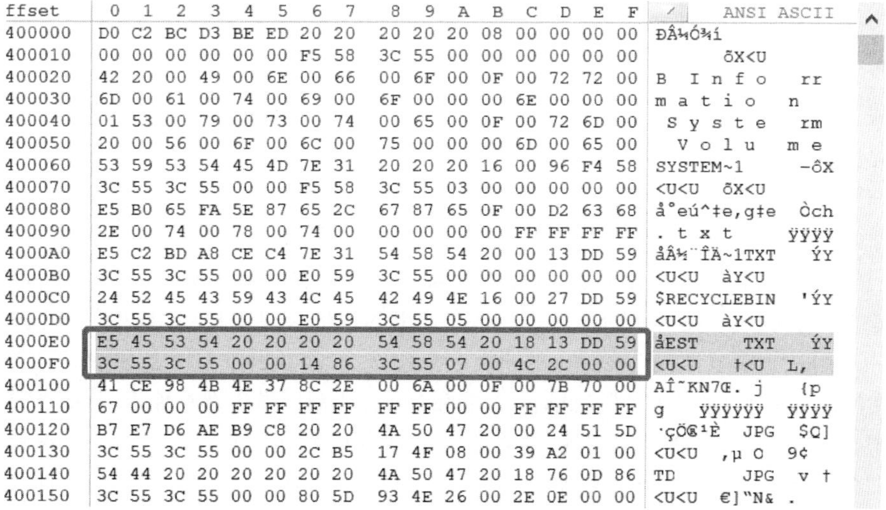

图 3-97 删除文件的目录项

步骤4：分析该文件目录项，获得以下信息：

(1) 文件的起始簇号高 16 位：0x14～0x15：00-00；

(2) 文件的起始簇号低 16 位：0x1A～0x1B：00-07；

(3) 文件的长度 0x1C～0x1F：00-00-2C-4C。

可得：

文件的起始簇为：7 号簇；

文件大小为：11340 字节。

步骤5：跳转到 FAT1 位置，查看 FAT 中 7 号表项内容（对应数据区 7 号簇的状态），7 号表项内容为 00-00-00-25（小端），如图 3-98 所示，说明文件存储的下一簇为 0x25，即 37 号簇。

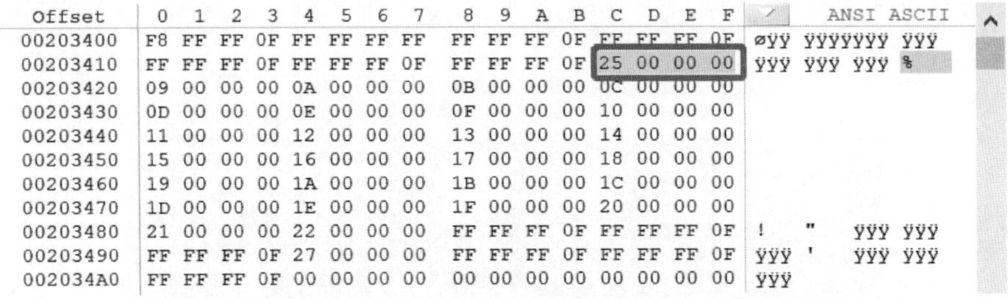

Offset	0 1 2 3	4 5 6 7	8 9 A B	C D E F	/	ANSI ASCII
00203400	F8 FF FF 0F	FF FF FF FF	FF FF FF 0F	FF FF FF 0F		øÿÿ ÿÿÿÿÿÿÿ ÿÿÿ
00203410	FF FF FF 0F	FF FF FF 0F	FF FF FF 0F	25 00 00 00		ÿÿÿ ÿÿÿ ÿÿÿ %
00203420	09 00 00 00	0A 00 00 00	0B 00 00 00	0C 00 00 00		
00203430	0D 00 00 00	0E 00 00 00	0F 00 00 00	10 00 00 00		
00203440	11 00 00 00	12 00 00 00	13 00 00 00	14 00 00 00		
00203450	15 00 00 00	16 00 00 00	17 00 00 00	18 00 00 00		
00203460	19 00 00 00	1A 00 00 00	1B 00 00 00	1C 00 00 00		
00203470	1D 00 00 00	1E 00 00 00	1F 00 00 00	20 00 00 00		
00203480	21 00 00 00	22 00 00 00	FF FF FF 0F	FF FF FF 0F		! " ÿÿÿ ÿÿÿ
00203490	FF FF FF 0F	27 00 00 00	FF FF FF 0F	FF FF FF 0F		ÿÿÿ ' ÿÿÿ ÿÿÿ
002034A0	FF FF FF 0F	00 00 00 00	00 00 00 00	00 00 00 00		ÿÿÿ

图 3-98　FAT1 中 7 号表项内容

步骤6：同样地在 FAT 中查看 37 号簇的状态，FAT 中 37 号表项为 00-00-00-27（39），如图 3-99 所示，说明 37 号簇的下一簇为 39 号簇。

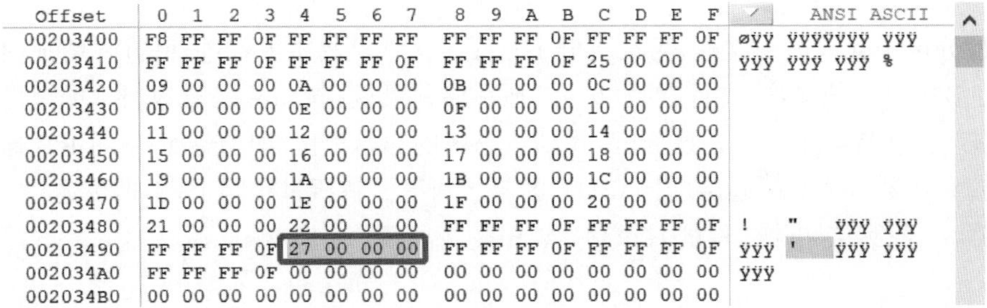

Offset	0 1 2 3	4 5 6 7	8 9 A B	C D E F	/	ANSI ASCII
00203400	F8 FF FF 0F	FF FF FF FF	FF FF FF 0F	FF FF FF 0F		øÿÿ ÿÿÿÿÿÿÿ ÿÿÿ
00203410	FF FF FF 0F	FF FF FF 0F	FF FF FF 0F	25 00 00 00		ÿÿÿ ÿÿÿ ÿÿÿ %
00203420	09 00 00 00	0A 00 00 00	0B 00 00 00	0C 00 00 00		
00203430	0D 00 00 00	0E 00 00 00	0F 00 00 00	10 00 00 00		
00203440	11 00 00 00	12 00 00 00	13 00 00 00	14 00 00 00		
00203450	15 00 00 00	16 00 00 00	17 00 00 00	18 00 00 00		
00203460	19 00 00 00	1A 00 00 00	1B 00 00 00	1C 00 00 00		
00203470	1D 00 00 00	1E 00 00 00	1F 00 00 00	20 00 00 00		
00203480	21 00 00 00	22 00 00 00	FF FF FF 0F	FF FF FF 0F		! " ÿÿÿ ÿÿÿ
00203490	FF FF FF 0F	27 00 00 00	FF FF FF 0F	FF FF FF 0F		ÿÿÿ ' ÿÿÿ ÿÿÿ
002034A0	FF FF FF 0F	00 00 00 00	00 00 00 00	00 00 00 00		ÿÿÿ
002034B0	00 00 00 00	00 00 00 00	00 00 00 00	00 00 00 00		

图 3-99　FAT1 中 37 号表项内容

步骤7：以此类推，可以发现 39 号表项的状态为 0F-FF-FF-FF（结束标识）。

由此可知，文件一共分为 3 块存储：7 号簇、37 号簇、39 号簇，其中 39 号簇为文件存储的最后一簇，一般情况下未存满。

步骤8：选中 7 号簇（8 扇区）所有字节，保存为新文件在桌面上，命名为"1"，如图 3-100 所示。同样，选中 37 号簇所有字节，保存在桌面上，命名为"2"。

步骤9：找到 39 号簇的起始字节，右击，在弹出的快捷菜单中选择"选块起始"选项，找到 39 号簇中最后一个字节，右击，在弹出的快捷菜单中选择"选块结束"选项，如图 3-101 所示，保存为新文件在桌面上，命名为"3"。此时，文件的 3 个分块都已导出在桌面上，如图 3-102 所示。

步骤10：打开 cmd 命令行工具，进入 3 个文件分块所在的目录下，利用 cmd 命令行工具"copy"命令，将文件的 3 个分块组合成 1 个文件，如图 3-103 所示。即在桌面上生成了 txt 文件，完成了碎片文件的恢复，如图 3-104 所示。

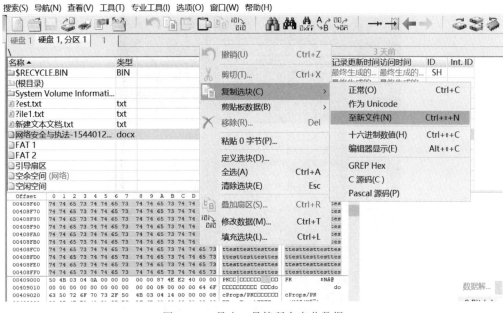

图 3-100　导出 7 号簇所有字节数据

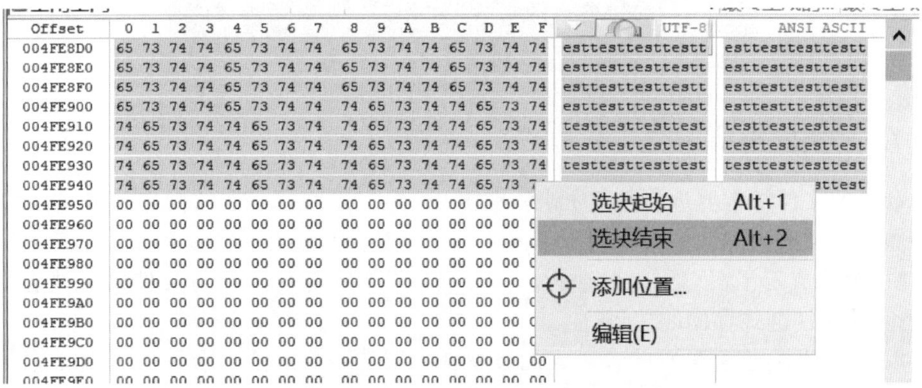

图 3-101　导出文件第三块内容

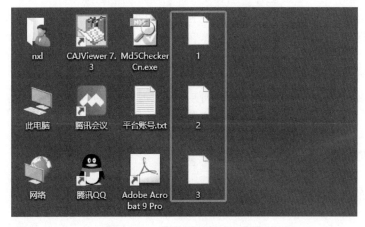

图 3-102　恢复的文件三个分片

图 3-103 "copy"命令组合文件碎片

图 3-104 拼接完成的 txt 文件

3.7.4 实验小结

磁盘上的文件常常要进行创建、删除、增长、缩短等操作。这样的操作越多,盘上的文件就被存储得越零散。即同一个文件的数据并不一定完整地存放在磁盘的一个连续的区域内,而往往会分成若干段,像一条链子一样存放,这种存储方式称为文件的链式存储。而 FAT 是实现文件链式存储的关键。

在取证过程中,恢复被删除或丢失的数据是一项重要的工作。当一个文件被删除时,文件系统中存储的文件内容等数据不会立即消失。已删除的数据在被其他的新数据覆盖之前,一直都完整地存在于原始位置。当在 FAT 文件系统中删除一个文件时,操作系统会更新目录项,将文件目录项的第一个字节设置为一个特殊字符,即十六进制的 0xE5,表示这是一个被删除的目录项。除第一个字节之外,目录项中的其他位置信息都未发生变化。换句话说,目录项中剩余的文件名、扩展名、创建日期和时间、权限、大小、文件起始簇地址等均保持不变。且文件的数据在数据区中保持不变。

基于此,我们找到文件的目录项并解析后,可根据 FAT 进一步获知文件的存储"链"如何构成,而后即可在数据区找到文件的各个分片,拼接出完整的文件内容。

3.8 NTFS 文件系统数据恢复

3.8.1 预备知识:NTFS 文件系统原理

NTFS 的英文全称为"new technology file system",中文意为 NT 文件系统,是 Windows NT 以及之后操作系统的标准文件系统,具有安全性、可恢复性、容错性、文件压缩、硬盘配额等优势。FAT32 文件系统的出现对于 FAT16 而言，可以说是有了比较明显的改善，但 NTFS 对 FAT32 的改进，就必须得用"卓越"来形容了。

NTFS 文件系统同 FAT32 文件系统一样，也是用"簇"为存储单位，一个文件总是占用一个或多个簇。但与 FAT32 文件系统不同的是，NTFS 文件系统将所有的数据，包括文件系统管理数据都作为文件进行管理，所以 NTFS 文件系统中所有扇区都被分配以簇号，并从 0 开始对所有簇进行编号，文件系统的 0 号扇区为 0 号簇的起始位置。

NTFS 文件系统使用逻辑簇号(LCN)和虚拟簇号(VCN)对分区进行管理。

逻辑簇号：即对分区内的第一个簇到最后一个簇进行编号，NTFS 使用逻辑簇号对簇进行定位。

虚拟簇号：即将文件所占用的簇从开头到结尾进行编号，虚拟簇号不要求在物理上是连续的。

一个 NTFS 系统是由分区引导扇区、主文件表(MFT)和数据区组成，另外 MFT 有一部分重要备份在数据区，数据结构如图 3-105 所示。

图 3-105　NTFS 文件系统数据结构

1. 分区引导扇区

分区引导扇区包含了 NTFS 文件系统结构的关键信息。与 FAT 的引导扇区类似，NTFS 的引导扇区描述了文件系统的数据结构，如簇大小、MFT 项(MFT entry，或称 MFT 文件记录项)大小及 MFT 起始簇地址等。

分区引导扇区中的第一个扇区为 DBR，由"跳转指令""OEM 代号""BPB""引导程序"和"结束标志"组成，这里和 FAT32 文件系统的 DBR 一样，具体如下：

① 0x00～0x02：跳转指令。NTFS 文件系统中跳转指令为"EB 52 90"，意为转到 0x52 字节。

② 0x03～0x0A：OEM 代号。固定为"4E-54-46-53-20-20-20-20"，表示"NTFS"。

③ 0x0B～0x53：BPB。记录了有关该文件系统的重要信息，共 73 字节，具体见表 3-12。

表 3-12　BPB 参数信息

偏　移　量	字　节　数	含　　义
0x0B	2	每扇区字数
0x0D	1	每簇扇区数
0x0E	2	保留扇区数
0x10	3	总为 0
0x13	1	不使用
0x14	2	存储介质描述符，硬盘为 F8
0x16	2	总为 0
0x18	2	逻辑每磁道扇区数
0x1A	2	逻辑磁头数
0x1C	4	系统隐含扇区数

续表

偏 移 量	字 节 数	含 义
0x20	4	不使用
0x24	4	不使用,总是 80 00 80 00
0x28	8	扇区总数,即分区大小
0x30	8	$MFT 的开始簇号
0x38	8	$MFTmirr 的开始簇号
0x40	4	每个 MFT 记录的簇数
0x44	4	每索引的簇数
0x48	8	分区的逻辑序列号
0x50	4	校验和,一般都为 0

④ 0x54～0x1FD：引导程序。负责将系统文件 NTLDR 装入,对于没有安装系统的分区是无效的。

⑤ 0x1FE～0x1FF：结束标志。为"55 AA"。

2. MFT

MFT(master file table,主文件表)对于 NTFS 文件系统来说尤为重要,在 NTFS 文件系统中,磁盘上的所有数据都是以文件的形式存储,其中包括元文件。每个文件都有一个或多个文件记录,每个文件记录占用两个扇区。MFT 的前 16 个文件记录总是元文件的,并且顺序是固定不变的,如表 3-13 所示。第一个 MFT(MFT 0 或 $MFT)用于描述 MFT 本身,记录了 MFT 的大小和位置。第二个 MFT(MFT 1 或 $MFTMirr)是 MFT 中第一个表项的备份。后续保存的是每一个文件和每一个目录所对应的MFT 项。

表 3-13　NTFS 文件系统元文件

序 号	元 文 件	描 述
0	$MFT	主文件表
1	$MFTMirr	主文件表前几项的备份
2	$LogFile	日志文件,记录元数据变化
3	$Volume	卷文件,包含卷标及版本信息等
4	$AttrDef	属性定义列表,定义每种属性的名字和类型
5	$Root	根目录文件
6	$Bitmap	位图文件,每一个二进制位对应一个簇的状态,1 表示该簇已分配,0 表示该簇未分配
7	$Boot	引导文件,DBR 扇区是引导文件的第一个扇区
8	$BadClus	坏簇记录文件,防止文件系统再次分配这些簇
9	$Secure	文件的安全属性和访问控制(仅用于 Windows 2000 和 Windows XP)
10	$UpCase	大小写字符转换表文件
11	$Extend	扩展属性如 $Quota(磁盘配额)、$ObjId(对象 ID 文件)和 $Reparse(重解析点文件)
12～15	⋮	其他属性预留

由于 NTFS 文件系统是通过 MFT 来确定文件在磁盘上的位置以及文件的属性,所以 MFT 是非常重要的,MFT 的起始位置在 DBR 中有描述。

3. 文件记录

文件记录由三部分组成，一部分是文件记录头，然后是属性列表，最后结尾为 4 字节的"FF"，文件记录的结构如图 3-106 所示。

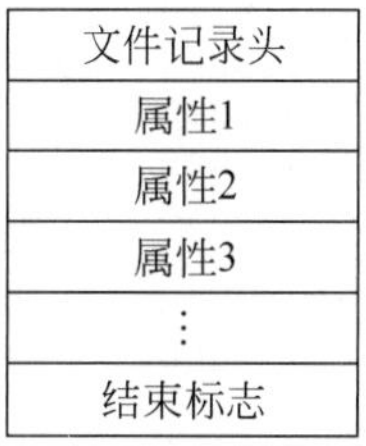

在同一个操作系统中，文件记录头的长度和偏移位置的数据含义是基本不变的，属性列表会随着数据的不同而不同，不同的属性有着不同的含义。如图 3-107 所示，偏移量 0x00～0x37 是一个文件记录头，文件记录头各字节的具体含义如表 3-14 所示。

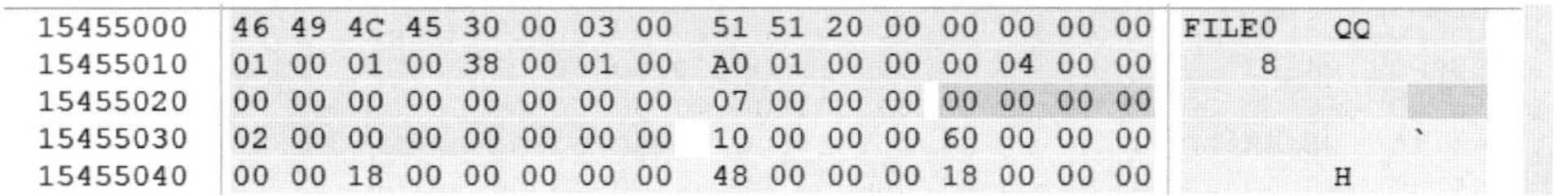

图 3-106　文件记录结构

```
15455000  46 49 4C 45 30 00 03 00  51 51 20 00 00 00 00 00   FILE0   QQ
15455010  01 00 01 00 38 00 01 00  A0 01 00 00 00 04 00 00           8
15455020  00 00 00 00 00 00 00 00  07 00 00 00 00 00 00 00
15455030  02 00 00 00 00 00 00 00  10 00 00 00 60 00 00 00
15455040  00 00 18 00 00 00 00 00  48 00 00 00 18 00 00 00           H
```

图 3-107　文件记录头

表 3-14　文件记录头各字节含义

偏 移 量	字 节 数	含 义
0x00	4	固定值，总为"FILE"
0x04	2	更新序列号的偏移
0x06	2	更新序列号与更新数组大小(以字为单位)
0x08	8	日志文件序列号(每次记录修改，该序列号加 1)
0x10	2	序列号
0x12	2	硬连接数，即有多少目录指向该文件
0x14	2	第一个属性的偏移地址
0x16	2	标志字节，0x00 表示删除文件，0x01 表示正常文件，0x02 表示删除目录，0x03 表示正常目录
0x18	4	文件记录实际大小
0x1C	4	文件记录分配大小
0x20	8	基本文件记录的文件索引号
0x28	2	下一属性 ID，当增加新的属性时，将该值分配给新属性，然后该值增加，如果 MFT 记录重新使用，则将它置为 0，第一个实例总是 0
0x2A	2	边界，Windows XP 中使用，本记录使用的两个扇区的最后两个字节的值
0x2C	4	Windows XP 中使用，本文件记录号
0x30	2	更新序列号
0x32	4	更新数组

在 NTFS 文件系统中所有与文件相关的数据结构均被认为是属性，包括文件的内容。文件记录是一个与文件相对应的文件属性数据库，它记录了文件的所有属性。每个文件记录中都有多个属性，它们相对独立，有各自的类型和名称。如图 3-108 所示，在 0x38 之后的 4 大块颜色数据是 4 条属性，描述名称、时间、索引等信息，最后以"FF FF FF FF"结束。

每个属性都由两部分组成，即属性头和属性体，如图 3-109 所示。其中，属性头的前 4 字节为属性的类型。

另外，属性还有常驻与非常驻之分。当一个文件很小时，其所有属性体都可以存放在文件记录中，该属性就称为常驻属性。如果某个文件很大，1KB(2 个扇区)的文件记录无法记

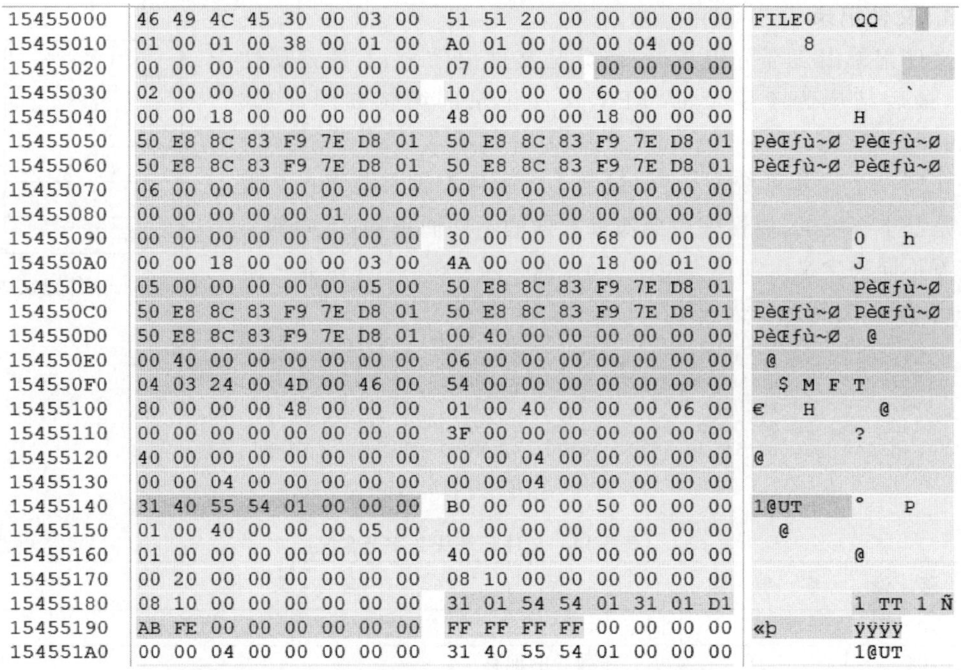

```
15455000  46 49 4C 45 30 00 03 00  51 51 20 00 00 00 00 00   FILE0    QQ
15455010  01 00 01 00 38 00 01 00  A0 01 00 00 00 04 00 00            8
15455020  00 00 00 00 00 00 00 00  07 00 00 00 00 00 00 00
15455030  02 00 00 00 00 00 00 00  10 00 00 00 60 00 00 00                              `
15455040  00 00 18 00 00 00 00 00  48 00 00 00 18 00 00 00            H
15455050  50 E8 8C 83 F9 7E D8 01  50 E8 8C 83 F9 7E D8 01   PèŒfù~Ø  PèŒfù~Ø
15455060  50 E8 8C 83 F9 7E D8 01  50 E8 8C 83 F9 7E D8 01   PèŒfù~Ø  PèŒfù~Ø
15455070  06 00 00 00 00 00 00 00  00 00 00 00 00 00 00 00
15455080  00 00 00 00 00 01 00 00  00 00 00 00 00 00 00 00
15455090  00 00 00 00 00 00 00 00  30 00 00 00 68 00 00 00            0       h
154550A0  00 00 18 00 00 00 03 00  4A 00 00 00 18 00 01 00            J
154550B0  05 00 00 00 00 00 05 00  50 E8 8C 83 F9 7E D8 01           PèŒfù~Ø
154550C0  50 E8 8C 83 F9 7E D8 01  50 E8 8C 83 F9 7E D8 01   PèŒfù~Ø  PèŒfù~Ø
154550D0  50 E8 8C 83 F9 7E D8 01  00 40 00 00 00 00 00 00   PèŒfù~Ø  @
154550E0  00 40 00 00 00 00 00 00  06 00 00 00 00 00 00 00    @
154550F0  04 03 24 00 4D 00 46 00  54 00 00 00 00 00 00 00     $ M F T
15455100  80 00 00 00 48 00 00 00  01 00 40 00 00 06 00 00   €   H       @
15455110  00 00 00 00 00 00 00 00  3F 00 00 00 00 00 00 00                    ?
15455120  40 00 00 00 00 00 00 00  00 00 04 00 00 00 00 00   @
15455130  00 00 04 00 00 00 00 00  00 00 00 00 00 00 00 00
15455140  31 40 55 54 01 00 00 00  B0 00 00 00 50 00 00 00   1@UT     °   P
15455150  01 00 40 00 00 00 05 00  00 00 00 00 00 00 00 00     @
15455160  01 00 00 00 00 00 00 00  40 00 00 00 00 00 00 00           @
15455170  00 20 00 00 00 00 00 00  08 10 00 00 00 00 00 00
15455180  08 10 00 00 00 00 00 00  31 01 54 54 01 31 01 D1           1 TT 1 Ñ
15455190  AB FE 00 00 00 00 00 00  FF FF FF FF 00 00 00 00   «þ       ÿÿÿÿ
154551A0  00 00 04 00 00 00 00 00  31 40 55 54 00 00 00 00            1@UT
```

图 3-108 文件记录

```
0000003000  46 49 4C 45 30 00 03 00  DC B3 72 C5 02 00 00 00
0000003010  01 00 01 00 38 ..            A8 01 00 00 00 04 00 00
0000003020  00 00 00 00 00 00 ..  ┌─属性头─┐  06 00 00 00 00 00 00 00
0000003030  AB 83 00 00 00 00 00 00  10 00 00 00 60 00 00 00
0000003040  00 00 18 00 00 00 00 00  48 00 00 00 18 00 00 00
0000003050  60 0C 4E B6 D1 78 CF 01  60 0C 4E B6 D1 78 CF 01
0000003060  60 0C 4E B6 D1 78 CF 01  60 0C 4E B6 D1 78 CF 01
0000003070  06 00 00 00 00 00 00 00  00 00 00 00 00 00 00 00
0000003080  00 00 00 00 00 01 00 00  00 00 00 00 00 00 00 00
0000003090  00 00 00 00 00 00 00 00  ←属性体   00 68 00 00 00
00000030A0  00 00 18 00 00 00 03 00                  00 18 00 01 00
```

图 3-109 属性结构

录所有属性时,则文件系统会在 MFT 元文件之外的区域(也称数据流)存放该文件的其他文件记录属性,这些存放在非 MFT 元文件内的记录就称为非常驻属性。出现非常驻属性一般是由于 DATA 文件较大,即 80H 属性大。

属性头中包含了该属性的重要信息,如属性类型、属性大小、是否为常驻属性等。而常驻属性与非常驻属性的属性头结构略有不同。常驻属性的属性头信息如表 3-15 所示。非常驻属性的属性头信息如表 3-16 所示。

表 3-15 常驻属性的属性头各字节含义

偏移量	字节数	含义
0x00	4	属性类型
0x04	4	整个属性的长度
0x08	1	是否为常驻属性,0x00 表示常驻
0x09	1	属性名的长度,0x00 表示无属性名
0x0A	2	属性名的开始偏移

续表

偏 移 量	字 节 数	含 义
0x0C	2	标志位（压缩、加密、稀疏）
0x0E	2	属性 ID
0x10	4	属性体的长度
0x14	2	属性体的开始偏移位置
0x16	1	索引标志
0x17	1	填充
0x18	—	属性体开始

表 3-16　非常驻属性的属性头各字节含义

偏 移 量	字 节 数	含 义
0x00	4	属性类型
0x04	4	整个属性的长度
0x08	1	是否为常驻属性，0x01 表示非常驻
0x09	1	属性名的长度，0x00 表示无属性名
0x0A	2	属性名的开始偏移
0x0C	2	标志位（压缩、加密、稀疏）
0x0E	2	属性 ID
0x10	8	属性体的起始虚拟簇号 VCN
0x18	8	属性体的结束虚拟簇号 VCN
0x20	2	Data Run 的偏移地址
0x22	2	压缩单位大小，2 的 N 次方
0x24	4	不使用
0x28	8	属性体的分配大小
0x30	8	属性体的实际大小
0x38	8	属性体的初始大小
0x40	—	Data Run 信息开始

属性的种类很多，因此各属性体的含义也不同。NTFS 文件系统中常见的文件属性如表 3-17 所示。

表 3-17　NTFS 文件系统常见属性类型

属性类型（属性偏移 0x00～0x03 数据，小端）	属 性 名 称	属 性 含 义
10H	$STANDARD_INFORMATION	标准属性，包含文件的基本属性（如只读、系统、存档）、时间属性、硬连接数等
20H	$ATTRIBUTE_LIST	属性列表，当一个文件需要多个文件记录时，描述文件的属性列表
30H	$FILE_NAME	文件名属性（UNICODE 编码）
40H	$OBJECT_ID	对象 ID 属性，64 字节的标志符，其中最低 16 位对卷来说是唯一的
50H	$SECURITY_DESCRIPTOR	安全描述符属性，文件访问控制安全属性
60H	$VOLUME_NAME	卷名属性
70H	$VOLUME_INFOMATION	卷信息属性

续表

属性类型（属性偏移 0x00~0x03 数据,小端）	属 性 名 称	属 性 含 义
80H	$DATA	文件的数据属性
90H	$INDEX_ROOT	索引根属性
A0H	$INDEX_ALLOCATION	索引分配,90H 属性的拓展版(90H 属性只能在 MFT 内记录文件列表,A0H 属性将文件列表记录到数据区可以记录更多文件)
B0H	$BITMAP	位图属性
C0H	$REPARSE_POINT	重解析点属性
D0H	$EA_INFORMATION	拓展属性信息
E0H	$EA	拓展属性
100H	$LOGGED_UTILITY_STREAM	EFS 加密属性

上表中的两个属性 $STANDARD_INFORMATION 和 $FILE_NAME 包含了文件系统的所有 4 个时间戳信息（创建时间、修改时间、更改时间、访问时间）。操作系统在更新时间戳信息时应该同时更新两个属性,但实际研究表明,不同操作系统的具体表现有所不同,有些只更新 $STANDARD_INFORMATION,有些只更新 $FILE_NAME,所以在分析 NTFS 文件系统的时间属性时需要格外注意。

NTFS 文件系统里每个文件至少要占用一个 MFT 项,而 MFT 项的大小只有 1024 字节,如果一个文件有太多属性,那么这些属性就需要占用其他 MFT 项。在 NTFS 文件系统里,增加的 MFT 项使用 $ATTRIBUTE_LIST 属性进行记录。每种属性的结构不尽相同。取证中关注的几个重要属性如下:

① 10H 属性被称为标准信息属性,英文标识为 $STANDARD_INFORMATION。10H 属性是所有文件记录所必备的属性,它包含了许多文件或文件夹的基本信息,如:文件或文件夹的创建时间、文件或文件夹的修改时间、目录硬连接数等。

② 30H 属性被称为文件名属性,英文标识为 $FILE_NAME。30H 属性常紧跟于 10H 属性之后,用于描述文件名以及文件或文件夹更详细的信息,如:文件名长度、文件大小、文件名命名空间、文件名 Unicode 码等。

③ 80H 属性被称为数据属性,英文标识为 $DATA。该属性容纳着文件的数据内容。80H 属性是整个文件属性中最重要的部分,可大概分为 3 种类型:一是只有属性头无属性体,这种情况主要存在于小型文本文件中,文件大小为 0 字节,即文件内容为空,因此数据属性为空,无需属性体记录数据。二是常驻属性,这种情况存在于文件内容简短的情况下,为了节省空间,不额外分配簇进行存储,直接在 80H 属性体内存储文件数据,最后以"FF FF FF FF"为结束标志。三是非常驻属性,这是 80H 属性中最复杂最重要的类型。在此种情况中,文件内容大于 80H 属性体最大长度,因此采用数据运行列表(data run list)的方式存储数据信息,80H 属性体中记录数据运行列表。

④ 90H 属性被称为索引根属性,英文标识为 $INDEX_ROOT。90H 属性主要存在于 $MFT 的文件夹记录中,一般为常驻属性。该属性是实现 NTFS 文件系统的 B+树索引的根节点。

⑤ A0H 属性被称为索引根拓展属性,英文标识为 $INDEX_ALLOCATION。该属性

包含一个B树的子节点,是一个非常驻属性。对于小型目录,此属性不存在,所有信息将保存在$INDEX_ROOT结构中。这个属性的内容是一个或多个索引记录(index rocord),每个索引节点(这里是B树节点)有一个记录。每个索引记录包含一个或多个索引条目(index entry)结构,这些结构与$INDEX_ROOT相同。

通过以上几个文件重要属性的解析,就能获知在取证中较为关注的文件信息,如文件名、文件的时间、文件的位置、文件的数据内容等。

3.8.2 实验目的与条件

1. 实验目的

通过本实验,读者重点掌握以下内容:
(1) 了解NTFS文件系统存储原理;
(2) 掌握NTFS文件系统各数据结构的解析;
(3) 掌握使用WinHex进行NTFS文件系统数据恢复的过程。

2. 实验条件

本实验所需要的软硬件清单如表3-18所示。

表3-18 NTFS文件系统数据恢复实验清单

序 号	设 备	数 量	参 数
1	取证工作站	1台	Windows XP以上
2	WinHex工具	1套	无

3.8.3 实验过程

1. 常驻文件的删除恢复

步骤1:创建虚拟磁盘VHD,并在该磁盘上建立NTFS分区。具体步骤见3.7.3节。

步骤2:在新建的VHD(E盘)中创建一个txt文件,写入较少的内容并保存,如图3-110所示。

图3-110 虚拟磁盘中新建小文件

步骤 3：按下"Shift+Delete"，将"test.txt"文件删除。

步骤 4：用 WinHex 工具打开 E 盘，可以看到该磁盘中的各文件情况，如图 3-111 所示。

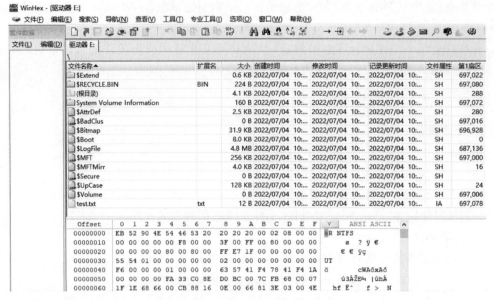

图 3-111　WinHex 中磁盘情况

步骤 5：要找到删除文件的内容，按照 NTFS 文件系统原理，必须先找到其文件记录。在该文件的文件记录中，会记录文件的名称、时间、数据等属性。现已知文件名为"test.txt"，由于 WinHex 以十六进制为核心，因此先将文件名转为十六进制 ASCII 编码（可用网页在线工具转换），如图 3-112 所示，为"0074006500730074002E007400780074"。

图 3-112　文件名 ASCII 编码

步骤 6：在 $MFT 中，向下搜索十六进制数据"0074006500730074002E007400780074"，如图 3-113 所示，单击"确定"按钮，即跳转到 $MFT 中文件"test.txt"所属文件记录，如图 3-114 所示。

步骤 7：按照 3.8.1 节理论知识，分析该文件记录，找到 80H 属性，即为文件的数据属性。在 80H 的属性头中 0x08 位置即为是否为常驻属性的标志位，可以看出该文件的 80H 属性为常驻属性，意味着该文件的数据内容直接记录在了 80H 属性体中。

步骤 8：在该 80H 属性的属性头中，0x10～0x13 位置为属性体的大小（00 00 00 0C），

图 3-113 在 $MFT 中搜索十六进制数据

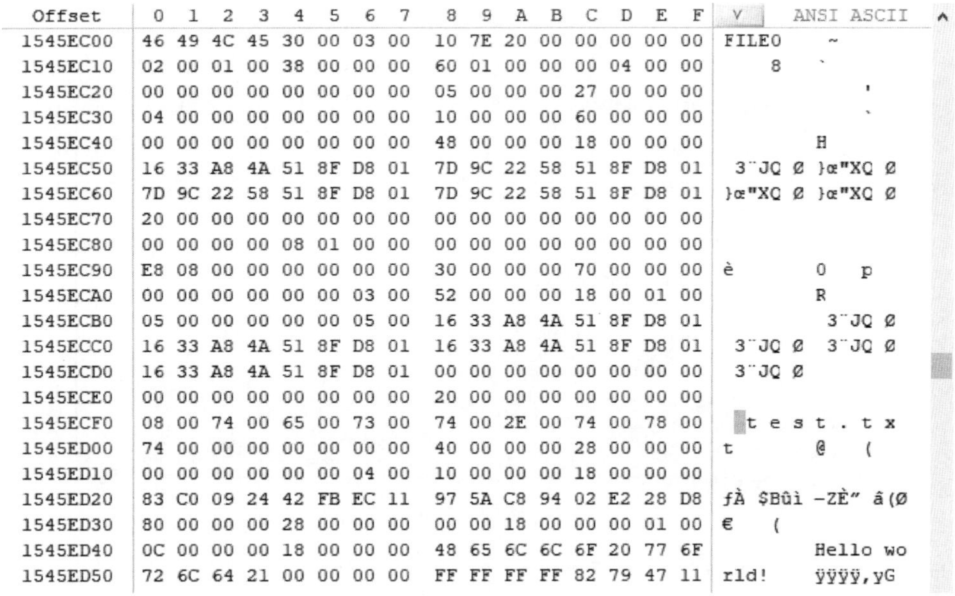

图 3-114 test.txt 的文件记录

0x18 位置即为常驻属性属性体的开始,即属性体中内容为"48 65 6C 6C 6F 20 77 6F 72 6C 64 21",如图 3-115 所示。

步骤 9：按照 ASCII 编码规则转换十六进制数据"48 65 6C 6C 6F 20 77 6F 72 6C 64 21"为"Hello World!",即为删除文件"test.txt"的内容。

至此完成了常驻文件的删除恢复！

2. 非常驻文件的删除恢复

步骤 1：在新建的 VHD(NTFS 文件系统)中存入图片文件"lena.jpg"。

步骤 2：按下"Shift+Delete",将"lena.jpg"文件删除,如图 3-116 所示。

步骤 3：用 WinHex 工具打开 E 盘,查看磁盘基本信息。

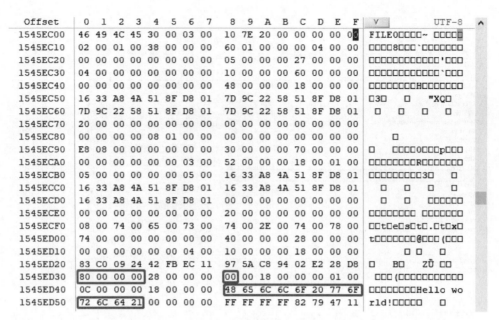

图 3-115　80H 属性解析

图 3-116　删除图片文件"lena.jpg"

步骤 4：使用编码转换工具将所要恢复文件的文件名"lena.jpg"转换为十六进制 ASCII 编码为"006c0065006e0061002e006a00700067"。

步骤 5：单击 $MFT，跳转到 $MFT 起始扇区，单击工具栏中的"查找十六进制数值"按钮，在弹出的对话框中，向下搜索十六进制数据"006c0065006e0061002e006a00700067"，具体如图 3-117 所示。

步骤 6：单击"确定"按钮，成功跳转到 $MFT 中"lena.jpg"的文件记录，如图 3-118 所示。

步骤 7：解析该文件记录，找到 80H 属性（数据属性），其中 0x08 位置为"01"，即该条属性为非常驻属性。也即是说，文件的数据属性较大，在文件记录中存储不下，因此，文件的数据内容存放于簇流之中。此时，80H 属性的属性体中存放的是指向文件簇流的索引（Data Runs）。

步骤 8：非常驻属性的属性体开始位置为 0x40，即 80H 属性的属性体中十六进制数据

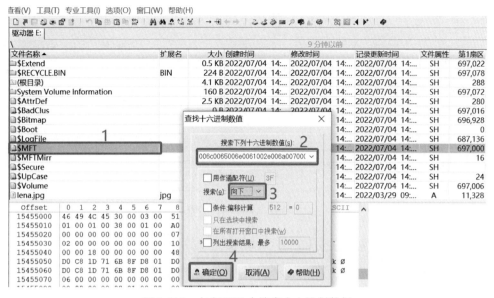

图 3-117　在 $MFT 中搜索十六进制数据

```
Offset     0  1  2  3  4  5  6  7  8  9  A  B  C  D  E  F    ANSI ASCII
1545E800  46 49 4C 45 30 00 03 00 FB 74 20 00 00 00 00 00   FILE0  ût
1545E810  02 00 01 00 38 00 00 00 58 01 00 00 00 04 00 00        8       X
1545E820  00 00 00 00 00 00 00 00 03 00 00 00 26 00 00 00                    &
1545E830  04 00 00 00 00 00 00 00 10 00 00 00 60 00 00 00                    `
1545E840  00 00 00 00 00 00 00 00 48 00 00 00 18 00 00 00            H
1545E850  A7 3A BA 80 6B 8F D8 01 00 4C 5C C5 31 DA D4 01   §:º€k ø  L\Å1ÚÔ
1545E860  57 40 64 DA 0B 43 D8 01 9F 61 BA 80 6B 8F D8 01   W@dÚ CØ Ÿaº€k ø
1545E870  20 00 00 00 00 00 00 00
1545E880  00 00 00 00 08 01 00 00
1545E890  00 00 00 00 00 00 00 00 30 00 00 00 70 00 00 00            0   p
1545E8A0  00 00 00 00 00 00 02 00 52 00 00 00 18 00 01 00            R
1545E8B0  05 00 00 00 00 00 05 00 A7 3A BA 80 6B 8F D8 01            §:º€k ø
1545E8C0  A7 3A BA 80 6B 8F D8 01 A7 3A BA 80 6B 8F D8 01   §:º€k ø §:º€k ø
1545E8D0  A7 3A BA 80 6B 8F D8 01 00 70 02 00 00 00 00 00   §:º€k ø  p
1545E8E0  00 00 00 00 00 00 00 00 20 00 00 00 00 00 00 00
1545E8F0  08 03 6C 00 65 00 6E 00 61 00 2E 00 6A 00 70 00        l e n a . j p
1545E900  67 00 00 00 00 00 00 00 80 00 00 00 48 00 00 00   g           €   H
1545E910  01 00 00 00 00 00 01 00 00 00 00 00 00 00 00 00
1545E920  26 00 00 00 00 00 00 00 40 00 00 00 00 00 00 00   &       @
1545E930  00 70 02 00 00 00 00 00 F7 6B 02 00 00 00 00 00    p      ÷k
1545E940  F7 6B 02 00 00 00 00 00 21 27 88 05 00 00 00 00   ÷k      !'ˆ
1545E950  FF FF FF FF 82 79 47 11 00 00 00 00 00 00 00 00   ÿÿÿÿ‚yG
```

图 3-118　"lena.jpg"文件记录

为"21 27 88 05 00",按照 Data Runs 的解析规则,该删除文件的数据内容位于从 0x588 开始的 0x27 个簇中。

步骤 9：单击工具栏中的"跳至扇区"按钮,输入簇号"1416(0x588)",单击"确定"按钮,如图 3-119 所示。即跳转至删除文件内容起始簇。

步骤 10：在 1416 号簇的首字节处右击,在弹出的快捷菜单中选择"选块起始位置"选项,如图 3-120 所示。

步骤 11：由于该删除文件的数据内容位于从 0x588(1416)开始的 0x27(39)个簇中。因此,文件的最后一簇为 1416＋39－1＝1454 号簇。同上,跳转到 1454 号簇,如图 3-121 所示。

图 3-119　跳转至删除文件内容起始簇

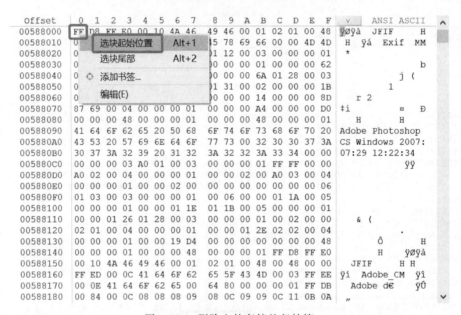

图 3-120　删除文件存储的起始簇

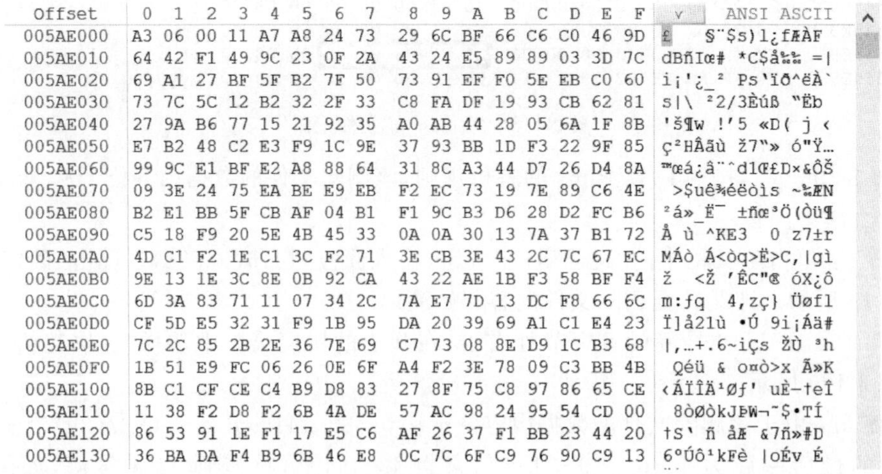

图 3-121　删除文件存储的最后一簇

步骤 12：由分区的 DBR 解析可知，该 E 分区中簇的大小为每簇 8 扇区，在该最后一簇中向下拉，直至找到文件的最后一字节(位于该簇的第 6 个扇区中)，在最后一字节上右击，在弹出的快捷菜单中选择"选块尾部"选项，如图 3-122 所示。

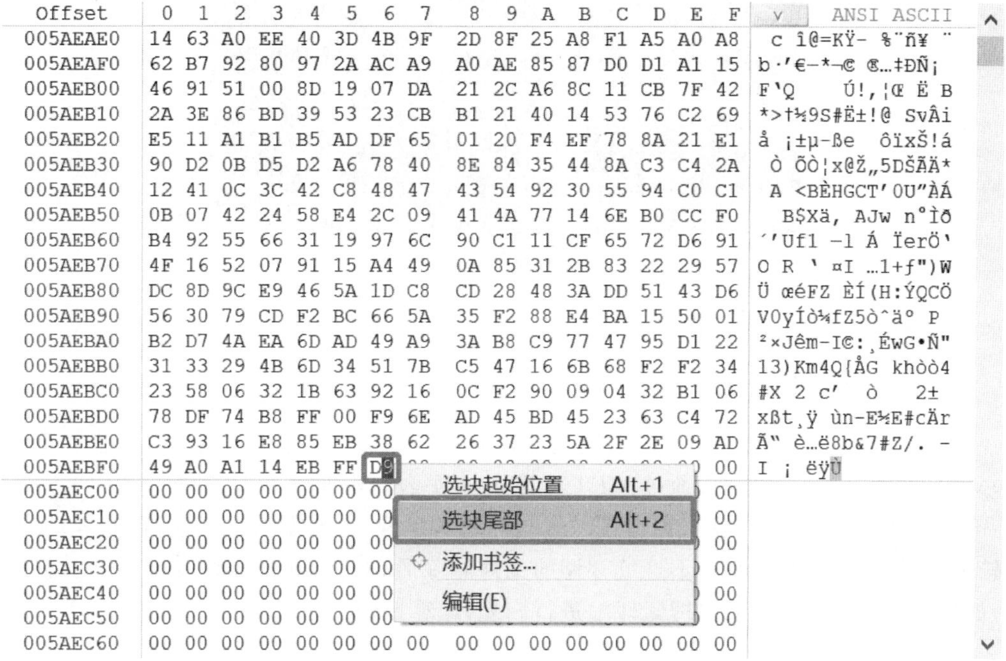

图 3-122　删除文件的最后一字节

步骤 13：由此，该删除文件的所有数据字节均被选中，在选中块上右击，在弹出的快捷菜单中选择"编辑"→"复制选块"→"至新文件"选项，如图 3-123 所示，保存在桌面上，命名为"huifu.jpg"，如图 3-124 所示。

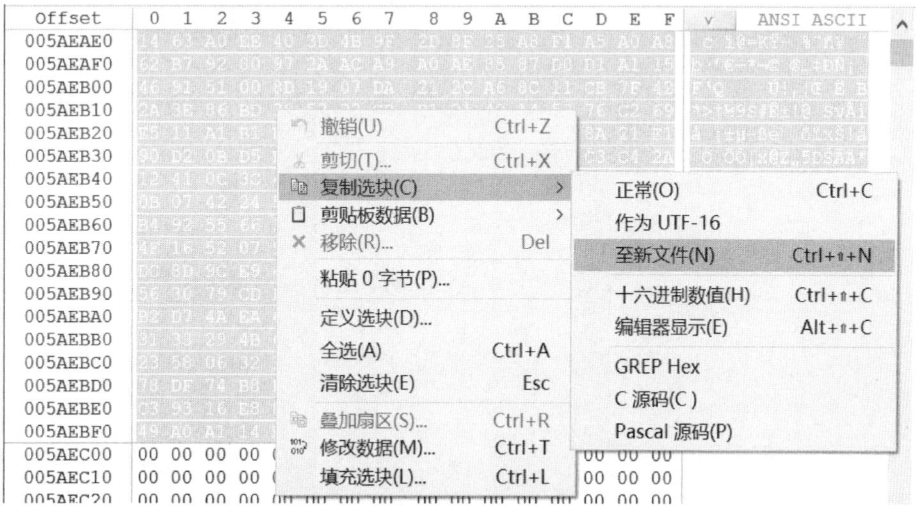

图 3-123　复制文件数据块至新文件

图 3-124　恢复删除图片文件至桌面

至此完成非常驻文件的删除恢复!

3.8.4　实验小结

NTFS 文件系统与 FAT 文件系统差别很大,在 NTFS 中所有数据均以文件的形式存在,MFT 文件记录尤为重要,通过 MFT 可以定位每一个文件。

本实验意在让读者掌握 NTFS 文件系统的基本原理,如数据结构、索引存储等,实验环境较为理想。在实际应用中,不连续存储的文件删除后,对于某些类型的文件,比如视频文件,如果根据数据结构上下文搜索匹配进行恢复,运算量较大。

第4章

智能终端取证实训

随着移动互联网的广泛应用,智能手机、手表、无人机等新型智能终端设备出现在各种各样的违法犯罪活动中,扮演越来越重要的角色,从智能终端中提取的数据常常包含与违法犯罪行为相关的重要线索和证据。因此,针对智能移动终端应用程序的数据进行取证对于遏制不法行为具有重要的意义。本章通过相关实验,让读者对常见的智能终端数据取证面临的问题有所了解,掌握如密码破解、数据库解密、应用程序分析等实战中常见的智能终端取证技术。

4.1 SQLite 数据库解密及分析

4.1.1 预备知识:SQLite 数据库、微信数据库

1. SQLite 数据库

SQLite 是一款开源的嵌入式数据库,它支持大多数的 SQL92 标准,并且可以在所有主要的操作系统上运行。SQLite 由以下几个部分组成:SQL 编译器、内核、后端以及附件。SQLite 利用虚拟机和虚拟数据库引擎(VDBE),使调试、修改和扩展 SQLite 的内核变得更加方便。所有 SQL 语句都被编译成易读的、可以在 SQLite 虚拟机中执行的程序集。SQLite 的整体结构如图 4-1 所示。

SQLite 体积小、性能高、可移植性强等特点,使其成为移动平台数据库的最佳解决方案。现今安卓和 iOS 均有内置的 SQLite 数据库来存储结构化数据。SQLite 可以支持高达 2TB 大小的数据库,在 SQLite 中,每一个数据库,无论包含多少数据表、保存了多少数据,都映射为一个单一的文件,以 B-树的数据结构形式存储在磁盘上。在安卓系统中,不同用户的数据将会被各自 App 管理,数据被创建并保存在各自应用对应的 SQLite 数据库目录下,如为某个 App 创建的数据库,其数据库文件位于安卓设备/data/data/package_name/databases 文件夹中。

由于 SQLite 是一款轻量型的数据库,其设计运行的嵌入式系统运算能力普遍有限,所以 SQLite 本身并不支持加密,但大部分的应用程序都不希望所有数据都被明文存储,因此需要对数据库进行加密,加密思路通常有两个:(1)对数据库内容进行加密,即对数据库中插入的字段内容,先进行 AES、MD5 等加密后再插入到数据库中,在使用时先从数据库中取出数据,然后再解密。这种加密方式虽然实现简单,但仅仅对数据进行了加密,仍可以看

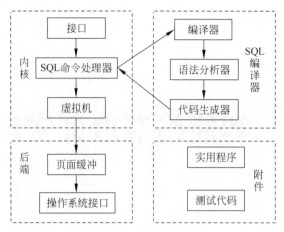

图 4-1　SQLite 整体结构

到数据表的 sql 语句,可能导致表结构暴露。(2)使用第三方的开源库,对整个数据库进行加密。这就需要修改 SQLite 源代码,追加对数据库文件进行加密的功能,使得在访问 API 基本不变的情况下,在将数据存储到磁盘上时,进行加密和解密操作。相较于第一种方式而言,第二种方式虽然实现难度大,但安全性更高。

SQLCipher 即是目前第二种加密方式中使用最为广泛的,它在 SQLite 基础之上进行了扩展,即扩展 SQLite API。SQLCipher 基于 Openssl 加密库,支持多种加密算法,默认算法为 256 位 AES(Advanced Encryption Standard,高级加密标准)。SQLCipher 采用的是数据库文件整体加密的策略,通过使用 SQLCipher,整个加密的过程对客户端是透明的,无须改动应用程序。

2. 微信数据库

微信目前已经开源了自己的数据库 WCDB(WeChat DataBase),该数据库基于 SQLite,加密使用的是开源的 SQLCipher。每个微信账号在登录过程中即生成该用户加密的 SQLite 数据库文件,以安卓系统为例,通常为位于/data/data/com.tencent.mm/MicroMsg/** 目录下的数据库文件,其中,** 表示一个 32 位字符串,是由每个微信号的 UIN 码加上 "mm"组成的字符串通过 MD5 散列函数加密得到。

其中,EnMicroMsg.db 文件存放了用户的个人信息、好友列表、聊天记录等,这些内容是微信取证工作中关注的重点。如果要得到某个微信用户的重要信息,必须对 EnMicroMsg.db 数据库文件进行解密。EnMicroMsg.db 加密使用的是开源工具 SQLCipher,而 SQLCipher 采用 256 位 AES 加密算法,AES 为最常见的对称加密算法,即加密和解密使用相同的密钥,具体的加密和解密过程如图 4-2 所示。

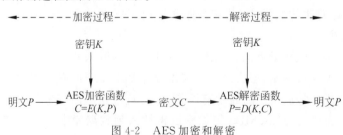

图 4-2　AES 加密和解密

由此可见,如果要解密数据库 EnMicroMsg.db,关键是要得到密钥 K。经研究发现,密钥 K 为手机的 IMEI 码拼接微信 UIN 形成的字符串,经 MD5 加密之后生成的 32 位小写 MD5 值取前 7 位。其中 IMEI 码为手机唯一序列号,微信 UIN 为与微信号唯一对应的值,密钥 K 通过这两个值计算得到,即可保证对于任一设备任一微信账号来说都是唯一的。IMEI 与 UIN 分别位于配置文件 Compatible.cfg 和 auth_info_key_prefs.xml 中。具体的解密过程如图 4-3 所示。

图 4-3 EnMicroMsg.db 解密过程

4.1.2 实验目的与条件

1. 实验目的

通过本实验,读者在了解了 SQLite 加解密原理的情况下,掌握智能终端数据获取的基本方式,学会利用仿真实验环境,获取、计算密钥,并解密 App 数据库,完成对相关数据的取证。

2. 实验条件

本实验所需要的软硬件清单如表 4-1 所示。

表 4-1 SQLite 数据库解密及分析实验清单

序 号	设 备	数 量	参 数
1	取证工作站	1 台	Windows XP 以上
2	adb	1 个	1.0.31
3	雷电模拟器	1 个	4.0.83
4	SQLCipher 软件	1 个	2.1
5	DCode 软件	1 个	4.02a

4.1.3 实验过程

1. 获取微信数据库文件 EnMicroMsg.db

步骤1:下载并安装 adb。安装完毕后,按住键盘"Win+R",输入"cmd"进入 DOS 命令符窗口。输入"adb version",成功显示版本号,则说明安装成功,如图 4-4 所示。

图 4-4 adb 安装成功

步骤2:在雷电模拟器中下载安装微信客户端(注意设置模拟器的 root 权限)。

步骤3:登录微信账户,并进行消息对话测试,然后退出微信。

步骤4:在手机模拟器"设置——关于本机——版本号"上连续单击 7 次,进入开发者模式。返回上一级菜单,即出现"开发者选项"按钮,如图 4-5 所示。

图 4-5　进入手机开发者模式

步骤 5：单击"开发者选项"按钮，选择打开"USB 调试"，如图 4-6 所示。

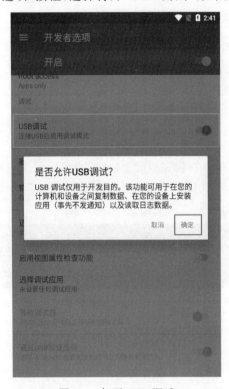

图 4-6　打开 USB 调试

步骤6：在DOS命令符窗口下，使用adb connect指令，以"ip：端口号"的形式，桥连雷电模拟器，具体命令为："adb connect 127.0.0.1:5555"，出现图4-7所示结果即为连接成功。

图4-7　adb连接手机模拟器

步骤7：由4.2.1节可知，用户的微信数据库文件位于"/data/data/com.tencent.mm/MicroMsg/**"目录下，"xx"由每个微信号的UIN码加上"mm"组成的字符串通过MD5散列函数加密得到，而UIN码位于配置文件"auth_info_key_prefs.xml"中。

使用adb pull指令将微信配置文件"auth_info_key_prefs.xml"从模拟器提取到本地计算机中。具体命令为："adb pull /data/data/com.tencent.mm/shared_prefs/auth_info_key_prefs.xml C:\Users\nxl\Desktop"，如图4-8所示。

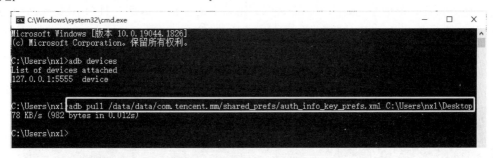

图4-8　提取手机中微信配置文件至本地计算机

步骤8：使用记事本打开配置文件"auth_info_key_prefs.xml"，得到用户微信UIN码，为"1171101020"，如图4-9所示。

图4-9　查看微信UIN码

步骤9：计算"mm+UIN"拼接字符串"mm1171101020"的 MD5 值，如图 4-10 所示，为"03f17f313567415ef208b759723a9626"，即为微信数据库文件的文件夹名。

图 4-10　在线计算 MD5 值

步骤10：同步骤 7，使用 adb pull 命令，将手机模拟器中"/data/data/com. tencent. mm/MicroMsg/03f17f313567415ef208b759723a9626"路径下的微信数据库文件"EnMicroMsg. db"提取到本地计算机中。具体命令为："adb pull/data/data/com. tencent. mm/MicroMsg/03f17f313567415ef208b759723a9626/EnMicroMsg. db C：\Users\nxl\Desktop"，如图 4-11 所示，即完成提取。

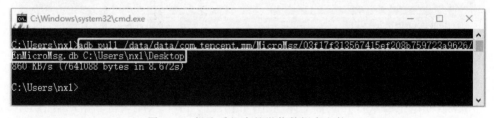

图 4-11　提取手机中的微信数据库文件

2. 解密并查看微信数据库文件 EnMicroMsg. db

步骤1：在手机模拟器设置中找到模拟手机的 IMEI 码，如图 4-12 所示，为"351542027538889"。注意，若为真实手机环境，则可通过在拨号键盘输入"＊＃06＃"得到手机 IMEI 码。

步骤2：由 4.2.1 节可知，微信数据库文件 EnMicroMsg. db 的解密密钥为手机的 IMEI 码拼接微信 UIN 形成的字符串，经 MD5 加密之后生成的 32 位小写 MD5 值取前 7 位。

注意：经测试该数据库加密规则已更改，IMEI 码统一使用："1234567890ABCDEF"。

若实验过程中发现"IMEI＋UIN"拼接计算得到的密钥不正确，可尝试计算字符串"1234567890ABCDEF＋UIN"，即"1234567890ABCDEF1171101020"的 MD5 值，为"bcb59a86a1c40f622812059fc3279c2f"，取其前 7 位为"bcb59a8"，即为解密密钥。本实验中，该密钥为正确密钥，可解密 EnMicroMsg. db 文件。

图 4-12　模拟手机的 IMEI 码

步骤 3：打开 SQLCipher2.1 软件，使用该软件打开数据库文件"EnMicroMsg.db"，并键入解密密钥"bcb59a8"，如图 4-13 所示，即可查看数据库文件内容，如图 4-14 所示。

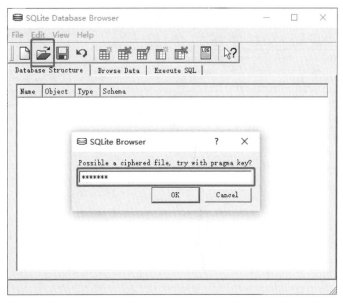

图 4-13　SQLCipher 读取数据库文件

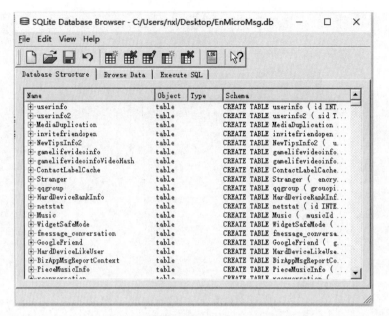

图 4-14 解密后的 EnMicroMsg.db

步骤 4：分析该数据库文件表结构。其中，userinfo 表存储该用户账号相关信息，如微信号、邮箱、电话号码等。message 表存储该用户账号与其所有微信好友（包括所加入群组）的聊天记录。这两张表是取证中的重中之重。

步骤 5：在"Browse Data"选项卡中选择"message"表，如图 4-15 所示，可以看到用户和所有好友（包括群组）的聊天记录。每条聊天记录都包含消息 ID、发送（接收）时间、聊天对象、消息内容等信息。图 4-15 中两条为实验测试消息。

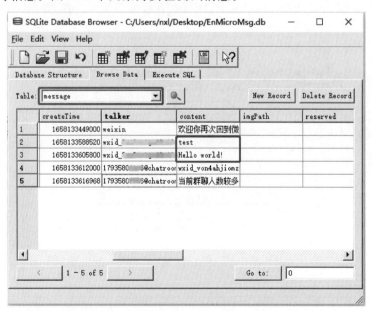

图 4-15 message 表

若定位到某条消息为重要涉案数据，则消息的发送（接收）对象，及发送时间尤为关键。

步骤6：安卓系统使用的时间格式大多为UNIX/C时间格式，因此需要将"createTime"字段保存的Unix时间戳转换成指定格式日期。如"test"消息的发送时间为"1658133588520"。

步骤7：打开DCode工具，选择时区为所在地中国时区："UTC +08：00"；选择日期格式为："Unix：Numeric Value"；输入所要转换的字符串"1658133588520"；单击右下角"Decode"按钮，如图4-16所示，即能得到正确的日期和时间，为"2022年7月18日 周一 16：39：48"。至此成功解析了消息的发送时间。

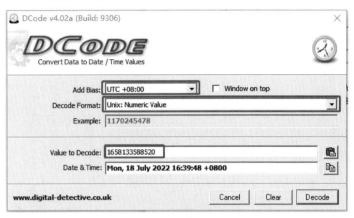

图4-16　时间的解析

4.1.4　实验小结

SQLite作为一款轻量型的数据库，具有占用资源少、处理效率高的特点，被广泛应用于手机等各类智能移动终端中用于各类App数据的存储。本实验以实战中最常遇到的微信App为例，详细介绍了微信数据库的获取方式、解密途径及分析思路，期间借助的如adb、SQLCipher、DCode等工具均为开源工具，同样可用于分析其他App的数据库。

该实验借助手机模拟器完成，主要原因是真实手机环境存在root不当、恶意软件植入病毒等风险，一般不建议读者使用自己手机尝试。

4.2　APK分析

4.2.1　预备知识：APK文件、APK分析、APK分析工具

1. APK文件

APK（Android application package，安卓应用程序包）是安卓操作系统使用的一种应用程序包文件格式，用于分发和安装移动应用及中间件。一个安卓App的代码想要在安卓设备上运行，必须先进行编译，然后打包成为一个能被安卓系统所识别的文件才可以运行，而这种能被安卓系统识别并运行的文件格式便是"APK"。一个APK文件内包含被编译的代码文件（.dex文件）、文件资源（resources）、原生资源文件（assets）、证书（certificates）和清单文件（manifest file）。

APK文件其实是zip格式，但后缀名被修改为apk，通过UnZip解压后，就能看到内部的文件结构，如图4-17所示。一个APK文件通常包含以下文件：

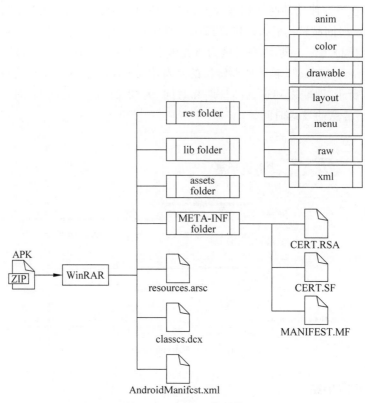

图 4-17　APK 文件结构

① META-INF 文件夹：包含了一个 APK 所有文件的摘要文件以及签名文件。

② res 文件夹：APK 所需要的资源文件夹。

③ classes.dex：classes 文件通过 DEX 编译后的文件格式，用于在安卓 Dalvik 虚拟机运行的主要代码部分。真正的反编译，就是对该文件进行反编译，就能看到 App 的核心关键代码。

④ resources.arsc：它是一个 APK 中所有资源文件 id 的数据结合二进制格式的文件。在打包过程中 aapt 工具会对 APK 中所有的资源文件进行编译，同时赋予每个资源唯一的 id 值，程序在运行时会根据这些 id 值调用相应的资源文件。resouces.arsc 文件正是包含了这些 id 值的数据集合。在该文件中，如果某个 id 对应的是 string 资源，那么该值会直接加入到文件中。如果 id 对应的是某个 layout 或者 drawable 资源，那么该资源的存放路径会加入到该文件中。

⑤ AndroidManifest.xml：它是 App 的清单文件，位于整个 App 中的根目录，该文件描述了一个 App 的配置信息，如：包名、权限、程序组件、入口函数等重要信息。一个 App 在运行的时候首先运行它的清单文件，系统过滤清单文件以后就知道当前 App 有什么内容，该去怎么执行。所以在取证中，要想看 APK 申请了哪些权限，有哪些危险权限，看 AndroidManifest.xml 这个文件就可以了，这是 APK 开发的规范，所有 APK 都遵循这样的规范。

2. APK 生成过程

APK 是由 dex 文件、资源文件、so 文件等组成的，它的生成过程如图 4-18 所示，详细步骤如下：

① 对资源文件进行打包，生成 R.java 文件。

在此阶段，项目中的 resource 文件、assets 文件、AndroidManifest.xml 文件和安卓基础类库都会被 appt 工具打包。在此过程中，AndroidManifest.xml 和布局文件会被编译，从而生成 R.java 文件，而 resource 文件会被 aapt 编译成 resource.arsc 文件，它是 APK 的文件索引表。

② 对 aidl 文件进行处理，生成相应的 java 文件。

在此阶段，项目中的 aidl 文件和 framework.aidl 文件都会被 aidl 工具解析成相应的 java 代码接口，程序通过调用这些接口以实现相应的功能。如果项目中没有 aidl 文件，则此阶段就会被省略。

③ 对源码文件进行编译，生成相应的 .class 文件。

在此阶段，javac 会对项目中的源码文件（R.java 文件和上一阶段生成的 .aidl 文件）和库文件进行编译，从而生成相应的 .class 文件。

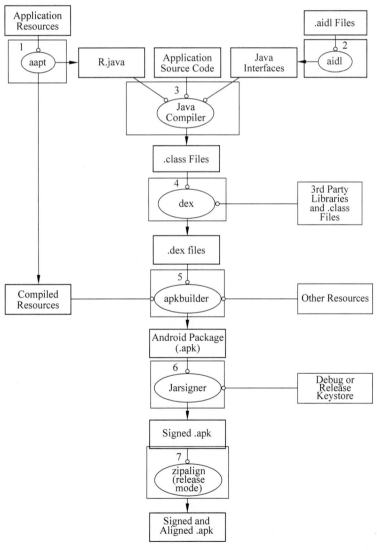

图 4-18　APK 生成过程

④ 对.class 文件进行转化,生成可由 Dalvik 虚拟机运行的.dex 文件。

在此阶段,使用 dex 工具对上一阶段生成的.class 文件进行处理,生成可由 Dalvik 虚拟机运行的.dex 文件,该文件是在 java 字节码的基础上,通过压缩常量池和消除冗余信息等操作生成的 Dalvik 字节码。

⑤ 对所有资源文件进行打包,生成未签名的 APK 文件。

在此阶段,apkbulider 工具会对所有未被编译的资源(例如 images 和 assets 目录下的资源)以及被编译过的资源和.dex 文件进行打包,从而生成未签名的 APK 文件。

⑥ 对未签名的 APK 文件进行签名。

在此阶段使用 jarsigner 工具对未签名的 APK 文件进行签名,才能使其成为能够安装在设备上并运行的 App。

⑦ 对已签名的 APK 文件进行对齐处理。

在此阶段使用 zipalign 工具对已签名 APK 文件进行对齐处理。APK 文件若想发布到 Google 应用市场等正规渠道,就必须进行对齐处理。该过程可以减少运行时内存的使用,从而使系统在访问 APK 文件时速度更快。

3. APK 程序分析

APK 程序分析主要有两种分析方法:静态分析和动态分析。

静态分析:在 APK 没有运行的情况下,直接通过反编译成源代码的方式,读代码来看这个 APK 的功能和行为,这是最专业的方法,因为所有源代码都看到了,只要有足够的代码阅读能力,就可以把这个 APK 了解得很透彻,反编译的过程如图 4-19 所示。把 APK 通过工具反编译成.dex 文件,把 dex 文件反编译成 jar 包(如果有 Java 环境,jar 包可以直接运行),然后就可以看到源代码了。现在不需要每一步找一个小工具,有从 APK 直接到 Java 源码的工具。

图 4-19　APK 反编译过程

静态分析一般包括:代码反编译、审阅字符串抽取、权限描述文件分析等,其中字符串抽取在二进制程序分析中用得比较多,如:通过正则匹配等方法把邮箱、密码等字符串抽取出来。APK 程序分析时可能不都要读源代码,但一定会分析权限描述文件,即清单文件"AndroidManifest.xml"。这个文件记录了 APK 的重要信息,所以可以直接读这个文件来了解 APK 的基本情况。

动态分析:在 APK 程序运行过程中,通过抓包、沙箱等方法来观察它的行为,该方法相对比较简单,直接用一个抓包工具来对它进行抓包。

动态分析一般包括:沙箱行为收集、行为监控、网络数据、通信数据截取等。现在的 APK 程序基本都不是单机的,都要和网络服务器进行通信,所以直接看它运行的时候发了什么包出去,就大概能知道它做了什么。抓包是最简单但最常用的方法,也是动态分析的主要方法。

4. APK 分析工具

(1) adb 命令

adb 的全称为 Android Debug Bridge,即安卓调试桥,adb 是 Android SDK 里的一个工具,用这个工具可以直接操作管理安卓模拟器或者真实的安卓设备(如手机)。它的主要功能有:

① 运行设备的 shell(命令行)；
② 管理模拟器或设备的端口映射；
③ 在计算机和设备之间上传/下载文件；
④ 将本地 APK 软件安装至模拟器或安卓设备中。
adb 是一个客户端-服务器端程序，其中客户端是用来操作的电脑，服务器端是安卓设备。

adb 常用命令如下：
① 查看设备：adb devices。
这个命令是查看当前连接的设备，连接到计算机的安卓设备或者模拟器将会列出显示。
② 登录设备：adb shell。
这个命令将登录设备的 shell。
③ 从电脑上发送文件到设备：adb push <本地路径> <远程路径>。
用 push 命令可以把本机电脑上的文件或者文件夹复制到设备(手机)。
④ 从设备上下载文件到电脑：adb pull <远程路径> <本地路径>。
用 pull 命令可以把设备上的文件或者文件夹复制到本机电脑。
⑤ 显示帮助信息：adb help。
这个命令将显示帮助信息。
其中，pull 和 push 是用得最多的两个命令，可以对安卓设备中的文件进行操作，当然也可以使用现成的工具操作(如自带的手机助手、软件等)，但用 adb 命令行的方式最简单最底层，看到的文件目录结构最全。

值得注意的是，安卓设备中，有两个与 App 相关的目录尤为重要，使用 ls 命令可查看该路径下所有的文件：
① /data/app：该目录下存放的就是用户安装的.apk 文件(安装包)(安卓手机默认安装完后不删除安装包，备份的时候会一起备份，这样备份还原的时候版本一致)。
② /data/data：该目录下存放的是系统中所有 App 的数据文件，以 APK 包名区分，其中包含提交的数据库以及 xml 数据文件。

(2) 反编译工具

安卓系统中 APK 文件常用的反编译工具有三个：dex2jar、jd-gui 和 apktool，这三个工具的作用如下：
① apktool：反编译生成 smali 字节码文件，提取 APK 中的资源文件。下载地址：https://ibotpeaches.github.io/Apktool/install/。
② dex2jar：将 apk 中的 classes.dex 文件转换成 jar 文件。下载地址：https://github.com/pxb1988/dex2jar。
③ jd-gui：查看由 dex2jar 转换成的 jar 文件，以界面的形式展示反编译出来的 Java 源代码。下载地址：http://java-decompiler.github.io/。

(3) 安卓模拟器

安卓模拟器是能在个人计算机运行并模拟安卓系统的模拟器，能够安装、使用、卸载安卓应用的软件。利用安卓模拟器，用户即使没有手机硬件设备，也能在模拟器中使用移动应用程序。安卓模拟器能在电脑上模拟出安卓手机运行环境，让用户在电脑上也能体验安卓游戏和应用。比较常用的安卓模拟器有 Android SDK、雷电、天天等,在取证工作中,使用最普遍的是雷电模拟器。

大多数实战情况下,遇到要分析的 APK 一般为非法、恶意 APK,在真实手机环境中测试取证不可取,因此常常借助手机模拟器来提取 APK 重要信息。

(4) 抓包工具

① Wireshark。

Wireshark(前称 Ethereal)是一个网络封包分析软件。网络封包分析软件的功能是截取网络封包,并尽可能显示出最为详细的网络封包资料。Wireshark 使用 WinPCAP 作为接口,直接与网卡进行数据报文交换。

② Fiddler。

Fiddler 是一款免费且功能强大的数据包抓取软件,是一款非常不错的抓包工具,跟 Wireshark 一样非常好用。Fiddler 通过代理的方式获取程序 http 通信的数据,可以用它检测网页和服务器的交互情况,能够记录所有客户端和服务器间的 http 请求,支持监视、设置断点、甚至修改输入输出数据等功能,一般用来抓手机数据包。

4.2.2 实验目的与条件

1. 实验目的

通过本实验,读者可了解 APK 的生成打包过程,掌握 APK 分析的基本思路,包括动态分析及静态分析,掌握常见 APK 分析工具的使用方法,能够借助常用工具分析 APK 的行为及交互数据。

2. 实验条件

本实验所需要的软硬件清单如表 4-2 所示。

表 4-2 APK 分析实验清单

序号	设备	数量	参数
1	取证工作站	1 台	Windows XP 以上
2	adb	1 个	1.0.31
3	雷电模拟器	1 个	3.122
4	Fiddler 软件	1 个	5.0
5	Wireshark 软件	1 个	3.4.5
6	jadx 软件	1 个	1.1.0
7	yese.apk 文件	1 个	—
8	ceshi.apk 文件	1 个	—

4.2.3 实验过程

1. 安装 jadx

注意:首先需要安装 Java 的 jdk。

步骤 1:安装 Java 的 jdk,建议安装 jdk1.8,它是目前相对比较稳定的版本,不建议下载最新的 jdk 版本,因为最新版的 jdk 不稳定,在 Java 的学习中可能会出现各种各样的问题。安装界面如图 4-20 所示。

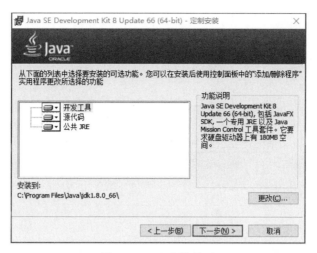

图 4-20　jdk 安装界面

步骤 2：设置环境变量。右击"此电脑"，在弹出的快捷菜单中选择"属性"→"高级系统设置"选项，在"系统属性"对话框中单击"环境变量"按钮，如图 4-21 所示。

图 4-21　"系统属性"对话框

步骤 3：选择"系统变量"，单击"新建"按钮，输入变量名"JAVA_HOME"，变量值为 JDK 的 bin 目录所在路径，如"C：\Program Files\Java\jdk1.8.0_66"，如图 4-22 所示。

步骤 4：选择"系统变量"，找到"Path"变量，单击"编辑"按钮，在弹出的对话框中单击"新建"按钮，输入"%JAVA_HOME%\bin"，单击"确定"按钮，如图 4-23 所示。

图 4-22 新建系统环境变量

图 4-23 编辑"Path"变量

步骤 5：按住键盘"Win+R"，输入"cmd"进入 DOS 命令符窗口。输入"javac"，按回车键，如图 4-24 所示，表示环境变量设置成功。输入"java -version"，按回车键，显示当前 Java 版本号。

图 4-24　环境变量设置成功

步骤 6：下载 jadx。由于 jadx 已开源在 github 上，可以直接去 github 官网下载压缩包，如图 4-25 所示。单击右侧"Releases"，打开下载链接页面，如图 4-26 所示，单击"jadx-1.4.3.zip"，下载压缩包。

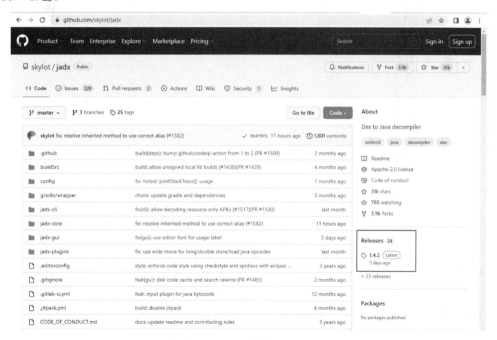

图 4-25　github 的 jadx 页面

图 4-26 最新版 jadx 下载链接

步骤 7：将下载的压缩包解压，进入"bin"目录，如图 4-27 所示，双击"jadx-gui.bat"，即可进入 gui 界面，如图 4-28 所示。然后，可通过打开文件或者直接拖曳文件进行反编译。

图 4-27 "bin"目录下

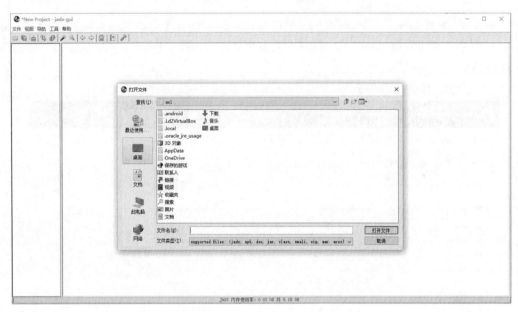

图 4-28 jadx 的 gui 界面

2. 安装 Fiddler 并配置模拟器环境

步骤 1：下载最新版 Fiddler 并安装（安装过程较简单，直接单击"下一步"按钮即可），建议在官网下载。

步骤 2：下载并安装 Fiddler 证书生成器。

步骤 3：打开 Fiddler，单击工具栏中的 Tools→Options 按钮，如图 4-29 所示。

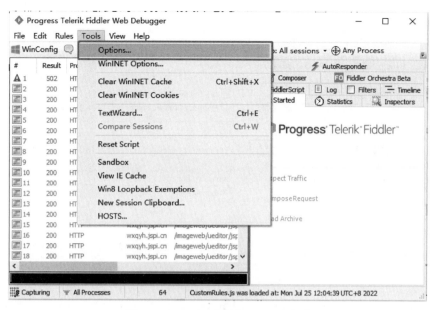

图 4-29　Fiddler 中的"Options"选项

步骤 4：在 Options 对话框中单击 HTTPS 按钮，勾选 Decrypt HTTPS traffic 和 Ignore server certificate(unsafe)复选框，单击右侧的 Actions 按钮，选择 Export Root Certificate to Desktop，如图 4-30 所示。

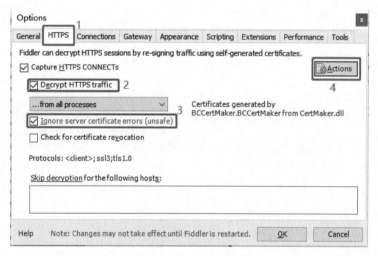

图 4-30　HTTPS 设置

注意：此时计算机桌面上会生成一个证书，如图 4-31 所示。

步骤 5：在 Options 对话框中单击 Connections 按钮，勾选 Allow remote computers to connect 复选框，如图 4-32 所示，单击 OK 按钮。

步骤 6：安装雷电模拟器(注意安装 3.x 版本，4.0 以上版本可能抓不到包)，安装好后打开雷电模拟器，单

图 4-31　Fiddler 证书

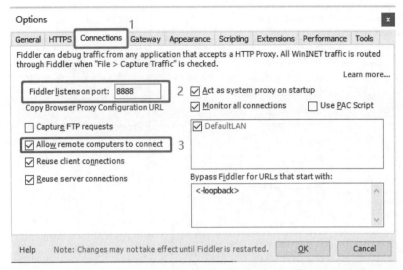

图 4-32　Connections 设置

击"设置"按钮,选择"网络设置",勾选"桥接模式",单击"安装驱动"→"确定"→"保存设置"按钮,如图 4-33 所示。

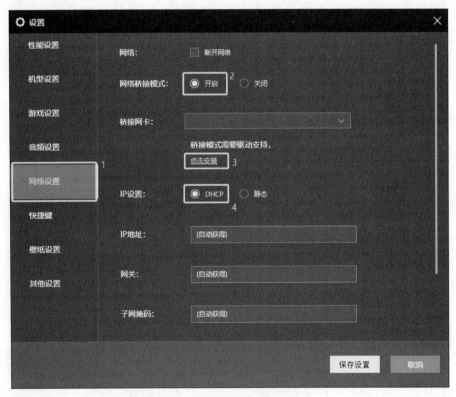

图 4-33　雷电模拟器网络设置

步骤 7：在模拟器桌面找到系统应用,单击"设置"按钮,单击无线网络 WLAN——左键长按单击已连接网络——修改网络,如图 4-34 所示。

步骤 8：在高级选项中,选择代理——手动,如图 4-35 所示。设置"代理服务器主机名"

为本机 IP,设置"代理服务器端口"为"8888"(Fiddler 监听端口号默认为 8888),如图 4-36 所示,单击"保存"按钮。

图 4-34　修改网络

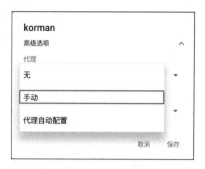

图 4-35　选择手动设置代理

步骤 9:将步骤 4 导出的证书"FiddlerRoot.cer"文件导入至模拟器(直接拖拽入模拟器即可)。

步骤 10:在模拟器中打开"系统应用"→"设置"→"安全"→"从 SD 卡安装"。找到 FiddlerRoot.cer 文件(默认位于路径/sdcard/pictures 下),按提示导入即可,注意在此过程中需要设置证书名称和解锁图案等,自行设置即可,如图 4-37 所示。

图 4-36　设置代理

图 4-37　设置证书名称

步骤 11:打开模拟器中浏览器,任意输入一网址测试,若能在 Fiddler 中抓到数据包,则说明环境设置成功,如图 4-38 所示。正常情况下,取证工作中一般不会抓浏览器数据包,而是抓 APK 的数据包。

此时在模拟器中打开需要抓包的 App,就可以在电脑上进行 App 抓包了。

3. Fiddler 抓包分析

步骤 1:打开雷电模拟器,打开 Fiddler。将 yese.apk 拖入模拟器中,即完成该 App 的安装,如图 4-39 所示。

图 4-38　Fiddler 成功抓取模拟器数据包

步骤 2：单击要分析的 App"夜色"，在注册页面按提示输入手机号码及邀请码，并单击"下一步"按钮，如图 4-40 所示。

图 4-39　模拟器中安装实验 App

图 4-40　App 注册页面

注意，在单击"下一步"按钮后，Fiddler 即抓到了该 App 向外发送的第一条 HTTP 数据包，如图 4-41 所示。

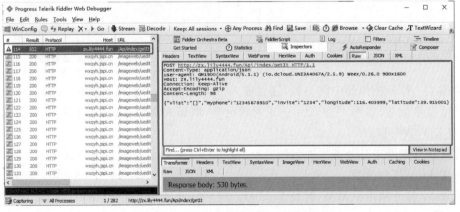

图 4-41　Fiddler 抓到的 HTTP 数据包

步骤3：查看该条数据包内容，如下所示：

POST http://zx.lily4444.fun/Api/index/getIt HTTP/1.1
Content-Type: application/json
user-agent: GM 1900(Android/5.1.1)(io.dcloud.UNI 3A 4067A/2.5.9)Weex/0.26.0 900x1600
Host: zx.lily4444.fun
Connection: Keep-Alive
Accept-Encoding: gzip
Content-Length: 98

{"vlist":"[]","myphone":"12345678910","invite":"1234","longitude":116.403999,"latitude":39.915001}

可以看出，该数据包是一条 POST 请求，即向指定服务器发送数据。

发送的地址为："http://zx.lily4444.fun/Api/index/getIt"（服务器地址＋路径）。

发送的数据为：

"{"vlist":"[]","myphone":"12345678910","invite":"1234","longitude":116.403999,"latitude":39.915001}"。

步骤4：查看服务器是否在境内（百度：多路 ping），如图 4-42 所示。本例中的服务器已经关闭，所以 ping 不到，正常情况下，如果 ping 的结果显示 IP 地址在境内的话，就可以直接去调证了。

图 4-42　多路 ping

步骤5：抓包结论：运行 App 在注册提交的一瞬间，会将手机中的通讯录、注册手机号、邀请码、定位等信息全部发送到自己的服务器。

注意：本实验较为简单，主要让读者了解抓包分析的一般过程，但并非所有 APK 都如此简单，这个 APK 服务器已关闭，只剩下页面。正常的 APK 功能比较多，点不同的按钮都会发送很多数据包，一般建议单击如下按钮抓包：登录（服务器）、客服（第三方客服，找到客服公司能拿到注册的一些信息和聊天信息）等。

4．Wireshark 抓包分析

案例背景：办案民警在案件侦查中发现，嫌疑人通过短信的方式，骗取受害者单击下载链接，将手机木马植入目标手机，从而获取目标手机内的相关数据，请对该 APK 文件（ceshi.apk）进行分析，简述其功能，并找出嫌疑人用于接收信息的邮箱和手机号码。

注意：本实验要抓邮件数据包，因此要使用 Wireshark 工具（Wireshark 安装过程较为简单，不在此赘述）。

步骤1：打开雷电模拟器，打开 Wireshark。将 ceshi.apk 拖入模拟器中，即完成该 App 的安装，如图 4-43 所示。可以看到，该 App 伪装成了系统相册。

图 4-43　模拟器中安装实验 App

步骤 2：单击该 App 图标，发现该 App 消失了，说明该 App 为一恶意 App，一旦安装单击则无法卸载。查看 Wireshark 中抓到的数据包。

步骤 3：在 Wireshark 中过滤所有的 SMTP 协议数据包，如图 4-44 所示。右击该条数据，在弹出的快捷菜单中选择"追踪 TCP 流"选项，可以将应用层真实发出去的数据包列出来，就能看到完整的数据包内容，如图 4-45 所示。

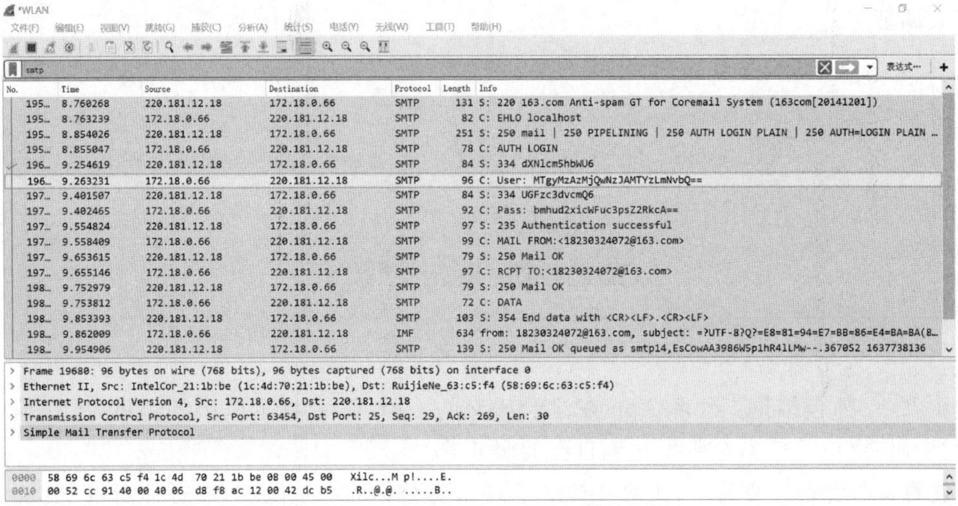

图 4-44　过滤 SMTP 协议包

步骤 4：分析图 4-45 所示数据包，为源端与目标端的交互信息，其中红色为客户端发送的数据，蓝色为邮件服务器端发送的数据。

可以看出：

① 此为 163 邮箱服务器；

② "AUTH LOGIN"为客户端请求登录验证；

③ SMTP、POP3 等邮箱协议，所有的字符串编码都用的 Base64，因此，"dXNlcm5hbWU6"表示"username："，为服务器询问用户名操作，如图 4-46 所示；

④ "MTgyMzAzMjQwNzJAMTYzLmNvbQ=="解码为"18230324072@163.com"，为客户端回复的用户名。同样，后续为"Password："，"nhnwlbqanszlgddp"。

图 4-45 数据包内容

图 4-46 Base64 在线解码

步骤 5：Wireshark 能把网卡上所有的数据都还原到本地，可以用此特性把这封邮件还原出来。单击图 4-45 右下角的"Save as…"按钮，另存为 .eml 文件，即可用本地的邮箱客户端查看邮件具体内容，如图 4-47 所示，由此得到了题目中要求的邮箱账号。

图 4-47　Wireshark 还原出的邮件内容

注意：由于手机模拟器不能收发短信，所以第二个问题（手机号码）无法用模拟器方式获得，唯一的途径只能分析代码。

5. jadx 反编译分析

步骤 1：打开 jadx，将"ceshi.apk"拖入 jadx 界面中，即可反编译该 APK（实验 APK 较为简单，未"加壳"），如图 4-48 所示。

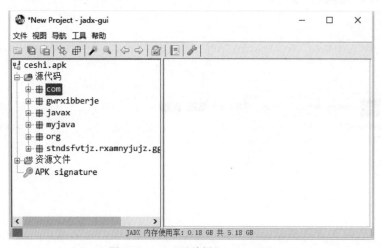

图 4-48　jadx 反编译"ceshi.apk"

步骤 2：首先分析"AndroidManifest.xml"文件，在代码第 2 行找到包名为"stndsfvtjz.rxamnyjujz.gglrvyhdue"，如图 4-49 所示。根据包名就能在安卓手机/data 目录（需要 root 权限）下找到和该程序相关的数据。

图 4-49 "AndroidManifest.xml"文件中的"包名"

步骤 3：查看清单文件中 APK 申请的权限，如图 4-50 所示，包括了读取通讯录数据、读取短消息、收发短消息等。

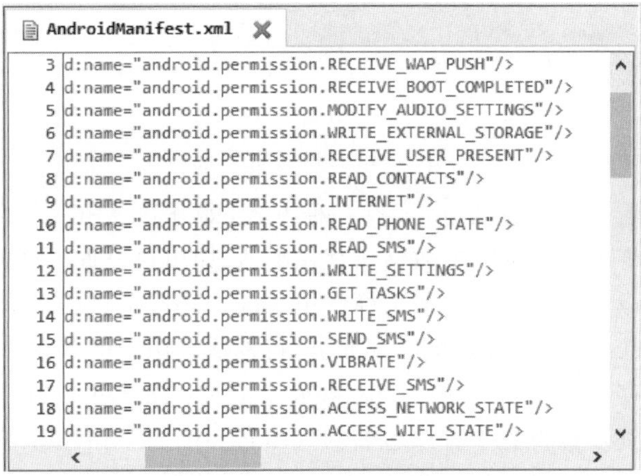

图 4-50 APK 申请的权限

步骤 4：在清单文件中找程序的入口函数，如图 4-51 所示，找到入口函数后，即可一层一层向下读代码，分析程序的功能及行为（此过程较为专业和烦琐，需要有较强的代码阅读能力，不在此赘述，读者可自行尝试）。

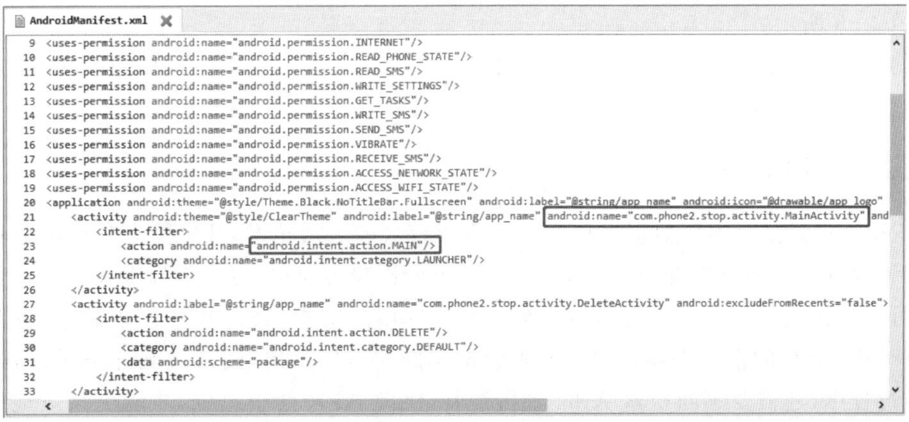

图 4-51 入口函数

步骤 5：使用 jadx 代码搜索功能，根据上一节 Wireshark 抓到的邮箱"18230324072@163.com"，在 jadx 中尝试搜索，发现并未搜索到（可能在代码中进行了加密）。尝试搜上一节还原出的邮件中"联细人"字符串，如图 4-52 所示，命中相应代码，然后一步一步看代码，过程比较复杂，不再赘述。

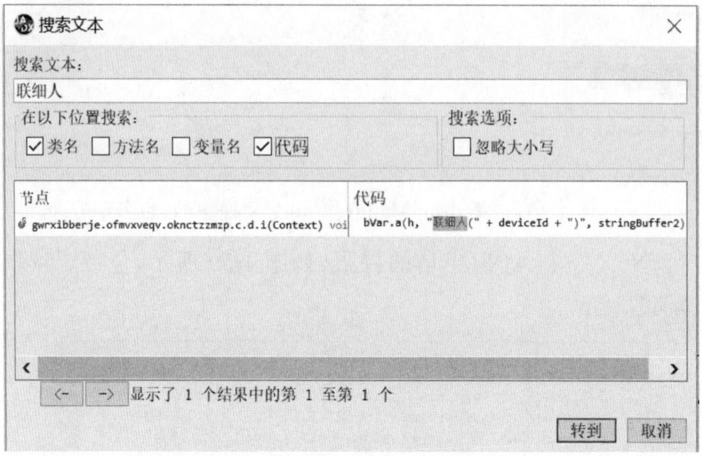

图 4-52 jadx 搜索功能

步骤 6：除了查看代码的方式外，还有一种方式，即查看 APK 重要的 xml 文件。在安卓开发中，经常需要将少量简单类型数据保存在本地，如用户设置。这些需要保存的数据可能是一两个字符串，像这样的数据一般选择使用 SharedPreferences 来保存。

SharedPreferences 是一个轻量级的存储类，特别适合用于保存软件配置参数（使用 xml 文件存放数据，文件存放在/data/data/< package name >/shared_prefs 目录下）。

步骤 7：通过上述步骤得到了程序包名为"stndsfvtjz. rxamnyjujz. gglrvyhdue"，打开模拟器——文件管理器，根据包名找到"/data/data/stndsfvtjz. rxamnyjujz. gglrvyhdue"，如图 4-53 所示，该路径下即为该 APK 的相关数据。

步骤 8：打开该路径下的"shared_prefs"文件夹，即可找到"configurations_data. xml"文件，如图 4-54 所示。

步骤 9：使用"adb pull"命令将该重要的 xml 文件从手机模拟器中提取到计算机桌面上，如图 4-55 所示。

步骤 10：使用记事本打开该 xml 文件，如图 4-56 所示，即可得 APK 重要参数的信息，包括题目中要求的手机号码。

4.2.4 实验小结

APK 分析是如今电子数据取证实战中需求较大的一项技术，其中静态分析需要较强的专业知识背景和逆向分析能力。相对而言，动态分析较为简单，可以依靠专业的取证设备实现，也可使用各类抓包工具进行抓包分析。本节选用的实验 APK 相对比较简单，主要让读者了解 APK 分析的常用手段、工具，熟悉分析思路。可以看出，阅读代码并不是最佳途径，在实战过程中，还需要不断积累 APK 分析经验，沉淀 APK 侦查思维，才能更高效地提取到重要数据。

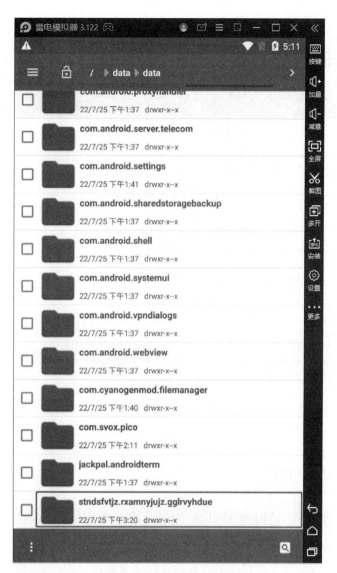

图 4-53 APK 数据文件夹

图 4-54 APK 重要的 xml 文件

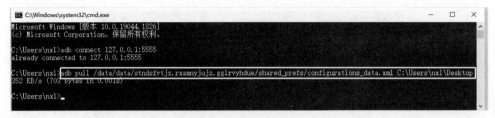

图 4-55　提取手机模拟器中 APK 的 xml 文件

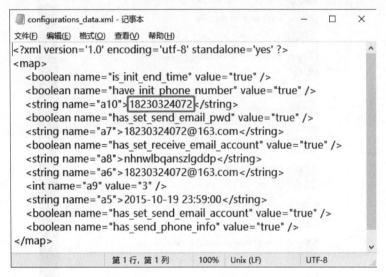

图 4-56　xml 文件内容

4.3　智能手表取证

4.3.1　预备知识：Apple Watch、Apple Watch 取证、Apple Watch 取证工具

1. Apple Watch 概述

以 Apple Watch 为代表的智能手表的普及及其愈发强大的功能，使其成为电子数据取证的重要数据源。Apple Watch 发布至今已出现在多起刑事司法案件中，它作为关键证据帮助办案人员还原案件的真相，推动了案件的破获。

Apple Watch 使用 Watch OS 操作系统，配置采用 Apple S 系列处理器，内置大小不等的存储空间，通过 Wi-Fi 和蓝牙与 iPhone 进行同步。根据苹果公司的技术规格介绍，当前 Apple Watch 配备如下功能硬件：GPS、GLONASS、Galileo、QZSS 和北斗等定位硬件、指南针、全天候高度计、血氧传感器、电极式心率传感器、第三代光学心率传感器、加速度感应器（量程最高可达 32 g-force，支持摔倒检测）、陀螺仪、Apple Pay、GymKit 等。原厂自带的 App 有：健身记录、有声书、血氧、相机遥控器、通讯录、心电图、心率、邮件、地图、信息（iMessage）、电话、照片、睡眠、体能训练、钱包和 Apple Pay 等。

Apple Watch 作为智能穿戴产品，与智能手机的数据类型有所不同。除了相册、备忘录、社交消息、通讯录、邮件等同步于配对手机的数据外，Apple Watch 还具有许多智能手机上不具备的数据，例如健康与位置信息等。Apple Watch 上有价值的数据有：

(1) 健康数据

Apple Watch 的背面配备了光学心率传感器、电子心率传感器和血氧监测传感器等硬件设备，使其能够在被佩戴在手腕时获得使用者的健康信息，具体包含：

① 呼吸能力。包含呼吸频率、有氧适能等信息。
② 活动能力。包含步行速度、步长、步行稳定性、步伐等信息。
③ 身体测量。包含身高、体重、基础体温、体脂率等。
④ 睡眠。包含卧床时间与时间段、睡眠时间与时间段、苏醒时间等。
⑤ 心脏指标。包含心率、心率变异性、步行与静息平均心率、心电图（ECG）、房颤记录等。
⑥ 健身记录。包含一天内活动、锻炼与站立的时间与时间段。

其中的身体指标、活动能力和心脏指标等信息能够为办案人员把握嫌疑人特征、进行嫌疑人画像、缩小嫌疑人范围起到卓有成效的帮助。而睡眠时间与苏醒时间等记录则能够对嫌疑人的活动时间实现留痕。

(2) 活动轨迹

Apple Watch 配备了 GPS 定位功能，即便使用者没有携带手机，在开启部分 App 的情况下，腕部的 Apple Watch 也能实时记录位置信息。对于一些运动类 App，还可以记录历史运动轨迹。常见的包含 GPS 信息的 App 有：

① 体能训练；
② Keep；
③ Nike Run Club；
④ 地图。

除此之外，为了便捷操作，Apple Watch 往往会自动与相配对的 iPhone 手机同步许多 App 数据，如消息通知、邮件和聊天记录等社交信息、照片和音乐等媒体信息。值得注意的是，如果手机没有与 Apple Watch 靠近进行配对，手机上删除的信息并不会在 Apple Watch 上同步被删除。

2. Apple Watch 数据存储

Apple Watch 的数据主要存储在三个位置：Apple Watch 设备本机、配对的 iPhone 手机以及同步到 iCloud 云端的健康数据，其中配对的 iPhone 手机上的 Apple Watch 数据主要有由 Apple Watch 采集的健康数据以及各种第三方 App 的同步数据，如图 4-57 所示。

图 4-57　Apple Watch 数据存储位置

(1) Apple Watch 设备本机

Apple Watch 自初代发布之时便摒弃了传统的充电接口，选择配备无线充电器，通过其背部的磁吸盘进行充电。所以 Apple Watch 上并没有传统的 Type-c、Micro-b 或是 Lightning 接口。但是出于固件升级与维修的需要，S1～S6 型号在表带连接处隐藏了一个诊断调试接口,该接口是 S1~S6 型号的 Apple Watch 唯一的对外接口。采用能够接入诊断触点的适配器,将其连接到电脑上,借助相应的工具,即能读出 Apple Watch 设备本机存储的数据,包括 Apple Watch 设备与应用信息、AFC 媒体文件、Apple Watch 日志等存储在 Apple Watch 设备本机上的宝贵数据。

然而,2021 年 10 月上市的最新款 Apple Watch Series 7 取消了隐藏诊断调试接口,使得这一代的 Apple Watch 成为苹果公司历史上第一款"全无线电子产品"。完全没有接口的 Apple Watch Series 7 给取证工作带来了新的挑战。目前并没有任何技术能够读取 S7 型号的数据,因此本节实验选用 S6 型号完成。

(2) 配对的 iPhone 手机

Apple Watch 本身无法独立备份成单个文件,也没有手动备份的操作。经查阅苹果公司的官方说明,Apple Watch 备份的相关原理可以总结如下:

① Apple Watch 数据会备份到配对的 iPhone 上。只要 iPhone 和 Apple Watch 彼此靠近,这个过程就会自动完成,无须进行任何操作。

② 当取消 Apple Watch 与 iPhone 的配对时,Apple Watch 将完整备份到所配对的 iPhone 上,以确保存储最新的数据。恢复 Apple Watch 时或设置新的 Apple Watch 时,会调用在 iPhone 上备份的 Apple Watch 数据。

③ 当 iPhone 备份到 iCloud 或电脑时,iPhone 备份会包含配对的 Apple Watch 数据。这意味着,当设置新的 iPhone 并从备份进行恢复时,Apple Watch 数据也会恢复。

换言之,Apple Watch 中的数据会作为 iPhone 备份文件的一部分,一同传输到电脑上。虽然没有手动备份的命令和按钮,但是 Apple Watch 的备份行为是自动的、不定期的。若不放心,也可以通过取消 Apple Watch 与 iPhone 的配对进行强制备份。Apple Watch 备份内容包含:

① 特定 App 的数据(适用于内建 App)和设置(适用于内建 App 和第三方 App)。例如,"地图"App 采集的地理位置、距离等。

② 主屏幕的 App 布局。

③ 表盘设置,包括当前的表盘、自定设置和顺序。

④ "程序坞"设置,包括顺序以及可用的 App。

⑤ 通用系统设置,例如亮度、声音和触感设置。

⑥ "健康"和"健身"数据,例如 Apple Watch 中的历史记录、奖章、"体能训练"和"健身记录"校准数据以及用户手动录入的数据。

⑦ 通知设置。

⑧ 同步到 Apple Watch 的播放列表、专辑和混合曲目,以及"音乐"App 设置。

⑨ Siri"语音反馈"设置。

⑩ 已同步的相簿。

⑪ 时区。

不难发现,同步的信息种类虽然多,但是却没有传统电子数据取证所期望的诸如照片、聊天记录等内容。这是由 Apple Watch 备份行为的逻辑决定的。从消费者的使用习惯出发,消费者往往只有在更换一款 Apple Watch 的时候才会用到 Apple Watch 备份,继承自己习惯的各类设置(例如表盘壁纸、亮度、App 显示方式等),以省略复杂烦琐的初始化步骤;另一方面,更换 Apple Watch 也不像更换手机那样,消费者并不需要它将上一台设备的照片、聊天记录等复现出来（毕竟配对的手机就在身旁）。Apple Watch 仅需发挥它的即时性，同步最新的消息即可。这样的使用需求使得苹果公司在设计 Apple Watch 备份时压缩了备份内容，以备份设置与个性化偏好为主，实际的媒体文件、信息记录则是少之又少。因此，Apple Watch 的备份内容与 Apple Watch 的存储内容之间并不能划上等号。

因此，iPhone 的 iTunes 备份中与 Apple Watch 相关的数据，主要为配对信息与记录，以及个性化设置相关数据等。

而 iCloud 云端的健康数据则需要 Apple id 的账号密码以及"双重验证"验证码来获得，且该数据采用了端对端加密手段。

3. Apple Watch 取证

基于上述分析的相关原理，针对 Apple Watch 的取证分为三个方向：备份取证、设备本机取证以及健康数据取证。

Apple Watch 的备份取证通过分析配对 iPhone 的 iTunes 备份，筛选出与 Apple Watch 有关的或由 Apple Watch 采集的数据，从而提取到 Apple Watch 设备信息、Apple Watch 备份文件夹、健康数据备份等有价值的数据。备份取证的优点是不需要额外的硬件适配器，但是需要拥有 Apple Watch 的配对手机。

Apple Watch 的设备本机取证则是通过专用的适配器将 Apple Watch 与电脑连接，从而提取出 Apple Watch 设备与应用信息、AFC 媒体文件、Apple Watch 日志等存储在 Apple Watch 设备本机上的宝贵数据。设备本机取证虽然有一定的硬件要求，但是提取的数据更有价值，且为未拿到配对 iPhone 时唯一的取证途径。

Apple Watch 的健康数据取证利用了"健康"App 的"导出"功能，实现了将 Apple Watch 采集的健康数据以更加可视化、更便于分析的方式固定，从而在电脑上分析运动轨迹、健康信息、ECG 心电图诊断报告等健康数据。

综上所述，Apple Watch 取证方案如表 4-3 所示。

表 4-3 Apple Watch 取证方案

	取证方法	数据存储位置	取证内容
Apple Watch 取证	备份取证	配对 iPhone 的 iTunes 备份	Apple Watch 设备信息
			Apple Watch 备份文件夹
			健康数据备份
	设备本机取证	Apple Watch 设备本机	Apple Watch 设备与应用信息
			AFC 媒体文件
			Apple Watch 日志
	健康数据分析	"健康"App 导出	运动轨迹
			健康信息
			ECG 心电图诊断报告

4. Apple Watch 取证工具

当前各电子数据取证厂家尚未开发针对 Apple Watch 的取证工具，所以只能尝试使用针对 iOS 的取证工具，利用 iOS 与 Watch OS 存在的相似性来提取分析 Apple Watch 中的数据。目前提取效果较好的工具有 iBackupBot、Elcomsoft Phone Viewer 以及 Elcomsoft iOS Forensic Toolkit 三款。

(1) iBackupBot

iBackupBot 全称为 iBackupBot for iPad iPhone，这款软件可以制作、装载并分析 iOS 9 版本以前的加密 iTunes 备份以及 iOS 9 版本以后的未加密 iTunes 备份。相较于普通的 iTunes 备份解析工具，iBackupBot 不仅可以将 iTunes 文件解析为便于浏览的目录形式，而且内置了对.plist、.db 等 iOS 常见文件的解析阅读器。虽然无法智能识别内容，但是就手动取证而言功能齐全，适合在 iTunes 备份中寻找、探索与 Apple Watch 有关的数据。

(2) Elcomsoft Phone Viewer

Elcomsoft Phone Viewer 同样可以解析 iTunes 备份文件，且这款软件更加满足取证需求，在解析前需要选择提取的数据类型，如照片、健康数据、通讯录等。虽然无法完整展示 iTunes 文件目录，但是如果已确定想要寻找的数据类型，Elcomsoft Phone Viewer 无疑更加便捷。

(3) Elcomsoft iOS Forensic Toolkit

经过查阅相关文献资料，目前互联网上唯一一款可以对 Apple Watch 设备本机数据提取的工具是由 ElcomSoft Co. Ltd. 所开发的 Elcomsoft iOS Forensic Toolkit。根据其产品描述，iOS Forensic Toolkit 可以实现对 iPhone、iPad 和 iPod Touch 设备进行物理和逻辑采集，并且在兼容设备列表中包含了所有型号的 Apple Watch。其具体功能包含逻辑提取与物理提取两个方面。

逻辑提取命令包含：

I：设备信息。可以提取出设备信息与 App 相关信息。该命令与所有 iOS 设备兼容，与硬件型号、iOS 版本、锁定和越狱状态均无关。但是当提取已经解锁或越狱的设备时，可以获得更为详细的数据。

R：恢复信息。在恢复或 DFU(设备固件升级)模式下获得设备信息。按下"R"将显示设备的型号名称、ECID、序列号、IMEI 和 UDID 等信息。但是由于设备型号不同，有些数据可能无法提取。

B：备份信息。制作 iTunes 备份文件。前提是在电脑上已安装 iTunes，或者至少安装了"苹果移动设备支持"（从 iTunes 软件包中设置的驱动程序）。如果被获取的 iOS 设备被配置为产生没有密码的备份，那么该工具将在获取前自动在 iTunes 中设置一个临时备份密码，临时备份密码为"123"。

M：媒体信息。从设备中复制媒体文件（AFC 协议）。在这种模式下，用户可以提取 iOS 设备上的媒体文件，包括图像和视频、编辑信息，以及一些其他文件，如下载到设备上的 Apple Music 音乐。M 命令会提取设备完整的相机卷，以及包含有关媒体文件编辑信息的数据库。在大多数情况下，这些照片将包含 EXIF 内容，例如用户在拍摄照片时的位置。如果设备没有配对，会提示用户输入锁定记录；写入文件的文件夹在默认情况下会在 Windows 上的当前文件夹下创建，或在 macOS 上的用户主文件夹中创建。

S：共享信息。从设备中复制安装 App 的共享文件。

L：日志信息。从设备中复制出事故日志。

物理提取命令包含：

D：解除密码。在下次重启前解除屏幕锁。

K：获取钥匙串。解密 iOS 设备中存储的密码钥匙串。

F：提取文件系统。将设备文件以.TAR 格式导出。

但是考虑到 Elcomsoft iOS Forensic Toolkit 一般用来提取 iPhone 的数据，并且 Apple Watch 无法越狱，所以并非所有功能都对 Apple Watch 适用。

4.3.2 实验目的与条件

1. 实验目的

通过本实验，读者可掌握 Apple Watch 中的数据种类及价值数据，了解 Apple Watch 的取证思路方向，熟悉 Apple Watch 取证的常用软硬件工具，掌握使用常见工具进行备份取证、设备本机取证的方法。

2. 实验条件

本实验所需要的软硬件清单如表 4-4 所示。

表 4-4 智能手表取证实验清单

序号	设备	数量	参数
1	取证工作站	1 台	Windows XP 以上
2	iTunes 软件	1 个	12.12.4.1
3	雷电手机快取软件	1 个	3.14.0 Beta
4	iBackupBot for iPad iPhone 软件	1 个	5.6.2[64 bit]
5	Elcomsoft Phone Viewer 软件	1 个	5.33
6	Apple Watch 专用适配器	1 个	—
7	Elcomsoft iOS Forensic Toolkit 软件	1 个	6.3/Win for 64bit devices
8	Google Earth Pro 软件	1 个	7.3.4.8573(64-bit)

4.3.3 实验过程

1. Apple Watch 的备份取证

对 Apple Watch 的备份取证即以 iPhone 备份为媒介，从中寻找到 Apple Watch 的备份进行分析。因此分为制作备份、分析 Apple Watch 设备信息、分析 Apple Watch 备份文件夹、分析健康数据备份四个环节。

图 4-58 iPhone 中的 Apple Watch 备份

(1) 制作 iTunes 备份

步骤 1：首先确定 iPhone 中已存在 Apple Watch 的备份。在"设置——通用——iPhone 储存空间——Watch"界面检查并确认已创建了 Apple Watch 的数据备份，如图 4-58 所示。如果没有自动创造备份，可以进行"取消配对"操作强制备份。

步骤 2：制作 iTunes 加密备份。将 iPhone 通过数据线连接计算机，并打开 iTunes 软件（首次连接需在手机屏幕上单击"信任"），单击工具栏的手机图标，在"备份"一栏勾选"加密本地备份"，而后在弹出窗口中设置备份密码（最少 4 位），如图 4-59 所示。注意，该密码需要留存，在下一步解密备份时会再次使用。最后单击"立即备份"按钮，待上方进度条满后即备份完成。Windows 10 操作系统的默认备份路径为：C：\Users\Username\AppData\Roaming\

Apple Computer\MobileSync\Backup。

图 4-59　iTunes 制作加密备份

注意："健身记录""健康"和"钥匙串"等数据仅在加密的情形下才会被备份，所以在 iTunes 备份时一定要勾选"加密本地备份"选项。

步骤 3：解密 iTunes 备份。大部分 iTunes 备份分析工具并不支持分析加密的 iTunes 备份。可以使用弘连网络公司的雷电手机快取软件，将加密的 iOS 备份转换为非加密备份，以便后续分析，如图 4-60 所示。

图 4-60　雷电手机快取解密 iTunes 备份

使用上一步设置的备份密码，解密结束后会生成一个同名压缩包，将其解压后得到的文件夹即是要分析的 iTunes 备份文件。与普遍生成的未加密 iTunes 备份不同，这个备份文件包含加密才有的隐私数据,而且去除了密码,可以进行完整分析。

(2) 分析 Apple Watch 设备信息

步骤 1:使用 iBackupBot for iPad iPhone 工具加载解密后的 iTunes 备份,首先查看设备注册表信息。在 HomeDomain\Library\目录下有一个名为 DeviceRegistry.state 的文件夹。DeviceRegistry 表示设备注册表,而 Apple Watch 作为与 iPhone 通过蓝牙连接的设备,在该文件夹中会留有设备相关信息。

如图 4-61 所示,在 HomeDomain\Library\DeviceRegistry.state\historySecureProperties.plist 文件中,展开"Key"为"$objects"的内容,可以在右侧"Value"一栏找到配对的 Apple Watch 的硬件信息。其中,c0:44:42:5d:6d:aa 是 Apple Watch 的 Wi-Fi MAC 地址;FRXHJ9N33G 是 Apple Watch 的序列号(serial number);c0:44:42:5e:30:6c 是 Apple Watch 的蓝牙 Mac 地址;19S553 是 Apple Watch 在备份时的 Watch OS 版本,对应 8.4.2;040A38F307 开头的一串数字则是 Apple Watch 的 SEID,即手表中 NFC 模块的序列号,以此实现 Apple Pay 中的支付、信用卡、交通卡等功能。

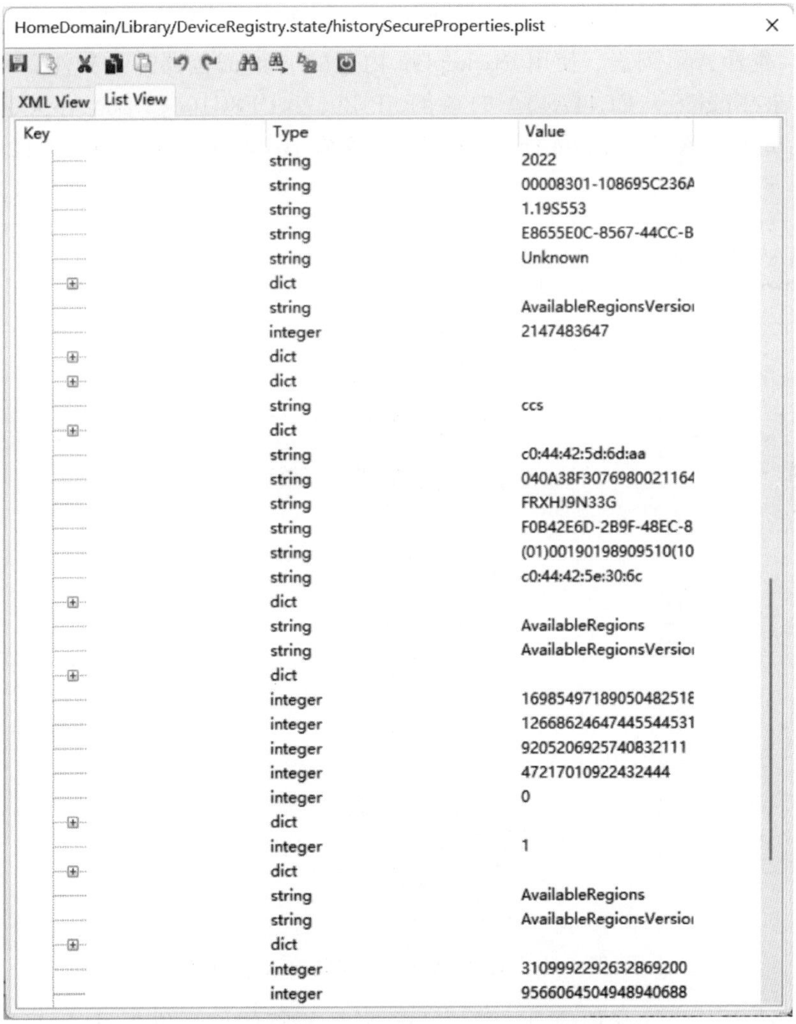

图 4-61　iTunes 备份中的 Apple Watch 注册表信息

步骤2：查看 Apple Watch 的蓝牙配对信息。打开目录"SysSharedContainerDomain-systemgroup.com.apple.bluetooth\Library\Database\"下的"com.apple.MobileBluetooth.ledevices.paired.db"文件，在"Tables-PairedDevices"下可以找到与该 iPhone 进行蓝牙配对的设备的信息，如图 4-62 所示。其中与该 Apple Watch 有关的信息有：UUID、名称、地址、解析地址、最后访问时间、最后连接时间。

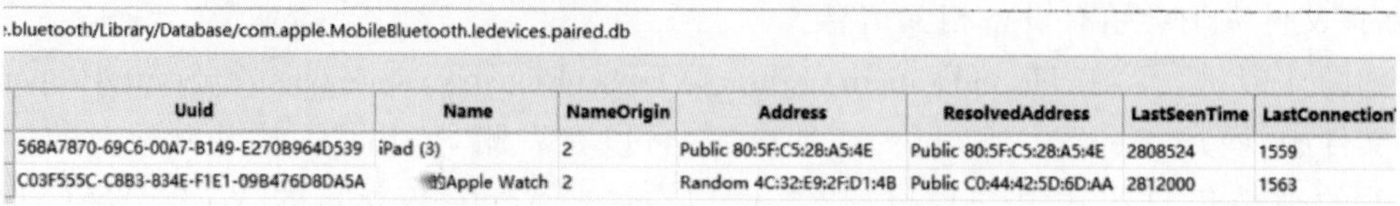

Uuid	Name	NameOrigin	Address	ResolvedAddress	LastSeenTime	LastConnection
568A7870-69C6-00A7-B149-E270B964D539	iPad (3)	2	Public 80:5F:C5:28:A5:4E	Public 80:5F:C5:28:A5:4E	2808524	1559
C03F555C-C8B3-834E-F1E1-09B476D8DA5A	的Apple Watch	2	Random 4C:32:E9:2F:D1:4B	Public C0:44:42:5D:6D:AA	2812000	1563

图 4-62　iTunes 备份中的 Apple Watch 蓝牙连接信息

（3）分析 Apple Watch 备份文件夹

步骤1：在 iTunes 备份中的"HomeDomain\Library\DeviceRegistry\"路径下有一个以 Apple Watch 的 GUID 命名的文件夹（EE44A15A-3447-4E5B-B957-4DF8C108CDB3），该文件夹即是 Apple Watch 的备份文件夹，其中的内容便是 Apple Watch 自身数据的备份。

步骤2：查看 App 列表。使用 iBackupBot 内置的 plist 阅读器打开文件"HomeDomain\Library\DeviceRegistry\EE44A15A-3447-4E5B-B957-4DF8C108CDB3\AppConduit\com.apple.AppConduit.ACXRemoteAppList.plist"，查看 Apple Watch 在备份时已安装的 App 列表，如图 4-63 所示。

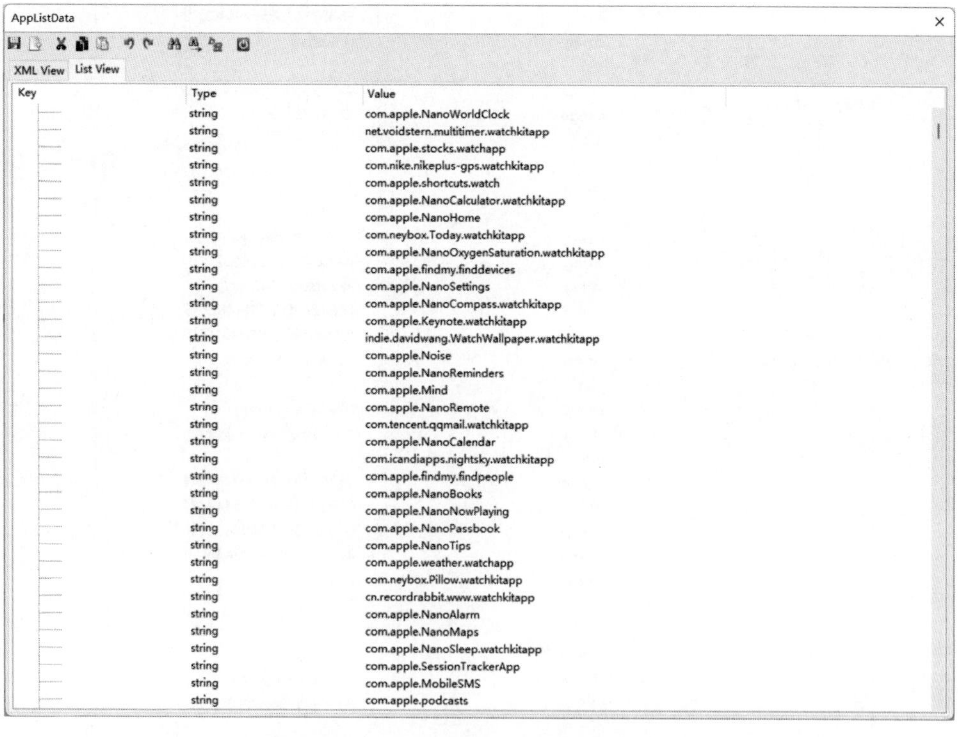

Key	Type	Value
	string	com.apple.NanoWorldClock
	string	net.voidstern.multitimer.watchkitapp
	string	com.apple.stocks.watchapp
	string	com.nike.nikeplus-gps.watchkitapp
	string	com.apple.shortcuts.watch
	string	com.apple.NanoCalculator.watchkitapp
	string	com.apple.NanoHome
	string	com.neybox.Today.watchkitapp
	string	com.apple.NanoOxygenSaturation.watchkitapp
	string	com.apple.findmy.finddevices
	string	com.apple.NanoSettings
	string	com.apple.NanoCompass.watchkitapp
	string	com.apple.Keynote.watchkitapp
	string	indie.davidwang.WatchWallpaper.watchkitapp
	string	com.apple.Noise
	string	com.apple.NanoReminders
	string	com.apple.Mind
	string	com.apple.NanoRemote
	string	com.tencent.qqmail.watchkitapp
	string	com.apple.NanoCalendar
	string	com.icandiapps.nightsky.watchkitapp
	string	com.apple.findmy.findpeople
	string	com.apple.NanoBooks
	string	com.apple.NanoNowPlaying
	string	com.apple.NanoPassbook
	string	com.apple.NanoTips
	string	com.apple.weather.watchapp
	string	com.neybox.Pillow.watchkitapp
	string	cn.recordrabbit.www.watchkitapp
	string	com.apple.NanoAlarm
	string	com.apple.NanoMaps
	string	com.apple.NanoSleep.watchkitapp
	string	com.apple.SessionTrackerApp
	string	com.apple.MobileSMS
	string	com.apple.podcasts

图 4-63　Apple Watch 中安装的 App 列表

步骤3：查看 Apple 邮件信息。该 Apple 账号的邮件信息位于目录"HomeDomain\Library\DeviceRegistry\EE44A15A-3447-4E5B-B957-4DF8C108CDB3\NanoMail\registry.

sqliteNanoMail”。如图 4-64 所示，可以直观地看到绑定的 iCloud 邮箱账号与第三方邮箱（例如图中所示 QQ 邮箱）的类型、用户名与邮箱地址。

-4E5B-B957-4DF8C108CDB3/NanoMail/registry.sqlite

ID	DISPLAY_NAME	SHOULD_ARCHIVE	EMAIL_ADDRESSES	RESEND_REQUESTED	RESEND_INTERVAL	SOURCE_TYPE	USERNAME
EF5CC7E8-5E75-4CC7-89BB-8363D0330520	iCloud	0	ttle@icloud.com	0	0	0	55@qq.com
A28774DD-7755-4576-B2AC-08DDA5DE70E6	QQ	0	55@qq.com	0	0	0	

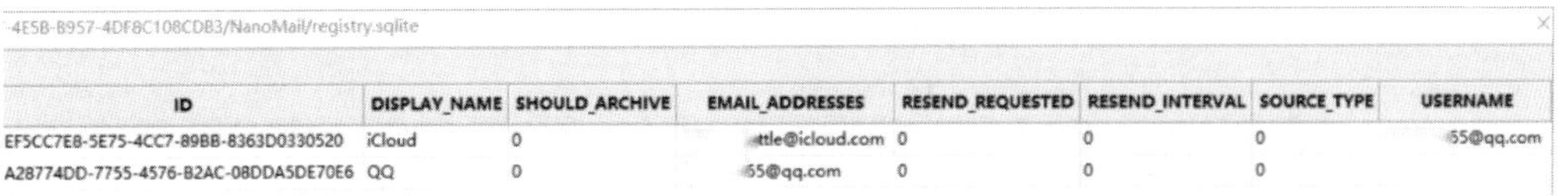

图 4-64　邮箱账号及用户名信息

步骤 4：类似地，读者可以自行操作分析电子钱包信息（HomeDomain\Library\DeviceRegistry\EE44A15A-3447-4E5B-B957-4DF8C108CDB3\NanoPasses）及 Apple Watch 的自定义表盘图片信息（HomeDomain\Library\DeviceRegistry\EE44A15A-3447-4E5B-B957-4DF8C108CDB3\NanoPreferencesSync\Backup\Files）。

（4）分析健康数据备份

步骤 1：健康数据在 iTunes 备份中分布较为散乱，并且大多已进行了加密，因此使用 iBackupBot 手动分析较为困难。而 Elcomsoft Phone Viewer 工具可将数据根据内容分类，将取证结果可视化展示，就分析健康数据而言更加便捷。

使用 Elcomsoft Phone Viewer 加载解密后的 iTunes 备份，勾选“Health”数据项，单击“OK”后等待提取结果。如图 4-65 所示，该工具共能提取 10 个类别的健康数据，包括：使用者生理信息、活动、心脏、正念、饮食、性行为、血氧参数、睡眠、健康警告以及听力。

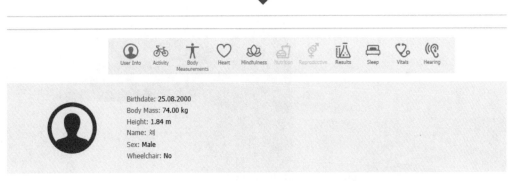

图 4-65　Elcomsoft Phone Viewer 工具提取的健康数据

步骤 2：在数据分析的过程中，由于取证对象是 Apple Watch 的数据，所以要开启左侧的“Filter”功能，将“Source”和“Device”筛选为“Apple Watch”，这样可以排除 iPhone 采集的健康数据。如图 4-66 所示即为 Apple Watch 采集的活动。

2. Apple Watch 的设备本机取证

相较于备份取证必须要拿到配对的 iPhone 手机，对 Apple Watch 的取证而言，设备本机的取证是最有意义、适用场景最广的。设备本机取证无须配对 iPhone，只需收集到 Apple Watch 本身即可进行取证。以往的 Apple Watch 取证操作均忽视了诊断端口适配的可能性，认为直连取证是不可行的，故本实验的探索具有重要意义。

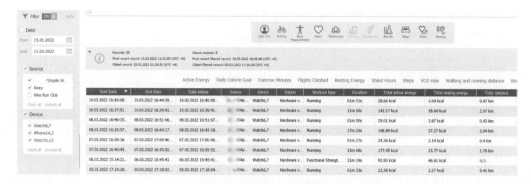

图 4-66 Apple Watch 采集的活动数据

步骤 1：拆下 Apple Watch 下端表带，准备一只较尖细的镊子，插入 Apple Watch 表带连接处的保护盖左侧的小孔中，尝试取下保护盖。如图 4-67 所示，成功会后露出内部的诊断触点。

步骤 2：将 Apple Watch 专用适配器开关调整至"UNLOCK"状态，收回探针。下端连接 lightning-USB 转接线，上端将 Apple Watch 的表带槽与适配器的卡槽契合。推动开关，探针便会与触点连接。完成后将 USB 端口连接到计算机上，Apple Watch 会显示"要信任此电脑吗？"的消息提示，如图 4-68 所示。单击"信任"按钮后，输入 Apple Watch 的解锁密码即可。

图 4-67 Apple Watch 内部的诊断触点

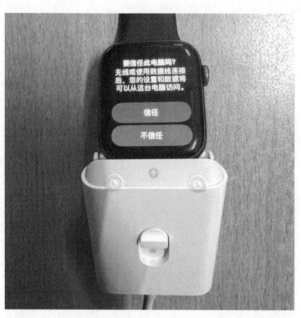

图 4-68 成功使用适配器将 Apple Watch 连接至计算机

步骤 3：安装并运行 Toolkit.cmd。在初始界面 Elcomsoft iOS Forensic Toolkit 会检查用户注册码信息与许可信息。按回车键继续，会提示让用户选择连接取证设备使用的 SSH 端口，一般而言无须使用 SSH，跳过即可。进入主菜单界面，如图 4-69 所示。

在主菜单界面，我们可以看到 Elcomsoft iOS Forensic Toolkit 的版本号与当前计算机连接的设备名、硬件版本、序列号、iOS 版本等。

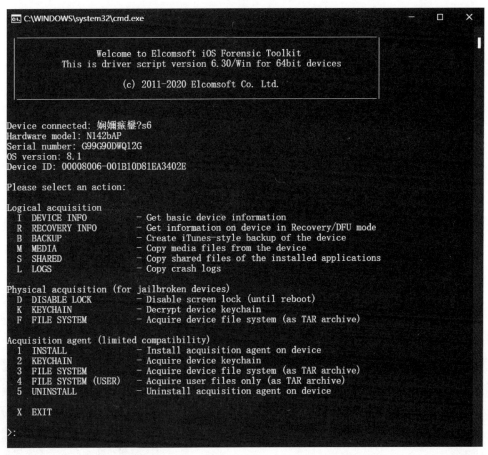

图 4-69　Elcomsoft iOS Forensic Toolkit 主菜单界面

由于 Elcomsoft iOS Forensic Toolkit 一般用来提取 iPhone 的数据，并且 Apple Watch 无法越狱，所以并非所有功能都对 Apple Watch 适用，实验结果也证明确实如此。只有 I 命令、M 命令和 L 命令能够成功从 Apple Watch 中提取出数据，其余的命令都会报错、失败。

步骤 4：查看设备和应用信息。在 Toolkit.cmd 中输入"I"命令，按回车键后会在 Toolkit.cmd 所在目录下生成 ideviceinfo.xml 文件存放设备信息、applications.txt 文件存放设备中的 App 列表、application.xml 文件存放安装 App 的信息。读者可自行分析。

步骤 5：查看 AFC 媒体文件。AFC 全称为 Apple File Conduit，是苹果公司在它发行的设备中预留的协议，用来与个人计算机中的 iTunes 交互从而管理诸如照片、音乐等媒体文件。虽然 Apple Watch 并不能与 iTunes 传输文件，但仍具有 AFC 功能，因此 Apple Watch 中同步和缓存的媒体文件可以被直接提取出来。

在 Toolkit.cmd 中执行"M"命令，并输入文件夹路径，即生成 AFC 文件夹，如图 4-70 所示，从实验设备中提取了大小近 500M、356 个文件。

其中 DCIM（digital camera images media）文件夹最为重要，包含了 Apple Watch 本地的相册中的媒体文件。Apple Watch 自身没有拍照硬件，只有遥控拍照功能，相册中存储的是 iPhone 上指定同步的相簿中的照片。

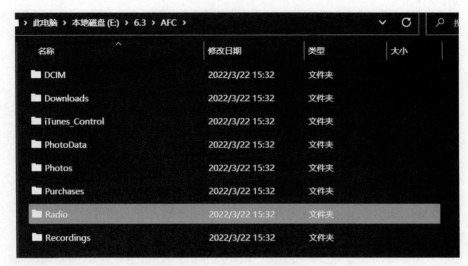

图 4-70　提取的 AFC 媒体文件

选择其中一张 JPG 照片，使用 Windows 默认的"照片"打开，单击上方的"i"显示详细信息，可以看到关于这张照片详细的 EXIF 信息。如：拍摄地址 GPS 信息、大小、拍摄相机设备、闪光等信息，如图 4-71 所示。

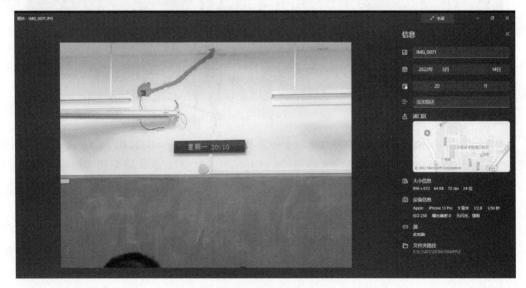

图 4-71　照片详细信息

其中的 MOV 文件为 iPhone 手机拍摄的"实况（LIVE）"动态照片。值得注意的是，即便是"实况"图片的静态预览图也包含了详细的 EXIF 信息，如图 4-72 所示。

步骤 6：类似地，iTunes_Control 文件夹包含了用户的 Apple id 在此 Apple Watch 上的媒体信息。PhotoData 文件夹包含了 iPhone 手机同步的一些缩略图。Purchases 文件夹包含了 Apple Music 中的 .m4p 文件等，读者可自行尝试分析。

步骤 7：查看日志信息。在 Toolkit.cmd 中输入"L"命令，并输入文件夹路径可以导出如图 4-73 所示的日志信息。

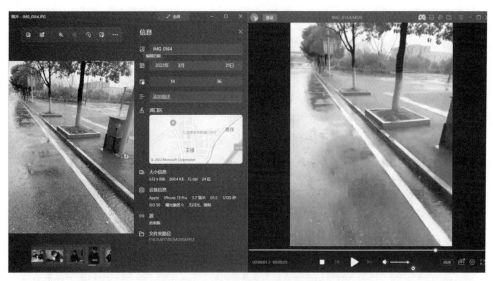

图 4-72 “实况”照片的详细信息

名称	修改日期	类型	大小
Assistant	2022/4/6 10:06	文件夹	
DiagnosticLogs	2022/4/6 10:06	文件夹	
Panics	2022/4/6 10:06	文件夹	
Retired	2022/4/6 10:06	文件夹	
Analytics-90Day-2022-04-05-080007.0003.ips.ca	2022/4/6 10:06	CA 文件	1 KB
Analytics-90Day-2022-04-06-093837.0002.ips.ca	2022/4/6 10:06	CA 文件	1 KB
Analytics-Daily-2022-04-05-080007.0004.ips.ca	2022/4/6 10:06	CA 文件	17 KB
Analytics-Daily-2022-04-06-093837.0003.ips.ca	2022/4/6 10:06	CA 文件	5 KB
Analytics-Journal-90Day-2022-04-05-080007.ips.ca	2022/4/6 10:06	CA 文件	1 KB
Analytics-Journal-90Day-2022-04-06-093835.ips.ca	2022/4/6 10:06	CA 文件	1 KB
Analytics-Journal-Daily-2022-04-05-080007.000.ips.ca	2022/4/6 10:06	CA 文件	1 KB
Analytics-Journal-Daily-2022-04-06-093837.ips.ca	2022/4/6 10:06	CA 文件	1 KB
Analytics-Journal-Never-2022-04-05-080007.0002.ips.ca	2022/4/6 10:06	CA 文件	1 KB
Analytics-Journal-Never-2022-04-06-093837.000.ips.ca	2022/4/6 10:06	CA 文件	1 KB
Analytics-Never-2022-04-05-080007.0005.ips.ca	2022/4/6 10:06	CA 文件	87 KB

图 4-73 日志信息

需要注意的是这些文件具有易失性和时效性。其中，Retired 文件夹中保存的则是 rtcreportingd 的消息日志，如图 4-74 所示。

除此之外的日志中，比较有价值的有周期诊断日志（文件名称包含 Analytics 字样）、微信本地扩展日志、WatchkitAPP 扩展日志、aggregated 日志总和、JetsamEvent 内存日志等。

3. Apple Watch 健康数据取证

在以往的案件中，Apple Watch 健康数据对案件的破获起到了关键作用。因此本节重点介绍健康数据的可视化及分析。

图 4-74 rtcreportingd 消息日志

步骤 1：苹果"健康"App 上可以直观查看 Apple Watch 采集的健康数据，如果想更有条理、更便利地以文件形式在计算机上分析，可以使用如图 4-75 所示"健康"App 自带的"导出所有健康数据"功能，具体路径为："健康——用户——导出健康数据"。

图 4-75 导出健康数据

步骤 2：导出操作会生成一个"导出.zip"的压缩包，经过解压形成一个名为 apple_health_export 的文件夹，其下有 workout-routes 子文件夹和 eletrocardiograms 子文件夹，以及两个.xml 文件。workout-routes 子文件夹中包含运动轨迹信息，而 eletrocardiograms

子文件夹则是 ECG 心电图诊断报告。

步骤 3：在 workout_routes 子文件夹内有大量的.gpx 文件，如图 4-76 所示。.gpx 文件即 gps 定位的经纬度数据与时间的集合，使用地理位置解析工具可以根据该集合画出一条定位轨迹。

名称	修改日期	类型	大小
route_2022-02-19_11.19am.gpx	2022/4/7 9:24	GPX 文件	46 KB
route_2022-02-21_4.30pm.gpx	2022/4/7 9:24	GPX 文件	58 KB
route_2022-02-22_3.03pm.gpx	2022/4/7 9:24	GPX 文件	183 KB
route_2022-02-25_4.58pm.gpx	2022/4/7 9:24	GPX 文件	223 KB
route_2022-02-25_5.04pm.gpx	2022/4/7 9:24	GPX 文件	25 KB
route_2022-02-25_5.58pm.gpx	2022/4/7 9:24	GPX 文件	2 KB
route_2022-02-26_5.12pm.gpx	2022/4/7 9:24	GPX 文件	220 KB
route_2022-02-26_5.20pm.gpx	2022/4/7 9:24	GPX 文件	24 KB
route_2022-02-27_3.30pm.gpx	2022/4/7 9:24	GPX 文件	57 KB
route_2022-03-02_5.03pm.gpx	2022/4/7 9:24	GPX 文件	142 KB
route_2022-03-02_5.12pm.gpx	2022/4/7 9:24	GPX 文件	23 KB
route_2022-03-05_5.18pm.gpx	2022/4/7 9:24	GPX 文件	22 KB
route_2022-03-07_4.55pm.gpx	2022/4/7 9:24	GPX 文件	200 KB
route_2022-03-07_5.00pm.gpx	2022/4/7 9:24	GPX 文件	19 KB
route_2022-03-08_4.43pm.gpx	2022/4/7 9:24	GPX 文件	230 KB
route_2022-03-08_4.51pm.gpx	2022/4/7 9:24	GPX 文件	24 KB

图 4-76　workout_routes 子文件夹中的内容

步骤 4：安装并打开 Google Earth Pro 工具，单击上方工具栏中的"工具-GPS"，如图 4-77 所示，勾选"从文件导入"，"导入"选择"航点""航迹""航线"，"输出"选择"KML 航迹"，再选择"将海拔高度调整为地面高度"，单击"导入"按钮。

如图 4-78 所示即为生成的运动轨迹。注意左上角的进度条不仅记录了运动的起始时间，还可以通过拖动来获得的某一时刻（精确到秒）Apple Watch 使用者的位置，因此在实战的案件办理中具有时空固定的特殊意义。

步骤 5：解析文件："导出. xml"。首先访问网站：https://www.ericwolter.com/projects/apple-health-export/，该网站可以将特殊的苹果健康. xml 文件转换为. csv 文件，并且文件转换完全在本机完成，没有数据上传互联网。单击网站中间空白处，如图 4-79 所示，选中"导出. xml"文件，经过几分钟等待，转换结果如图 4-80 所示，单击右侧图标即可下载。

图 4-77　GPS 导入配置

图 4-78 Google Earth 生成的运动轨迹

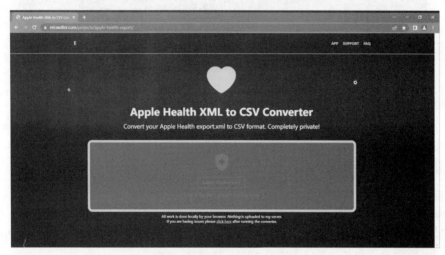

图 4-79 苹果健康.xml 文件转换页面

图 4-80 xml 文件转换结果

步骤 6：用 Excel 打开下载的 .csv 文件，以其中两个为例，图 4-81 为活动记录，图 4-82 为睡眠与苏醒记录。

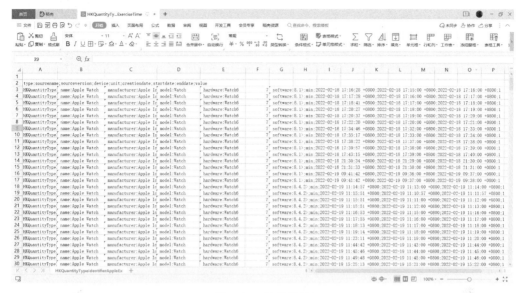

图 4-81　活动记录

图 4-82　睡眠与苏醒记录

步骤 7：子文件夹 electrocardiograms 中的 .csv 文件是 Apple Watch 利用心率监测硬件生成的 ECG 心电图数据。如图 4-83 所示，可以看到数据中测量者姓名部分为空，但是可以看到采集对象的生日、记录日期以及诊断结果（例如窦性心律不齐即为 ECG 诊断结果）。如图 4-84 所示将第一列的数据绘制成折线表，可以绘制出大致的心电图，但要想获得更加科学的诊断还需要将数据输入到专用医学机器中。

1	姓名		1	姓名	
2	出生日期	2000年8月25日	2	出生日期	2000年8月25日
3	记录日期	2022-03-03 19:09:56 +0800	3	记录日期	2022-02-28 08:46:52 +08
4	分类	窦性心律	4	分类	不确定
5	症状	无	5	症状	
6	软件版本	1.9	6	软件版本	1.9
7	设备	Watch6,7	7	设备	Watch6,7
8	采样率	512赫兹	8	采样率	512赫兹
9			9		
10			10		
11	导联	导联I	11	导联	导联I
12	单位	μV	12	单位	μV
13			13		
14	-57.562		14	13.115	
15	-59.798		15	25.955	
16	-61.96		16	41.554	
17	-64.028		17	58.727	
18	-65.976		18	76.249	
19	-67.783		19	92.378	
20	-69.433		20	104.588	
21	-70.913		21	112.226	
22	-72.215		22	115.28	
23	-73.328		23	111.925	
24	-74.239		24	102.404	
25	-74.935		25	85.473	
26	-75.4		26	59.467	
27	-75.625		27	30.26	
28	-75.602		28	3.382	
29	-75.327		29	-14.517	
30	-74.8		30	-15.722	

图 4-83　ECG 心电图诊断数据

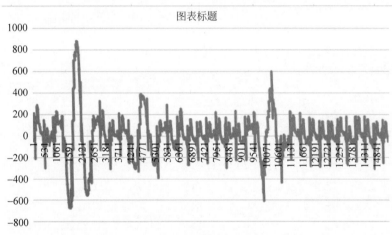

图 4-84　绘制粗略心电图

4.3.4　实验小结

随着移动通信技术的发展，以 Apple Watch 为代表的智能手表得到了广泛应用与普及。对于电子数据取证来说，以 Apple Watch 为代表的智能手表有着独一无二的数据价值与广泛的司法应用场景。

本实验分为备份取证、直连取证以及健康数据取证三个方向，提取分析出了许多有价值的数据。

针对 Apple Watch 的备份取证不需要额外的硬件适配器，通过利用 iBackupBot、Elcomsoft Phone Viewer 分析其配对 iPhone 的 iTunes 备份，筛选出与 Apple Watch 有关

的或由 Apple Watch 采集的数据，从中提取到 Apple Watch 设备信息、Apple Watch 备份文件夹、健康数据备份等有价值的数据。其中，Apple Watch 备份文件夹是其中与 Apple Watch 数据关系最为密切的部分，可以找到表盘自定义照片、邮箱、银行卡的部分信息。但是其中却不包含第三方 App 的备份内容，可知第三方应用的数据均以同步到 iPhone 的方式存储在 iPhone 备份中，而非存储在 Apple Watch 备份文件夹中。

针对 Apple Watch 的直连取证是通过专用的适配器将 Apple Watch 与电脑连接，借助 Elcomsoft iOS Toolkit 的 I 命令、M 命令和 L 命令从而提取出 Apple Watch 设备与应用信息、AFC 媒体文件、Apple Watch 日志等存储在 Apple Watch 设备本机上的数据。最有价值的是 AFC 媒体文件中的相册照片，照片包含了完整的 EXIF 信息。

Apple Watch 健康数据取证利用了 iPhone"健康"App 的"导出"功能，从而在电脑上借助 Google Earth 和 Excel 等工具分析运动轨迹、健康信息、ECG 心电图诊断报告等健康数据。这些数据并非存储在 Apple Watch 上，而是由 Apple Watch 采集。其中的运动轨迹与健康信息曾作为关键证据出现在真实案例中，具有重要的司法应用意义。

4.4 无人机取证

4.4.1 预备知识：无人机取证

近年来，无人机依靠其强大的信息获取能力，以及智能化监视和侦察功能，已被广泛应用于全球各个领域。当前民用无人机的市场规模正在以一种不可思议的速度扩增，各种无人机新技术涌现。诸如 5G、物联网、大数据等相关技术的逐渐成熟，使得无人机的应用范围更加广泛。与此同时，无人机飞行时可能对其他飞行物和地面人员构成安全威胁，且利用无人机发动非法行动，包括偷窥、侵犯公民隐私和敏感场所的案件时有发生，无人机已成为电子数据取证工作的重要数据源。

综合目前的无人机取证现状来看，无人机取证的数据源包括飞行控制器、传感器和内置 SD 卡，除此之外，无人机还包括有效载荷系统和地面控制系统。鉴于存储介质的不同，在取证过程中需要提取的内容和采用的取证方法也不一致。例如控制端手机 App 的取证分析目标包括确定无人机的所有者、无人机的历史飞行路径以及飞行目的地等（包括发射点的位置、飞行姿态、飞行时间和飞行距离）。而无人机机身的取证目标则包括已激活的机载传感器、传感器中所包含的日志等。本节实验选用 Dji Air 2 无人机为例，由于它拥有自动寻回功能（即在低电量时自动飞回至降落点），因此它存在 GPS 定位与地理位置信息存储系统，这对通过取证获得有价值的轨迹信息、重现飞行路线等提供了途径与可能。基于 Dji Air 2 的无人机取证方案见表 4-5。

表 4-5　Dji Air 2 无人机取证方案

	取证方向	取证对象	重点数据
Dji Air 2 无人机取证	无人机机身	无人机内存	飞行记录文件及日志信息
	地面控制系统	手机终端 App	飞行记录文件及日志信息
	载荷系统	媒体存储（SD/TF 卡）	航拍照片 EXIF 元数据分析

4.4.2 实验目的与条件

1. 实验目的

通过本实验,读者可了解无人机取证的主要方向,及有价值的数据种类,掌握无人机取证的一般思路和主要方法,掌握利用常用工具进行无人机数据的提取。

2. 实验条件

本实验所需要的软硬件清单如表 4-6 所示。

表 4-6 无人机取证实验清单

序 号	设 备	数 量	参 数
1	取证工作站	1台	Windows XP 以上
2	无人机及相关配件	1套	Dji air 2
3	iTunes 软件	1个	12.12.4.1
4	CSV View 软件	1个	4.2.5
5	DJI Assistant 2(Consumer Drones Series)软件	1个	2.1.8

4.4.3 实验过程

1. 手机端 App 的取证

一般来说,无人机的地面控制终端,如智能手机、平板电脑等是通过网络与云端服务器相互传输数据,因此移动控制终端所使用的 App 就成了无人机取证的对象。通过传统的手机及计算机取证技术就可以得到客户端 App 数据,对 App 所存储的数据进行分析,能够获取到飞行记录文件及详尽的日志信息。本实验中提取地面控制系统的数据就是提取手机 App 的数据。

本实验中的地面控制系统由 iPhone 手机及无人机遥控器组合实现,实验采用的无人机型号为 Dji Air 2。

步骤 1:将控制端 iPhone 手机通过数据线连接计算机,打开 iTunes 软件,在"文件共享"中选择无人机 App"DJI Fly",选中"FlightRecords"文件夹,最后单击"保存"按钮,将该文件夹保存至计算机桌面,具体步骤如图 4-85 所示。

步骤 2:打开转存在计算机桌面的"FightRecords"文件夹,其中包含的.txt 文件即为无人机的飞行日志文件,如图 4-86 所示。对该文件进行分析,该记录文件由三大部分组成:头部信息、record 记录和 detail 信息。

头部信息包含 record 记录和 detail 信息的起止位置和文件版本号;record 记录包含飞行记录的时间、经纬度、飞行高度及无人机各种序列号等信息;detail 信息包含无人机飞行的属性信息,如型号、序列号、飞行所在城市、飞行过程中拍摄的图片视频数量等。

经实验发现,该日志文件记录的飞行数据进行了加密操作,无法直接查看,需首先进行解密(需视具体情况而定,较早版本的无人机,其飞行日志数据并未加密,可直接使用 CsvView 工具查看)。

步骤 3:使用 App.airdata.com 网站的日志分析功能解密飞行日志文件,该网站能够通过日志文件分析飞行器的飞行路径与电池电压、飞行事件等数据。上传".txt"格式的日志

图 4-85　转存无人机飞行记录文件夹

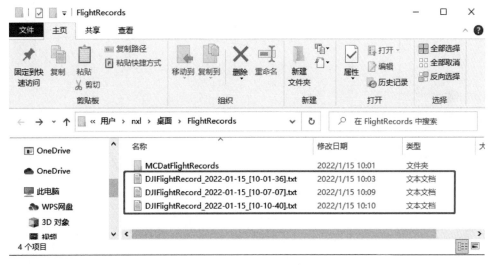

图 4-86　飞行日志文件

文件后,得到".csv"格式解密文件,如图 4-87 所示。经分析,它记录的是无人机在不同时间的经纬度、海拔高度、电池电压、最大高度等数据。

步骤 4:使用 CsvView 工具载入解密后的日志文件,单击 Geoplayer,可以得到无人机飞行的大体路径,如图 4-88 所示。由于缺少谷歌地图的 API,显示的路径并没有具体的地图背景与坐标。

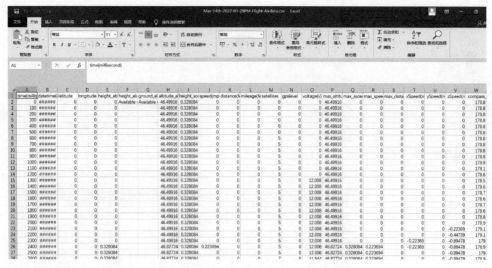

图 4-87 解密后生成的".csv"文件

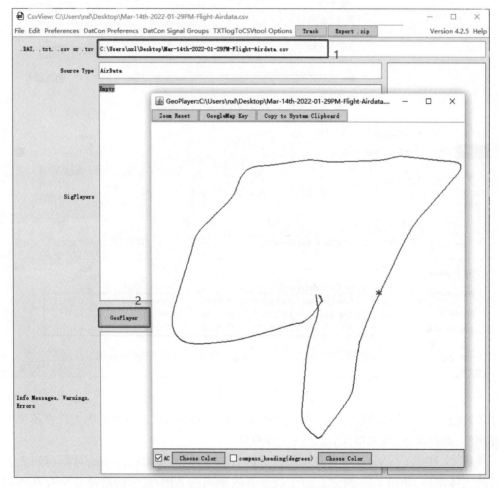

图 4-88 CsvView 加载飞行数据

步骤 5：获取 GoogleMap API 密钥，并在 CsvView 中引用，即可成功查看完整的飞行路径地图，如图 4-89 所示。具体方式不再演示。

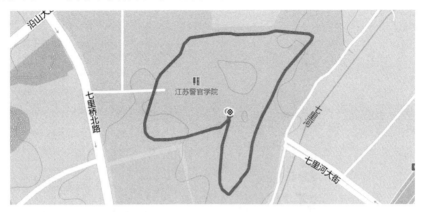

图 4-89 完整的飞行路径地图

步骤 6：单击主界面的"empty"，可以得到一系列可视化的飞行数据分析，如图 4-90 所示。以飞行速度与飞行距离随时间变化的图形为例（黄色线条代表飞行速度，蓝色线条代表飞行距离），无人机在飞行过程中有着 3～5 次速度为零的时间点，这些时间点表示的是无人机在水平方向上保持静止的状态，而蓝色线条代表的是无人机飞行距离出发点的绝对距离，可以看出无人机在 138s 时飞行至最远处，随后返航直至回到出发点。

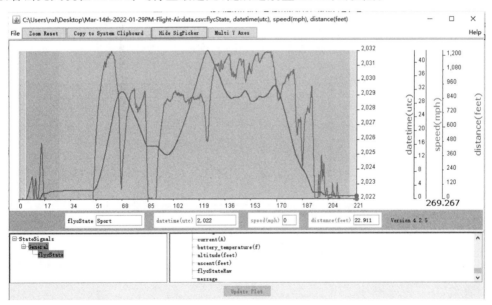

图 4-90 分析数据分析

步骤 7：在 iTunes"文件共享"中的"DJI Fly"App 中，除了"FlightRecords"文件夹，还有众多数据，如"veMediaLibrary"文件夹，如图 4-91 所示，导出后发现，其中的"thumbnail"文件夹，如图 4-92 所示，存放有无人机拍摄照片的缓存缩略图。

值得注意的是，该文件虽然没有扩展名，但经由 WinHex 工具查看具有明显的 JPEG 图片文件头尾特征，如图 4-93 所示。

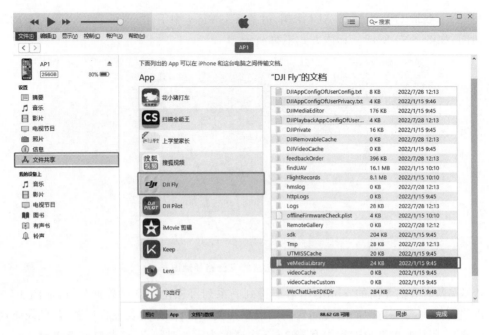

图 4-91　其他共享文件夹

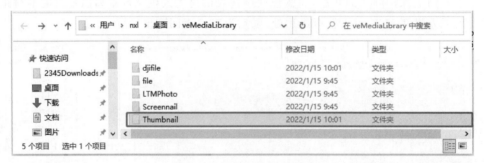

图 4-92　缓存缩略图文件夹

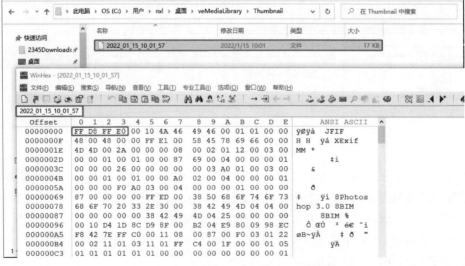

图 4-93　查看缩略图文件的十六进制数据

步骤 8：将该文件的扩展名修改为".jpg"，然后打开该文件，即能清晰地看到图片文件的内容，如图 4-94 所示。

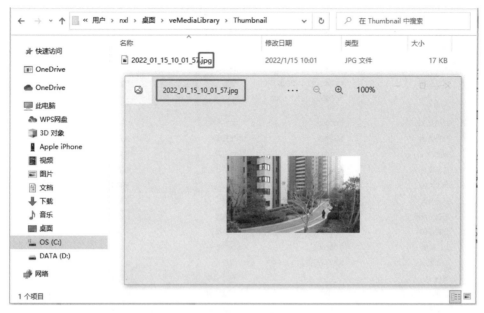

图 4-94　缩略图内容

读者可进一步尝试研究"DJI Fly"App 中的其他文件夹内容。

2．有效载荷的取证

有效载荷系统取证即对媒体存储（外置 SD 卡）的数据进行提取分析，对外置 SD 卡内部存储的图片 EXIF 信息和视频信息进行分析，获得相机制造商、型号、照片的拍摄时间、修改时间、经纬度等。

步骤 1：取出无人机中的 SD 卡，如图 4-95 所示。并对 SD 卡内部数据进行读取，如图 4-96 所示，媒体信息存放目录为"/root/DCIM/100MEDIA"，其中包括多张图片。

图 4-95　无人机外置 SD 卡

图 4-96　SD 卡内媒体数据

步骤2：任意选取一张照片，查看其 EXIF 信息，如图 4-97 所示。其中包含的拍摄日期、地理位置（经纬度）等信息具有重要意义。

光圈（焦距比数）	f/0.0	ISO 感光值	ISO (null)
焦距	0 mm	35mm 等效焦距	0 mm
评级	☆☆☆☆☆	闪光灯	闪光灯未使用
光圈最大	不可用	拍摄日期	04-03-2022 08:01:44 下午
修改日期	15-04-2022 01:28:32 下午	速度	每小时0.00公里
高度	海平面以上109.700000 (+/- 0.00)	FlashPix 版本	1.0
数码变焦比率	0.000000	曝光补偿	0.00
曝光模式	自动曝光	曝光程序	未定义
曝光时间	0.000000 - (0 秒)	白平衡	自动白平衡
测光模式	未知的	传感器类型	标准
场景类型	未知	传感方法	不可用
感光类型	未知的	锐度	正常
图像分辨率	19.9 百万像素	纵横比	683/455 (1.501099)
物距范围	未知的	颜色模式	RGB
DPI 高度	0.000000	DPI 宽度	0.000000
文件大小	5.67 MB（5,670,719字节）	深度	8
方向	1	色彩空间	sRGB
Profile Name	未知的	压缩位/像素	0
对比度	正常	指定渲染	正常流程
增益	标准	光源	未知的
饱和度	正常	艺术家	
版权		生成	
型号		制造者注意	
电影模式	Unknown	软件	
文件来源	不可用	快门次数	不可用
镜头厂商	不可用	镜头型号	不可用
镜头序列号	不可用	相机序列号	42ULJBR13A00WN
用户评论	不可用	关键字	
文档标题		标题	
描述		地理位置	32.093898° 118.653658°
	GPS 方向	(null) (null)	

图 4-97　拍摄图片的 EXIF 信息

4.4.4　实验小结

随着无人机的不断普及，它所包含的电子数据在查明案件事实方面发挥着越来越重要的作用。本实验分析了无人机取证的数据来源和取证内容，对地面控制系统（手机端 App）及载荷系统（SD 卡）进行了取证，成功获得了无人机飞行路径、拍摄照片等重要数据信息。然而，由于无人机电子数据取证中数据源复杂多样，内部数据加密方式不同，取证工作面临技术难题。

无人机机身的取证可使用大疆官网提供的调参助手 DJI Assistant 2（Consumer Drones Series）调取无人机机身中的飞行数据，并制作镜像文件。由于本实验所选取的无人机型号已对无人机机身中的飞行数据经过了特有的方式加密，暂无方法能够解密，因而无法通过市面上现有的取证工具进行数据分析。实践过程中，读者还需视无人机型号及实际情况进行实验，本实验仅提供一种有效途径供读者参考。

第5章

网络取证实训

网络取证是指利用计算机网络技术,按照符合法律规范的方式,对网络事件进行可靠的分析和记录,并以此作为法律证据的过程。网络取证是打击网络犯罪的必要和不可或缺的技术。在过去的十年中,网络威胁的数量呈指数级增长,其中包括网络诈骗、网络欺凌、恐怖主义等各种犯罪行为。网络取证技术专家的责任是使用不同的网络取证工具来抓取、记录和分析网络事件以发现安全攻击或其他问题事件的来源。本章通过相关实验,让读者对网络取证涉及的相关知识与技术有所了解,掌握利用常见的网络取证工具来获取和分析网络证据。

5.1 网站远程证据固定

5.1.1 预备知识:Hosts 文件

Hosts 是一个没有扩展名的系统文件,可以用记事本等工具打开,其作用就是将一些常用的网址域名与其对应的 IP 地址建立一个关联"数据库",当用户在浏览器中输入一个需要登录的网址时,系统会首先自动从 Hosts 文件中寻找对应的 IP 地址,一旦找到,系统会立即打开对应网页,如果没有找到,则系统会再将网址提交到 DNS 域名解析服务器进行 IP 地址的解析。也就是说 Hosts 里的配置优先级是高于 DNS 域名服务器的。

在 Windows 10 系统下,该文件在 C:\WINDOWS\System32\drivers\etc 目录中。Hosts 文件的作用为:①加快域名解析:对于要经常访问的网站,我们可以通过在 Hosts 中配置域名和 IP 的映射关系,提高域名解析速度。由于有了映射关系,当我们输入域名计算机时就能很快解析出 IP,而不用请求网络上的 DNS 域名服务器。②方便局域网用户:在同一个局域网里,建立 Hosts 里的 IP 映射,可以不用手动输入 IP,而是直接输入域名即可进行访问。③屏蔽网站:对于有些网站,我们不想访问,但总是自动弹出,可以利用 Hosts 把该网站的域名映射到错误的 IP 或本地计算机的 IP,这样就不用访问了。在 WINDOWS 系统中,约定 127.0.0.1 为本地计算机的 IP 地址,0.0.0.0 是错误的 IP 地址。

5.1.2 实验目的与条件

1. 实验目的

通过本实验,读者可了解网站远程证据固定的一般步骤,掌握关键步骤的操作要点,如

Hosts 文件检查、路由跟踪等,实验过程中特别注重流程上的合规性操作。

2. 实验条件

本实验所需要的软硬件清单如表 5-1 所示。

表 5-1 网站远程证据固定实验清单

序号	设备	数量	参数
1	取证工作站	1 台	Windows XP 以上
2	屏幕录像软件 (屏幕录像机(oCam))	1 个	500.0 绿色版
3	MD5.exe	1 个	绿色版

5.1.3 实验过程

步骤 1:运行屏幕录像软件,单击开始录制按钮,记录后续证据固定的所有操作过程。

步骤 2:打开 C:\WINDOWS\System32\drivers\etc 目录下的 Hosts 文件,检查确认目标网站没有在此做 IP 映射,如图 5-1 所示。

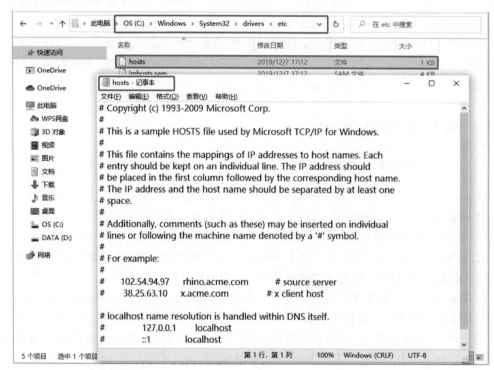

图 5-1 Hosts 文件

步骤 3:在网络和共享中心中,查看网络连接详细信息,注意检查本机网络连接设置与 DNS 设置(DNS 服务尽量调整为 114 等知名公共服务器),如图 5-2 所示。

步骤 4:按住键盘"Win+R",输入"cmd"进入 DOS 命令符窗口。输入"ipconfig/flushdns"命令,按回车键,清除本地 DNS 缓存,如图 5-3 所示。

步骤 5:继续在 DOS 命令符窗口中输入"tracert"命令。检查目标网站路由跟踪路径,具体为:"tracert -w 500 -h 20 目标网站",如图 5-4 所示。

图 5-2 网络连接详细信息

图 5-3 清除本地 DNS 缓存

图 5-4 路由跟踪目标网站

步骤 6：打开浏览器，清除浏览器所有历史记录，如图 5-5 所示。

步骤 7：打开国家授时中心（http://www.ntsc.ac.cn/），校准本机时间，如图 5-6 所示。

步骤 8：访问工信部"ICP/IP 地址/域名信息备案管理系统"网站（beian.miit.gov.cn），查询目标网站的备案信息，如图 5-7 所示。注意：输入的域名不要加"www"。

图 5-5　清除浏览器历史记录

图 5-6　国家授时中心标准时间

图 5-7　目标网站备案信息

步骤 9：在浏览器中访问目标网站，将首页完整截图；输入用户名密码登录网站，将用户后台完整截图；如有用户账号详情页，也需完整截图；根据案情需要，将其他需要固定的页面完整截图。

步骤10：如果需要固定的证据包含网站上的视频文件，则打开查看网页源代码，找到视频标签，如图5-8所示。

图5-8　网页源代码中视频元素

步骤11：在该视频标签中的视频访问链接上单击鼠标右键，选择在新标签打开，即可在新页面中打开该视频。

步骤12：在新打开的标签页中，单击视频右键属性，选择保存到本地磁盘即可，如图5-9所示。

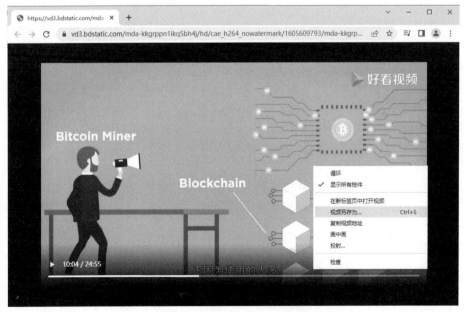

图5-9　将视频保存到本地磁盘

步骤13：将所有的截图与导出的视频均分别计算哈希值，并在excel表格中记录每个文件的详细信息，包括哈希值。

步骤14：所有的导出数据打包成压缩文件，计算哈希值；所有的截图文件打包成压缩文件，计算哈希值。

步骤15：结束录屏。

5.1.4 实验小结

公安机关在办理刑事案件过程中,特别是案件的初查阶段,运用网络远程勘验将网络空间中的涉案电子数据固定为证据,是广泛使用且不可或缺的电子数据取证措施。网络远程勘验的对象主要是远程计算机信息系统,区别于传统电子勘验,它没有实体检材,正因如此,网络远程勘验工作必须要形成规范化的流程、方法。经过十余年的积累,公安机关已逐步确立了网络远程勘验的专门规则和行业标准,但还须结合其特殊性和实际工作需要,对专门性、技术性问题进行实践探索。

在本实验中,值得注意的是,并不是所有网站的视频均可以直接找到链接并下载,src 属性不仅有非加密,也可以支持存放 blob 的加密源,此时无法直接获取视频的访问链接,而是需要通过进一步分析,如 M3u8 传输分片方案等,可借助一定的工具完成下载。

5.2 网络数据流分析

5.2.1 预备知识:流量分析

网络流量是指能够连接网络的设备在网络上所产生的数据流量。网络流量分析的主要方法如下:

① 软硬件流量统计分析。

基于软件的流量统计分析主要通过修改主机网络流入接口,使其具有捕获数据包的功能,常见的软件数据包捕获工具为 pCap(packet capture)。硬件主要有用于收藏和分析流量数据的设备方式,如流量镜像。

② 网络流量粒度分析。

在 bit 级上关注网络流量的数据特征,如网络线路传输速率、吞吐量变化等;在分组级主要关注 IP 分组到达的过程、延迟、丢包率;在流级的划分主要依据地址和应用协议,关注流的到达过程、到达间隔及其局部特征。

网络流量分析常用技术有:

① RMON 技术。

RMON(远程监控)是由 IETF 定义的一种远程监控标准,是对 SNMP 标准的扩展,它定义了标准功能以及远程监控和网管站之间的接口,实现对一个网段或整个网络的数据流量进行监控。

② SNMP 技术。

SNMP 技术基于 RMON 和 RMON Ⅱ,仅能对网络设备端口的整体流量进行分析,能获取设备端口的出入历史或实时的流量统计信息,但不能深入分析包类型、流向信息,具有实现简单、标准统一、接口开放的特点。

③ 实时抓包分析。

提供纤细的从物理层到应用层的数据分析。但该方法主要侧重于协议分析,而非用户流量访问统计和趋势分析,仅能在短时间内对流经接口的数据包进行分析,无法满足大流量、长期抓包和趋势分析的要求。

④ FLOW 技术。

当前 FLOW 的主流技术主要有两种,sFlow 和 NetFlow。

sFlow 是由 InMon、HP 和 Foundry Netfworks 在 2001 年联合开发的一种网络监控技术,它采用数据流随机采样技术,可以提供完整的、甚至全网络范围内的流量信息,能够提供超大网络流量(如大于 10Gbps)环境下的流量分析,用户能够实时、详细地分析网络传输过程中的传输性能、趋势和存在的问题。

NetFlow 是 Cisco 公司开发的技术,它既是一种交换技术,又是一种流量分析技术,同时也是业界主流的计费技术之一。它可以详细统计 IP 流量的时间、地点、使用协议、访问内容、具体流量。

流量分析是网络实时取证的重要内容,利用分析采集后的数据,对网络入侵时间、网络犯罪活动进行证据获取、保存和还原,流量分析能够真实、持续地捕获网络中发生的各种行为,能够完整地保存攻击者攻击过程中的数据,对保存的原始数据进行网络还原,重现入侵现场。

5.2.2 实验目的与条件

1. 实验目的

通过本实验,读者可以掌握以下内容:
(1) 了解网络数据包分析软件 Wireshark 的使用方法;
(2) 掌握网络数据流分析的一般过程和主要思路;
(3) 案例背景:某公司内网网络被黑客渗透,简单了解后得知,黑客首先攻击了一台 web 服务器,破解了后台账户的密码,随之利用破解的密码登录了 mail 系统,获取了 vpn 的申请方式,然后登录了 vpn,在内网 pwn 掉了一台打印机。根据实验背景及素材,完成以下 10 道题目:

① 分析 A,黑客的 IP 地址是什么?
② 分析 A,被黑客攻击的 web 服务器,网卡 eth1 的 IP 地址是什么?
③ 分析 A,黑客扫描到的登录后台是什么?
④ 分析 A,黑客登录 web 后台使用的密码是什么?
⑤ 分析 A,网络账号"人事"所对应的登录密码是什么?
⑥ 分析 A,黑客上传的 webshell 文件是什么?
⑦ 分析 A,黑客找到的数据库密码是什么?
⑧ 分析 B,数据库的版本号为哪个?
⑨ 分析 B,"dou_config"表中,"name"列的值是"tel"的行中,"value"值是什么?
⑩ 分析 B,黑客破解了账号 ijnu@test.com 得到的密码是什么?

2. 实验条件

本实验所需要的软硬件清单如表 5-2 所示。

表 5-2 网络数据流分析实验清单

序 号	设 备	数 量	参 数
1	取证工作站	1 台	Windows XP 以上
2	Wireshark 软件	1 个	3.4.5
3	流量包 A.pcap	—	—
4	流量包 B.pcap	—	—

5.2.3 实验过程

步骤1：分析实验题目，梳理解题思路，题目为黑客攻击类，一般会涉及到扫描器、webshell等。

步骤2：使用Wireshark软件打开流量包A.pacp，首先要进行扫描器分析，常见扫描器特征有：WVS扫描器通常默认情况下，会在请求的数据包中带有wvs、acunetix_wvs_security_test、acunetix、acunetix_wvs等字样；Nessus扫描器默认情况下会包含nessus字样；APPscan扫描器默认情况下会包含APPscan字样；绿盟极光扫描器一般会包含nsfocus、Rsas字样；sqlmap扫描器大多情况下也会包含有sqlmap字样。

步骤3：在Wireshark中设置过滤条件，过滤带有wvs的http，如图5-10所示。由此可以判断出黑客的IP地址为192.168.94.59，同时得到web服务器的IP地址为192.168.32.189。

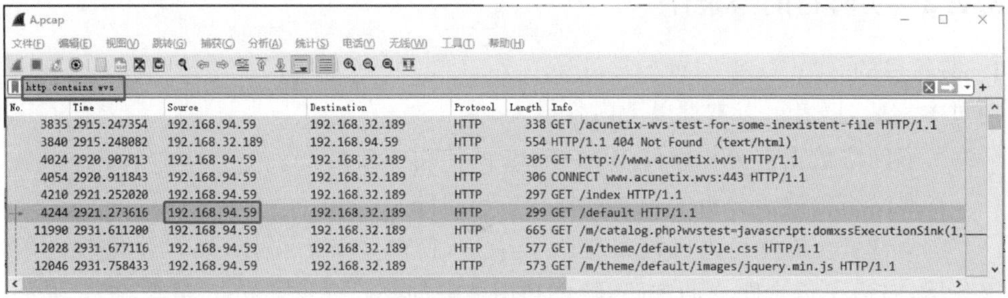

图5-10 过滤"wvs"

步骤4：分析web服务器eth1的IP地址，使用字符串搜索即可得到eth1的IP地址为10.3.3.100。具体方法为：单击搜索按钮，选择搜索方式为"字符串"，在搜索栏输入"eth1"，单击"查找"按钮，即可得到eth1的IP地址，如图5-11所示。

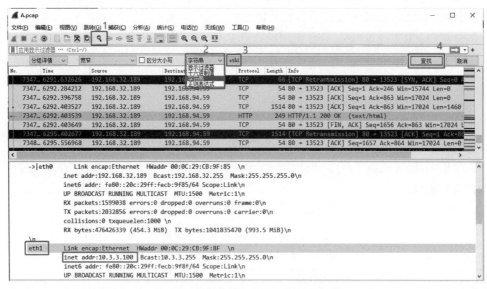

图5-11 搜索eth1的IP地址

步骤5：目前已经掌握了黑客IP地址及所使用的扫描器，通常网站后台的登录都包括login、admin等关键字，且登录后台99%使用的是POST方法。我们通过条件"http contains login and ip. addr==192.168.94.59 and http.request.method=="POST""进行过滤，可以得到登录后台是/admin/login.php，如图 5-12 所示。

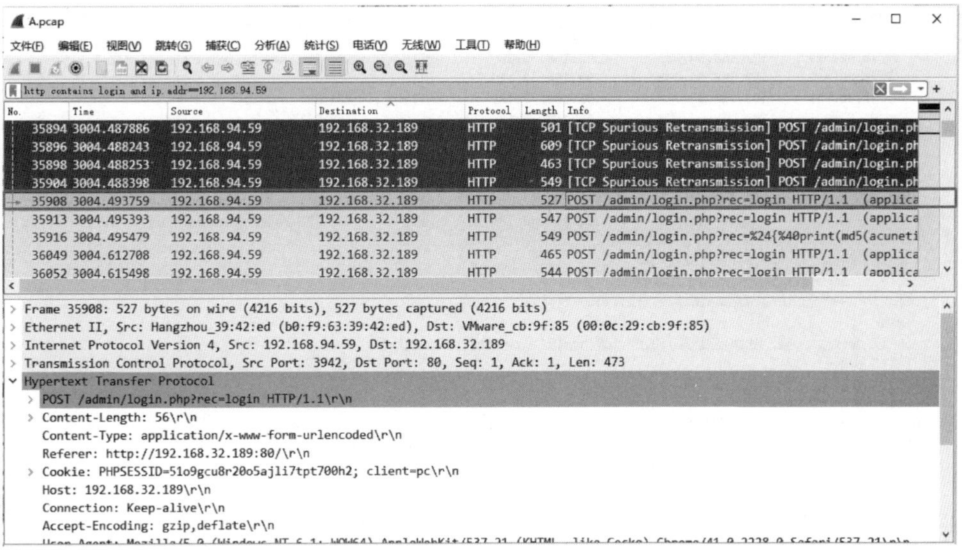

图 5-12 登录后台

步骤 6：查找黑客登录 web 后台使用的密码。通过上题过滤结果分析，从返回的字段长度可以推测，75x 的两个数据包存在问题，可能是登录成功。查看数据包内容即可得出密码是 admin!@#pass123，如图 5-13 所示。

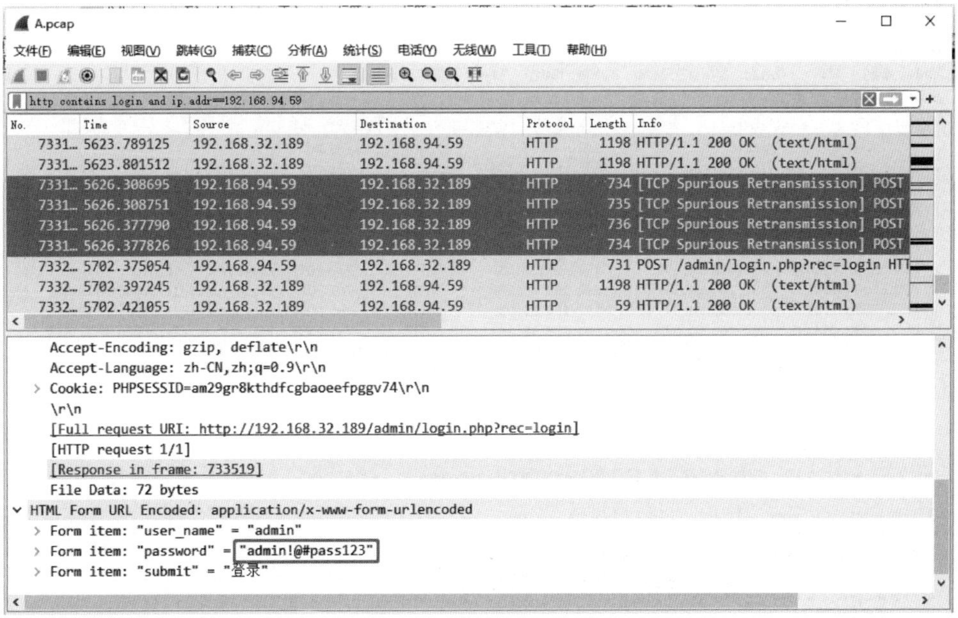

图 5-13 黑客登录密码

步骤 7：查看网站账号"人事"所对应的登录密码。通过对流量包 A 进行"http.request"过滤，得出密码为 hr123456，如图 5-14 所示。

步骤 8：查看黑客上传的 webshell 文件。通过以上分析已经确定了后台语言是 php，所

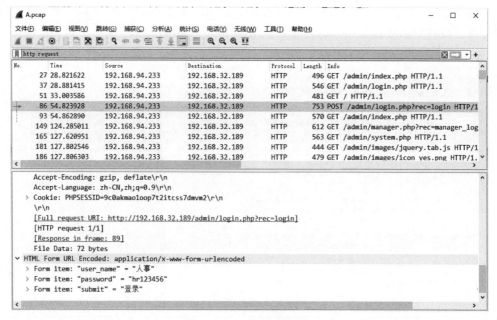

图 5-14 人事的登录密码

以只要找 eval 函数就可以。首先根据一句话木马的特征(eval 函数)先过滤一下数据包(ip. addr==192.168.94.59 and http contains eval and http.request.method =="POST"),得到 a.php 文件。通过对 a.php 文件分析,得出它就是 webshell 文件,且上传路径为"/images/article",如图 5-15 所示。

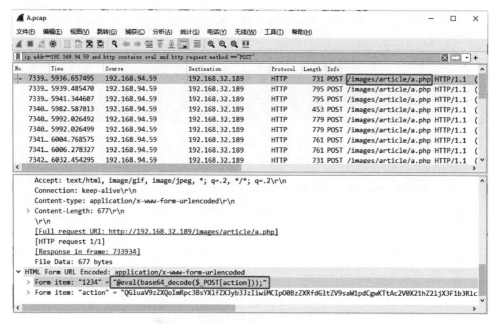

图 5-15 黑客上传的 webshell 文件

步骤 9:查看黑客找到的数据库密码。在 php 网站中,数据库配置文件通常为 config. php、database.php 等,通常通过过滤可以得出结果,此题中的 webshell 文件并未读取数据库配置,我们可以查看返回状态码 200(数据库登录成功)进行过滤(ip.addr==192.168.32.189 and http.response.code==200),从而得到数据库密码为 e667jUPvJjXHvEUv,如图 5-16 所示。

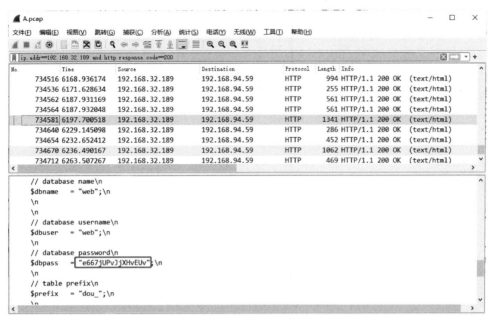

图 5-16　数据库密码

步骤 10:使用 Wireshark 软件打开流量包 B.pacp,过滤 mysql 协议,即可得到数据库版本号为 5.5.49,如图 5-17 所示。

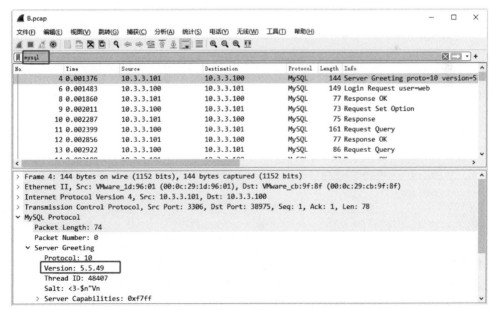

图 5-17　数据库版本

步骤 11:搜索关键字 tel,即可得到在"dou_config"表中,"name"列的值是在"tel"的行中,"value"值为 0596-888888,如图 5-18 所示。

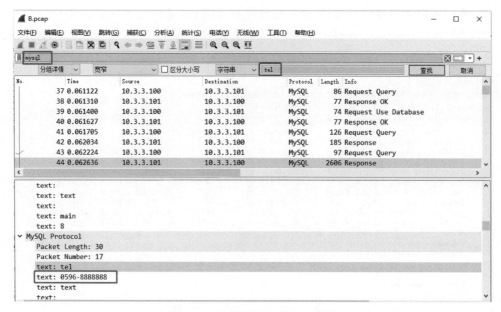

图 5-18 "tel"的行中的"value"值

步骤 12：使用以下的语法进行过滤：tcp contains "ijnu@test.com"，得到数据库密码为 b78f5aa6e1606f07def6e839121a22ec，如图 5-19 所示，该值为 MD5 值，解密为"edc123!@#"。

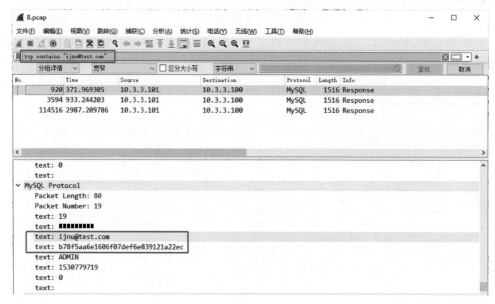

图 5-19 账号密码

本实验比较真实地还原了黑客的攻击过程。通过对题目的分析，发现还有 vpn 账号、vpn 服务器，以及攻击者使用的邮箱等信息，感兴趣的读者可以尝试进一步分析。

5.2.4 实验小结

网络取证需要监测网络环境信息与网络数据流，进行数据包的捕获与分析。网络环境的相关信息主要依靠 OSSIM 系统中的 IDS 等进行获取。这一系列的工具可以用来进行网络信息收集与网络安全监测、IP/MAC 地址的分析与定位、TCP/UDP 端口与 DHCP 列表监测、SMTP 活动记录等。在进行网络包捕获方面,使用的技术包括基于 Libpcap 库、PF_RING 接口、直接使用系统调用等多种。

在被捕获的网络流中,网络包会按照它们在网络上传输的顺序显示,相关网络取证工具可以对这些包进行重组,即将这些包组织成两个网络连接点之间的传输层连接。虽然很多取证工具可以对未重组的原始数据进行分析,但是这样会造成非标准端口协议的丢失以及无法应对数据编码与加密传输干扰的问题。

网络取证中的相关性分析研究主要因为网络攻击行为往往是分布、多变的,因此对结果的认定需要将各个取证设施和取证手法得到的数据结合起来进行关联分析,以了解其中的相关性以及对结果产生的因果关系和相互确证,才可以重构过程。

5.3 Wireshark 解密 HTTPS 流量

5.3.1 预备知识:HTTP 与 HTTPS

HTTP(hyper text transfer protocol:超文本传输协议)是一种用于分布式、协作式和超媒体信息系统的应用层协议。简单来说就是一种发布和接收 HTML 页面的方法,被用于在 Web 浏览器和网站服务器之间传递信息。HTTP 默认工作在 TCP 协议 80 端口,用户访问 http://开头的网站都是标准 HTTP 服务。HTTP 协议以明文方式发送内容,不提供任何方式的数据加密,如果攻击者截取了 Web 浏览器和网站服务器之间的传输报文,就可以直接读懂其中的信息,因此,HTTP 协议不适合传输一些敏感信息,比如:信用卡号、密码等支付信息。

HTTPS(hypertext transfer protocol secure:超文本传输安全协议)是一种透过计算机网络进行安全通信的传输协议。HTTPS 经由 HTTP 进行通信,但利用 SSL/TLS 来加密数据包。开发 HTTPS 的主要目的是提供对网站服务器的身份认证,保护交换数据的隐私与完整性。HTTPS 默认工作在 TCP 协议 443 端口,它的工作流程一般为以下方式:

① TCP 三次同步握手;
② 客户端验证服务器数字证书;
③ DH 算法协商对称加密算法的密钥、哈希算法的密钥;
④ SSL 安全加密隧道协商完成;
⑤ 网页以加密的方式传输,用协商的对称加密算法和密钥加密,保证数据机密性;用协商的哈希算法进行数据完整性保护,保证数据不被篡改。

HTTP 与 HTTPS 的区别在于:

HTTP 明文传输,数据都是未加密的,安全性较差;HTTPS(SSL+HTTP)数据传输过程是加密的,安全性较好。

使用 HTTPS 协议需要到 CA(Certificate Authority,数字证书认证机构)申请证书,一般免费证书较少,因而需要一定费用。证书颁发机构包括:Symantec、Comodo、GoDaddy 和 GlobalSign 等。

HTTP 页面响应速度比 HTTPS 快,主要是因为 HTTP 使用 TCP 三次握手建立连接,客户端和服务器需要交换 3 个包,而 HTTPS 除了 TCP 的三个包,还要加上 SSL 握手需要的 9 个包，所以一共是 12 个包。

HTTP 和 HTTPS 使用的是完全不同的连接方式，用的 TCP 协议端口也不一样，前者是 80，后者是 443。

HTTPS 其实就是构建在 SSL/TLS 之上的 HTTP 协议，所以，HTTPS 比 HTTP 要更耗费服务器资源。

5.3.2 实验目的与条件

1. 实验目的

通过本实验，读者可以了解 HTTPS 流量的特点，掌握使用 Wireshark 解析 HTTPS 流量的一般过程。

2. 实验条件

本实验所需要的软硬件清单如表 5-3 所示。

表 5-3 Wireshark 解密 HTTPS 流量实验清单

序号	设备	数量	参数
1	取证工作站	1 台	Windows XP 以上
2	Wireshark 软件	1 个	3.4.5
3	流量包 Wireshark-tutorial-on-decrypting-HTTPS-SSL-TLS-traffic.pcap	—	—

5.3.3 实验过程

步骤 1：在 Wireshark 中打开 "Wireshark-tutorial-on-decrypting-HTTPS-SSL-TLS-traffic.pcap" 流量包。

步骤 2：使用 Web 筛选器过滤 Web 流量，包括 http/https 流量：(http.request or tls.handshake.type eq 1) and !(ssdp)，如图 5-20 所示。此 pcap 来自 Windows 10 主机上的 Dridex 恶意软件，所有 Web 流量（包括感染活动）都是 HTTPS 流量。没有密钥日志文件，看不到流量的任何详细信息，只有 IP 地址、TCP 端口和域名。

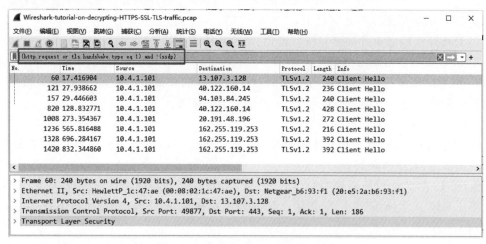

图 5-20 HTTPS 流量

步骤 3：单击菜单栏中的"编辑"按钮，选择"首选项"选项，打开"首选项"对话框，如图 5-21 所示。

图 5-21 "首选项"对话框

步骤 4：在"首选项"对话框的左侧，单击 Protocols，选择 TLS，可以看到右侧"(Pre)-Master-Secret log filename"。单击"浏览"按钮，然后选择名为"Wireshark-tutorial-KeysLogFile.txt"的密钥日志文件，如图 5-22 所示。

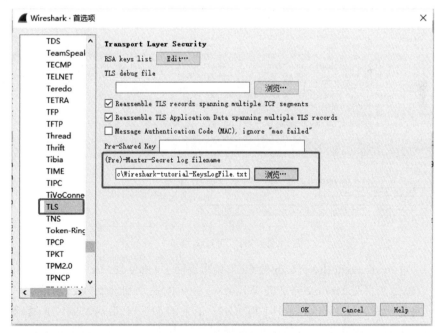

图 5-22 加载日志文件

步骤 5：单击 OK 按钮，Wireshark 会在每条 HTTPS 行下列出解密的 HTTP 请求，如图 5-23 所示。

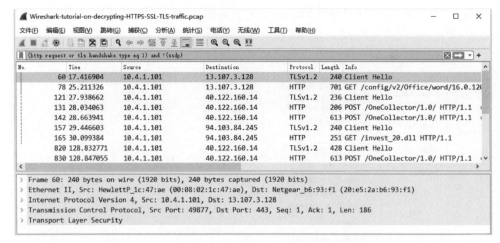

图 5-23　解密的 HTTP 请求

步骤 6：一一排查，在此 pcap 中可以看到隐藏在 HTTPS 通信中对 microsoft.com 和 skype.com 域的 HTTP 请求，还发现由 Dridex 发起的以下流量：①向 foodsgoodforliver.com 的 GET /invest_20.dll 请求，如图 5-24 所示；②向 105711.com 的 POST /docs.php 请求，如图 5-25 所示。

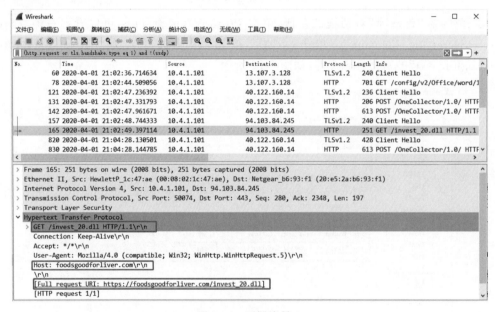

图 5-24　可疑流量 1

步骤 7：对 foodsgoodforliver.com 的 GET 请求返回了 Dridex 的 DLL 文件。对 105711.com 的 POST 请求是来自受 Dridex 感染的 Windows 主机的命令和控制(C2)通信。

追踪 foodsgoodforlive.com 的 HTTP GET 请求的 HTTP 流，如图 5-26 所示。

步骤 8：从 pcap 中导出此恶意软件，选择菜单栏中的"文件——导出对象——HTTP"，在弹出窗口中选择该 HTTP 对象，单击 save 按钮，如图 5-27 所示，即可将该 DLL 文件导出。

读者可自行尝试分析 105711.com 的 POST 请求的 HTTP 流，如图 5-28 所示。

图 5-25　可疑流量 2

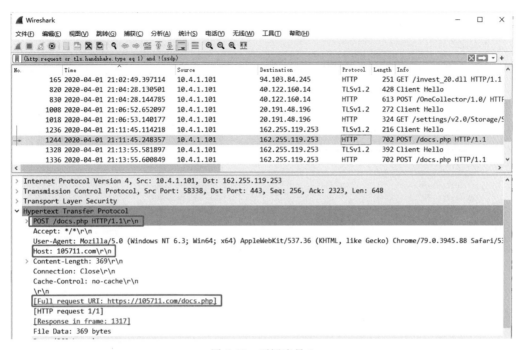

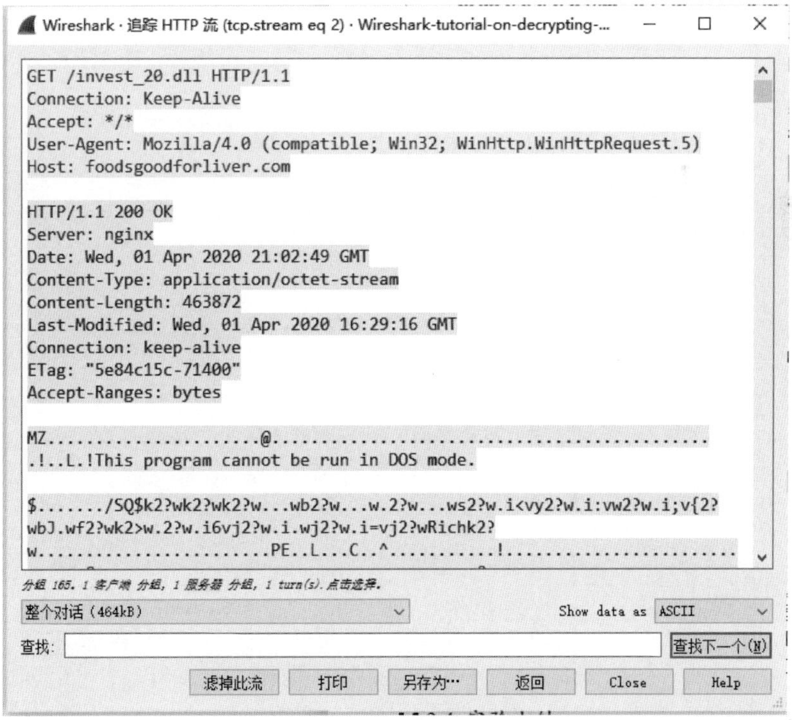

图 5-26　追踪 HTTP 流

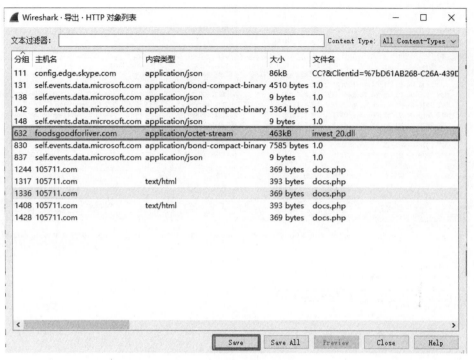

图 5-27 导出恶意软件

图 5-28 C2 流量

5.3.4 实验小结

在审查可疑网络活动时，经常遇到加密流量。大多数网站使用 HTTPS 协议，各种类型的恶意软件也使用 HTTPS，查看恶意软件产生的数据对于了解流量内容非常有帮助。

本实验使用 GitHub 上开源的 pcap 及其密钥日志文件作为实验素材，介绍了如何利用 Wireshark 从 pcap 中解密 HTTPS 流量。使用基于文本的日志解密方法，日志中包含最初记录 pcap 时捕获的加密密钥数据。最初记录 pcap 时，使用中间人（MitM）技术创建这些日志。如果在记录 pcap 时未创建任何此类文件，则无法解密该 pcap 中的 HTTPS 通信。